Kurt Grahl

SCHOTT Liedvorschläge aus dem Gotteslob

AF637346

Kurt Grahl

# SCHOTT Liedvorschläge aus dem Gotteslob

Für die Sonn- und Feiertage
Lesejahre A/B/C

HERDER
FREIBURG · BASEL · WIEN

Zum Autor:
Kurt Grahl, geb. 1947, Kirchenmusiker und Komponist. 1969–2012 Organist und Chorleiter in der katholischen Propsteigemeinde St. Trinitatis in Leipzig. 1980 zum Kirchenmusikdirektor ernannt. Bekannt durch weit über 900 Kompositionen: Kinderlieder, Neue geistliche Lieder, Kantaten, Oratorien, »Messen« sowie andere Chorwerke (auch mit Orchester).

MIX
Papier | Fördert gute Waldnutzung
FSC® C083411

2., überarbeitete und erweiterte Auflage 2017

© Verlag Herder GmbH, Freiburg im Breisgau 2014
Alle Rechte vorbehalten
www.herder.de

Umschlaggestaltung: Verlag Herder GmbH, Freiburg im Breisgau
Satz: Barbara Herrmann, Freiburg im Breisgau
Herstellung: CPI books GmbH, Leck

Printed in Germany

ISBN 978-3-451-37700-6

# Geleitwort

Unter dem Namen des Beuroner Benediktinermönches Pater Anselm Schott ist seit dem Erscheinen des ersten Schottmessbuches 1884 eine große Buchfamilie entstanden, die ganz im Dienste der römisch-katholischen Liturgie steht. Seither bedeutet SCHOTT eine seriöse und kompetente Anleitung und Hilfestellung bei der Vorbereitung und Feier vor allem der Eucharistie.

Das neue Gotteslob, das im Advent 2013 den Gemeinden in die Hand gegeben wurde, hat nun den Anstoß dazu gegeben, neben den liturgischen Texten erstmals den musikalischen Aspekt der Feier der heiligen Messe in den Blick zu nehmen. So bietet das SCHOTT-Kantorale Vertonungen zu allen Antwortpsalmen und Halleluja-Gesängen der Hochfeste und Sonntage im Jahreskreis.

Die vorliegenden SCHOTT-Liedvorschläge, die dankenswerter Weise der Leipziger Kirchenmusiker und Komponist Kurt Grahl zusammengestellt hat, decken einen Bedarf ab, der sich Woche für Woche in den Sakristeien und den Büros und Arbeitszimmern der Pfarrhäuser zeigt: Welche Gesänge passen zu den vorgesehenen Schrifttexten? Wem steht regelmäßig ausreichend Zeit zur Verfügung, um einen Themenschlüssel zur Hand zu nehmen und das reiche Angebot des Gotteslob zu durchforsten?

Die SCHOTT-Liedvorschläge wollen keineswegs einer hastigen oder schlechten Gottesdienstvorbereitung Vorschub leisten. Sie bieten selber wiederum eine Auswahl an passenden Gesängen zum Ordinarium und Proprium der Messfeier. Eine einvernehmliche Abstimmung zwischen den Vorstehern der Liturgie und den Kirchenmusikern bleibt weiterhin unerlässlich.

Dennoch erleichtern die SCHOTT-Liedvorschläge die fruchtbare Verwendung des Gebet- und Gesangbuches Gotteslob. Sie unterstreichen die Bedeutung des Gotteslob als vornehmliches Rollenbuch der Gemeinde. Und die inhaltliche Stimmigkeit der Liedvorschläge zu den entsprechenden Lesungen trägt schließlich mit dazu bei, dass die

Gemeinde an der Feierlichkeit und Würde der Eucharistiefeier durch ihr Singen und Beten aktiv mitwirken kann.

Dass auch mit diesem Buch Gott verherrlicht werde, wünsche ich ihm auf seinem Weg in die Gemeinden.

Beuron, am Pfingstfest 2014 + *Tutilo Burger OSB, Erzabt*

# Inhalt

# Vorwort

Die »Liedvorschläge zum Gotteslob« bieten für alle Teile des Gottesdienstes, die gesungen werden können, einen Gesang an. Aus diesen Vorschlägen ist auszuwählen, sie müssen und sollen nicht »wörtlich« übernommen werden, da aus dem Gottesdienst sonst eine »Singestunde« werden würde. Sie wollen vielmehr eine Hilfe sein für die mit der Vorbereitung von Gottesdiensten betrauten Personen. Diese sollten dann die besonderen Umstände vor Ort und das aktuelle Zeitgeschehen berücksichtigen und auf eine Ausgewogenheit innerhalb der zu gestaltenden Elemente achten.

Außer dem »Schott-Kantorale« (für den Psalmisten) sind keine weiteren Hilfsmittel vorgesehen. Im Mittelpunkt steht das neue Gebet-und Gesangbuch »Gotteslob«, als das Rollenbuch der sich im Namen Jesu versammelnden Gemeinde. Die Vorschläge versuchen, die ganze Bandbreite des Buches in den Liedern, Psalmen, Kehrversen, Antiphonen und Litaneien für die Gemeinden zu »öffnen« und mit ihrer Hilfe auch die »Sinnspitzen« der einzelnen Perikopen zu erschließen.

Für das »Kyrie«, den »Fürbittruf«, das »Credo« und das »Agnus Dei« ist in der Regel »Gesangliches« angeboten. Bei diesen Messteilen bleibt das Sprechen immer eine Option. Das »Gloria«, als Hymnus, und das »Sanctus«, als das Einstimmen in den »Lobgesang der Engel und Heiligen«, sollten jedoch immer gesungen werden.

Ebenso kann das einfache Kyrie durch das Hinzufügen von Anrufungen zum Bußakt in der Form C »umfunktioniert« werden.

Für den Antwortgesang(-psalm) gibt es – streng genommen – keinen Ersatz. Möglich wäre den vorgesehenen Psalm durch das entsprechende Psalmlied zu »ersetzen«, ein Lied »vom Hören auf Gottes Wort« zu singen oder einen Gesang zu finden, der Gedanken aus der 1. Lesung aufnimmt. Dies waren auch die Kriterien, die bei der Suche nach einem Ersatz für den Antwortpsalm eine Rolle spielten.

Der Ruf vor dem Evangelium sollte auf jeden Fall – wenn irgend möglich – auch singend ausgeführt werden.

Wo es möglich erschien, wurden in die Lieder zur Eröffnung und zum Dank nach der Heiligen Kommunion der Eröffnungs- und Kommunionvers integriert, gehören sie doch nach wie vor zum »Proprium missae«, das es zu erhalten gilt. Dabei wurde sowohl auf textliche als auch auf tonartliche Zusammenhänge geachtet. Alle Psalmodiemodelle finden sich im Gesangbuch.

Die Gabenbereitung wird zumeist als »Nachbereitung« des Evangeliums verstanden, es werden mehr Zeit- als Ritus begleitende Lieder vorgeschlagen, zumal die Mühe klein ist, sich selbst aus den Gesängen zur Gabenbereitung die passenden herauszusuchen. Da die Gabenbereitung einen liturgisch »freien« Raum darstellt, ist hier auch reine Instrumentalmusik gut denkbar.

Für den Gesang zur Kommunion gilt: Da es sich bei diesem Teil des Gottesdienstes um eine Art Prozession handelt, sollte man »offene« Gesänge auswählen. Deshalb wurde versucht, Psalmen mit Kehrvers, die das (oder ein) Thema des Tages vertiefen wollen, zu finden. Erklingt Musik, dann sollte diese sowohl der »begleitenden Handlung« als auch der Kirchenjahreszeit entsprechen. Dieser Maßgabe folgend sollten Literatur und Instrumente ausgewählt werden.

Zum Schlussgesang: Ich nenne es bewusst nicht »Auszugslied«, weil die Liturgie für den »Auszug« im Gegensatz zum »Einzug« keinen Gesang vorsieht. Nach der »Einführung in das Messbuch« endet die Eucharistiefeier mit dem Segen und der Sendung. Trotzdem ist es in vielen Gemeinden zur Tradition geworden, zum Auszug ein Lied zu singen. So sind deshalb in dieser Publikation auf Wunsch der Herausgeber auch Schlussgesänge angeboten, die sich am Thema des Gottesdienstes orientieren und dieses nachhaltig vertiefen wollen. Auf jeden Fall sollte dieser Gesang zum Gottesdienst gehören (s. o.), in dem alle Feiernden einen gemeinsamen Schlusspunkt setzen. Hier ist auch der besondere Platz aus den einzelnen Diözesananhängen zu singen, um auch territoriale Traditionen und Bräuche oder Maria- und Heiligengedenken in die Messfeier einfließen zu lassen.

Bei den Rubriken »Herren- und Heiligenfeste« sowie »Verschiedene Anlässe« kann es bei den Ordinariumsgesängen zu Dopplungen mit dem vorhergehenden bzw. darauffolgenden Sonntag kommen. Das lässt sich leider nicht vermeiden, da es sich bei diesen »Tagen« um »bewegliche Feste« handelt, die sich immer von Ostern her ergeben.

PS. Durch das reiche Angebot vielfältiger Gesänge will das »Gotteslob« dazu ermuntern, vielleicht mehr als bisher Sängergruppen zu gründen oder neu zu beleben, werden sie doch als An- und Vorsänger mehr denn je in unseren Gottesdiensten gebraucht, sind durch ihren Dienst ein wahrhaft integrierender Teil derselben. (Das Vortragen der Eingangs- bzw. Kommunionverse könnte u. a. zu einer wichtigen Aufgabe der Sängerinnen und Sänger gehören. Das »wechselseitige« Singen bietet sich dabei als reizvolle Möglichkeit an.) In besonderer Weise helfen sie mit, den »Schatz des Wortes« zu heben und werden dabei auch selbst manch Neues und Interessantes entdecken. Denn, Hand aufs Herz, wer von uns weiß, dass selbst ein so von »aller Welt« benutztes, geflügeltes Wort wie »Wer andern eine Grube gräbt, fällt selbst hinein« aus der Bibel, dem Buch der Psalmen, stammt: Sie haben mir eine Grube gegraben; doch fielen sie selbst hinein (Psalm 57, Vers 8 bzw. 7; »Gotteslob« Nr. 649, 6).

Leipzig, am Pfingstfest 2014 *Kurt Grahl*

Wegen der starken Nachfrage dieses Buches und aufgrund einiger Leserhinweise wurden eine gründliche Durchsicht und inhaltliche Erweiterung vorgenommen. Die Erweiterung besteht neben einigen inhaltlichen Erweiterungen vor allem in zwei Anhängen:

Mithilfe der Zeittafel weiß der Leser bis in das Jahr 2034 auf welchen Tag die wichtigen kirchlichen Feste fallen.

Die Übersicht zur biblischen Leseordnung gibt die Buchkapitel der ersten und zweiten Lesung sowie des Evangeliums wieder; für die geprägten Zeiten des Kirchenjahres werden die Schriftstellen bis zu den Versen genau angegeben. So erhalten die Nutzer eine zusätzliche Hilfe für die eigene Liedauswahl.

Leipzig, im Advent 2016 *Kurt Grahl*

# Lesejahr A

## 1. Adventssonntag – Lesejahr A

**Einzug** 223, 1 Wir sagen euch an den lieben Advent

**Bußakt** 142, 1+2 Zu dir, o Gott, erheben wir*
Zwischen den Strophen könnte der Eröffnungsvers eingefügt werden:
*Zu dir, Herr, erhebe ich meine Seele. * Mein Gott, dir vertraue ich. Lass mich doch nicht scheitern, / lass meine Feinde nicht über mich triumphieren! * Denn niemand, der auf dich hofft, wird zuschanden.*
Ps 25(24), 1–3 / 6. Ton, vgl. 42(2)

**Kyrie** 155 Kyrie, eleison
*oder:* 117 Kyrie, eleison

**Antwortgesang** 68(1) Friede sei in deinen Mauern + Kantorale Nr. 101
*oder Lied:* 549, 2 Es wird sein in den letzten Tagen (… so hat es der Prophet geschaut)

**Ruf vor dem Evangelium** 174(8) Halleluja + Vers Kantorale Nr. 101
Erweise uns, Herr, deine Huld

**Credo** 179 Ich glaube an Gott
*oder:* 122 Credo in unum Deum

**Fürbittruf** 182(2) Du sei bei uns … höre du uns, Gott

**Gabenbereitung** 549 Es wird sein in den letzten Tagen**

**Sanctus** 190 Heilig, heilig
*oder:* 118 Sanctus, Sanctus

**Agnus Dei** 208 Christe, du Lamm Gottes
*oder:* 119 Agnus Dei

**Kommunion** 633(5) Frieden verkündet der Herr + 633(6), 1–6.9–12

**Dank** 230 Gott, heilger Schöpfer aller Stern
*oder:* 96, 5+6 Du lässt den Tag, o Gott, nun enden (Dein Reich, o Gott, ist ohne Grenzen)

**Entlassungsruf** 120 Ite, missa est

**Schluss** 622(4) Sieh, der Herr kommt in Herrlichkeit***

### Notizen

* Nach einer Hinführung könnte dieser Gesang den Eingangsvers des Sonntags mit dem Bußakt verbinden. Nach dem Lied sollte die Vergebungsbitte folgen, der sich das Kyrie anschließt.
** Wenn das Lied schon zum Antwortgesang ausgewählt wurde, entfällt die 2. Strophe.
*** Dieser Kehrvers ist geeignet (nach alter Tradition der Vesperantiphon »Ecce, Dominus veniet« des 1. Adventssonntages), ihn 3x (jeweils einen Ton höher) zu singen, beginnend mit B- über C- bis D-Dur.

## 2. Adventssonntag – Lesejahr A

**Einzug** 223, 2 Wir sagen euch an den lieben Advent

**Lied zur Besinnung** 272, 1, 3 Zeige uns, Herr, deine Allmacht und Güte

Zwischen den Strophen könnte der Eröffnungsvers eingefügt werden:
*Der Herr wird kommen, um die Welt zu erlösen. / Volk Gottes, mach dich bereit. * Höre auf ihn, und dein Herz wird sich freuen.*

vgl. Jes 30, 19.30 / IV. Ton, vgl. 31(2)

**Bußakt / Kyrie** 158 Tau aus Himmelshöhn

**Antwortgesang** 263 Seht, unser König kommt + Kantorale Nr. 102
*oder Lied:* 551, 3 Nun singt ein neues Lied dem Herren (Es kommt der Herr, der Herr wird kommen)

**Ruf vor dem Evangelium** 174(7) Halleluja + Vers Kantorale Nr. 102 Bereitet dem Herrn den Weg

**Credo** 178(1) Amen ... wir glauben + 178(2) Ich glaube an Gott

**Fürbittruf** 566(2) Christus, höre uns

**Gabenbereitung** 225, 1+2 Wir ziehen vor die Tore der Stadt

**Sanctus** 127 Heilig, heilig

**Agnus Dei** 136 Lamm Gottes

**Kommunion** Musik

**Dank** 221, 1+2, 5 Kündet allen in der Not

Nach der 2. Strophe könnte der Kommunionvers eingefügt werden:
*Jerusalem, erhebe dich, steig auf den Berg / und schau die Freude, * die von deinem Gott zu dir kommt.*

Bar 5, 5; 4, 36 / V. Ton, vgl. 43(2)

---

**Notizen**

## 3. Adventssonntag – Lesejahr A

**Einzug** 222, 1, 9 Herr, send herab uns deinen Sohn
Zwischen den Strophen könnte der Eröffnungsvers eingefügt werden:
*Freut euch im Herrn zu jeder Zeit! / Noch einmal sage ich: Freut euch! * Denn der Herr ist nahe.* Phil 4, 4.5 / IV. Ton, vgl. 31(2) – von d

**Kyrie** 154 Kyrie, Kyrie

**Antwortgesang** 49(1) Jubelt Gott zu, der unsere Stärke ist + Kantorale Nr. 103
*oder Lied:* 221, 5 Kündet allen in der Not (Gott wird wenden Not und Leid)

**Ruf vor dem Evangelium** 176(2) Halleluja + Vers Kantorale Nr. 103 Der Geist des Herrn ruht auf mir

**Credo** 354 Gott ist dreifaltig einer

**Fürbittruf** 181(1) Lasset zum Herrn uns beten

**Gabenbereitung** 233, 3+4 O Herr, wenn du kommst (… jauchzt die Schöpfung dir zu)

**Sanctus** 191 Heilig, heilig

**Agnus Dei** 207 Lamm Gottes

**Kommunion** 622(1) Habt Mut, ihr Verzagten + 622(2), 1–8.16–17

**Dank** 218, 1–3 Macht hoch die Tür, die Tor macht weit
Nach der 2. Strophe könnte der Kommunionvers eingefügt werden:
*Sagt zu den Verzagten: Habt Mut, * fürchtet euch nicht! Seht, hier ist euer Gott! * Er selbst wird kommen und euch erretten.*
Jes 35, 4 / V. Ton, vgl. 39(2) – von es

**Schluss** 228 Tochter Zion, freue dich

---

**Notizen**

## 4. Adventssonntag – Lesejahr A

**Einzug** 223, 1–4 Wir sagen euch an den lieben Advent
(*oder* nur die 4. Strophe: Sehet, die vierte Kerze brennt)

**Lied zur Eröffnung:** 231, 1–3 O Heiland, reiß die Himmel auf
Nach der 2. Strophe könnte der Eröffnungsvers eingefügt werden:
*Tauet, ihr Himmel, von oben! / Ihr Wolken, regnet herab den Gerechten! **
*Tu dich auf, o Erde, und sprosse den Heiland hervor!*
vgl. Jes 45, 8 / IV. Ton, vgl. 31(2) – von d

**Bußakt / Kyrie** 158 Tau aus Himmelshöhn

**Antwortgesang** 263 Seht, unser König kommt + Kantorale Nr. 104
*oder:* 633(3) Hebt euch, ihr Tore + 633(4)
*oder Lied:* 222, 8 Herr, send herab (O »Gott mit uns«, Immanuel)

**Ruf vor dem Evangelium** 174(8) Halleluja + Vers Kantorale Nr. 104
Seht, die Jungfrau wird ein Kind empfangen

**Credo** 180(1) Credo in unum Deum + 180(2) Wir glauben an den einen Gott

**Fürbittruf** 632(1) Erhöre uns, Herr

**Gabenbereitung** 433, 2 Schweige und höre
*oder:* 227, 1+2, 4 Komm, du Heiland aller Welt

**Sanctus** 135 Heilig, heilig

**Agnus Dei** 208 Christe, du Lamm Gottes
*oder:* 218, 5 Macht hoch die Tür (Komm, o mein Heiland Jesu Christ)

**Kommunion** 234, 1 *oder* 234, 2 Ihr Himmel, tauet / Rorate caeli + 623(7)

**Dank** 399 Gott loben in der Stille
Nach der 2. Strophe könnte der Kommunionvers eingefügt werden:
*Seht, die Jungfrau wird empfangen / und einen Sohn gebären. **
*Sein Name ist: Immanuel, Gott mit uns.*
Jes 7, 14 / IV. Ton, vgl. 31(2) – von h

**Schluss** 530, 1–3 Maria, Mutter unsres Herrn

---

**Notizen**

## Weihnachten – In der Heiligen Nacht A/B/C

**zur Statio** Weihnachtsankündigung: Milliarden Jahre waren vergangen, seit unsere Welt entstand ...*

**Einzug** 241, 1–3 Nun freut euch, ihr Christen
Nach der 2. Strophe könnte der Eröffnungsvers eingefügt werden:
*Freut euch im Herrn, / heute ist uns der Heiland geboren. * Heute ist der wahre Friede vom Himmel herabgestiegen.*
VI. Ton, vgl. 42(2) – von g

**Bußakt / Kyrie** 163(3) Herr Jesus, du Sohn des ewigen Vaters**

**Gloria** 168(2) [168(1) ad lib.] Ehre Gott in der Höhe***
*oder:* 170 Allein Gott in der Höh sei Ehr

**Antwortgesang** 635(3) Heute ist uns der Heiland geboren + Kantorale Nr. 113
*oder Lied:* 246, 1–3 Als ich bei meinen Schafen wacht

**Ruf vor dem Evangelium** 244 Halleluja + Vers Kantorale Nr. 113
Ich verkünde euch eine große Freude

**Credo** 177(1) Credo in unum Deum + 177(2) Ich glaube an Gott****

**Fürbittruf** 182(1) Du sei bei uns ... sei du bei uns, Gott

**Gabenbereitung** 250, 1–3 Engel auf den Feldern singen

**Sanctus** 196 Heilig, heilig

**Agnus Dei** 139 Lamm Gottes

**Kommunion** 55(1) Jubelt, ihr Lande dem Herrn + 55(2), 1–6 ... und Musik

**Dank** 247 Lobt Gott, ihr Christen alle gleich
Nach der 3. Strophe könnte der Kommunionvers eingefügt werden:
*Das Wort ist Fleisch geworden, * und wir haben seine Herrlichkeit geschaut.* Joh 1, 14 / I. Ton, vgl. 40(2)

**Schluss** 249 Stille Nacht

## Notizen

* Diese »Ankündigung« könnte allen Weihnachtsgottesdiensten vorangestellt werden.
** Die Antwort der Gemeinde kann auch das Kyrie 153, 155 oder 156 (in F) sein.
*** Nachdem an den Sonntagen des Advent kein »Gloria« gesungen wurde, soll es nun, ähnlich wie in noch stärkerem Maße das »Halleluja« der Osternacht, zu Weihnachten neu erklingen. Dafür ein kleiner Gestaltungsvorschlag:
Vorsänger: 240, 1 Hört, es singt und klingt / Gemeinde: Refrain von 250: Gloria … in excelsis Deo (bis Ziffer 1) Die Wiederholung mit dem Text: et in terra pax hominibus bonae voluntatis, bonae voluntatis. Dann folgen die Verse von 168(2), – nach jedem Vers: Gloria … et in terra. Jeweils zum Refrain könnten die Ministranten zur Unterstützung des Jubels der Weihnacht die Altarglocken (Schellen) zum Klingen bringen.
Einfachere Variante: Das »Gloria« 168(2) mit 168(1) – als Kanon gesungen – beschließen.
**** Zu den Worten *empfangen durch den Heiligen Geist* knien alle nieder.

## Weihnachten – Am Morgen A/B/C

**Einzug** 245, 1–3 Menschen, die ihr wart verloren

Nach der 1. Strophe könnte der Eröffnungsvers eingefügt werden:

*Ein Licht strahlt heute über uns auf, * denn geboren ist uns der Herr. Und man nennt ihn: Starker Gott, Friedensfürst, / Vater der kommenden Welt. * Seine Herrschaft wird kein Ende haben.*

vgl. Jes 9, 1.5; Lk 1, 33 / V. Ton, vgl. 47(2)

**Bußakt / Kyrie** siehe Heilige Nacht

**Gloria** siehe Heilige Nacht

**Antwortgesang** 635(3) Heute ist uns der Heiland geboren + Kantorale Nr. 114

*oder Lied:* 241, 2 O sehet, die Hirten

**Ruf vor dem Evangelium** 244 Halleluja + Vers Kantorale Nr. 114 Verherrlicht ist Gott in der Höhe

**Credo** siehe Heilige Nacht

**Fürbittruf** siehe Heilige Nacht

**Gabenbereitung** 250, 4+5 Engel auf den Feldern singen (Hirten, nun verlasst die Herde)

**Sanctus** siehe Heilige Nacht

**Agnus Dei** siehe Heilige Nacht

**Kommunion** siehe Heilige Nacht

**Dank** 239, 1+2, 5 Zu Bethlehem geboren

Nach der 2. Strophe könnte der Kommunionvers eingefügt werden:

*Juble laut, Tochter Zion, jauchze, Tochter Jerusalem, / siehe, dein König kommt zu dir, * der Heilige, der Heiland der Welt.*

vgl. Sach 9, 9 / VI. Ton, vgl. 42(2)

**Schluss** siehe Heilige Nacht

---

**Notizen**

## Weihnachten am Tag – A/B/C

**Einzug** 251, 1–3 Jauchzet, ihr Himmel, frohlocket, ihr Engel, in Chören

Nach der 2. Strophe könnte der Eröffnungsvers eingefügt werden:
*Ein Kind ist uns geboren, / ein Sohn ist uns geschenkt. * Auf seinen Schultern ruht die Herrschaft.* vgl. Jes 9, 5 / VI. Ton, vgl. 42(2)

**Bußakt / Kyrie** siehe Heilige Nacht

**Gloria** siehe Heilige Nacht

**Antwortgesang** 55(1) Jubelt, ihr Lande, dem Herrn + Kantorale Nr. 115
*oder Lied:* 241, 3 Nun freut euch, ihr Christen (Der Abglanz des Vaters)

**Ruf vor dem Evangelium** 244 Halleluja + Vers Kantorale Nr. 115
Aufgeleuchtet ist uns aufs Neue der Tag der Erlösung

**Credo** siehe Heilige Nacht

**Fürbittruf** siehe Heilige Nacht

**Gabenbereitung** 256, 1, 4 Ich steh an deiner Krippe hier

**Sanctus** siehe Heilige Nacht

**Agnus Dei** siehe Heilige Nacht
*oder:* 251, 4, 7 Jauchzet, ihr Himmel (Gott ist im Fleische: Wer kann dies Geheimnis verstehen?)

**Kommunion** 636(1) Das Licht leuchtet in der Finsternis + 636(2)

**Dank** 243, 1–3 Es ist ein Ros entsprungen

Nach der 2. Strophe könnte der Kommunionvers eingefügt werden:
*Alle Enden der Erde * sahen das Heil unseres Gottes.*
Ps 98 (97), 3 / VI. Ton, vgl. 34(2)

**Schluss** 238 O du fröhliche

---

**Notizen**

## Sonntag in der Weihnachtsoktav – Fest der heiligen Familie A/B/C

**Einzug** 248, 1, 3, 5 Ihr Kinderlein, kommet
Nach der 1. Strophe könnte der Eröffnungsvers eingefügt werden:
*Die Hirten eilten hin / und fanden Maria und Josef und das Kind, * das in einer Krippe lag.* Lk 2, 16 / VI. Ton, vgl. 34(2) – von d

**Bußakt / Kyrie** 160 Gott des Vaters ewger Sohn

**Gloria** 166 Ehre sei Gott in der Höhe

**Antwortgesang** 45(1) Der Herr krönt das Jahr + Kantorale Nr. 117
*oder:* 71(1) Selig, wer Gott fürchtet + 71(2), 1–6
*oder Lied:* 281, 2 Also sprach beim Abendmahle (Seht, wie ich, der Herr, euch liebe)
*oder Lied:* 483, 4 Halleluja … Liebet einander, wie euch der Herr geliebt
*oder Lied:* 543, 3 Wohl denen, die da wandeln (Mein Herz hängt treu und feste)

**Ruf vor dem Evangelium** 244 Halleluja + Vers Kantorale Nr. 117 In eurem Herzen herrsche der Friede Christi

**Credo** 355 Wir glauben Gott im höchsten Thron

**Fürbittruf** 181(3) Erhöre uns, Christus

**Gabenbereitung** 240, 1, 3+4 Hört, es singt und klingt mit Schalle

**Sanctus** 198 Heilig, heilig

**Agnus Dei** 206 Lamm Gottes, Lamm Gottes

**Kommunion** 442 Wo die Güte und die Liebe
*oder:* 285 Ubi caritas*

**Dank** 245, 1, 3+4 Menschen, die ihr wart verloren
Nach der 3. Strophe könnte der Kommunionvers eingefügt werden:
*Unser Gott ist auf der Erde erschienen, * als Mensch unter Menschen.*
Bar 3, 38 / V. Ton, vgl. 39(2)

**Schluss** 452, 2, 4, 6 Der Herr wird dich mit seiner Güte segnen (Gott segne dich mit seinem reichen Segen)

---

**Notizen**

* Ein mehrmaliges Singen könnte durch Zwischenspiele unterbrochen werden.

## 1. Januar – Hochfest der Gottesmutter Maria A/B/C

**Einzug** 258 Lobpreiset all zu dieser Zeit
*oder:* 241, 1, 3 Nun freut euch, ihr Christen
Zwischen den Strophen könnte der Eröffnungsvers eingefügt werden:
*Ein Licht strahlt heute über uns auf, * denn geboren ist uns der Herr. Und man nennt ihn: Starker Gott, Friedensfürst, / Vater der kommenden Welt. * Seine Herrschaft wird kein Ende haben.*
vgl. Jes 9, 1.5; Lk 1, 33 / VI. Ton, vgl. 42(2) – von g

**Bußakt / Kyrie** 159 Licht, das uns erschien

**Gloria** 173(1) Gloria, gloria + 173(2) Ehre sei Gott in der Höhe

**Antwortgesang** 45(1) Der Herr krönt das Jahr + Kantorale Nr. 118
*oder Lied:* 452, 2 Der Herr wird dich mit seiner Güte segnen (Gott segne dich mit seinem reichen Segen)

**Ruf vor dem Evangelium** 244 Halleluja + Vers Kantorale Nr. 118
Einst hat Gott zu den Vätern gesprochen

**Credo** 178(1) Amen … wir glauben + 178(2) Ich glaube an Gott

**Fürbittruf** 92 Herr, bleibe bei uns

**Gabenbereitung** 237, 2, 6+7 Vom Himmel hoch, da komm ich her (Euch ist ein Kindlein heut geborn)

**Sanctus** 132 Heilig, heilig

**Agnus Dei** 133 Lamm Gottes

**Kommunion** 55(1) Jubelt, ihr Lande dem Herrn + 55(2), 1–6

**Dank** 430, 1+2, 5, 7 Von guten Mächten treu und still umgeben
Nach der 5. Strophe könnte der Kommunionvers eingefügt werden:
*Jesus Christus ist derselbe * gestern und heute bis in Ewigkeit.*
Hebr 13, 8 / VI. Ton, vgl. 42(2) – von d

**Schluss** 526 Alle Tage sing und sage

---

**Notizen**

## 2. Sonntag nach Weihnachten A/B/C

**Einzug** 252, 1+2, 4 Gelobet seist du, Jesu Christ

Nach der 2. Strophe könnte der Eröffnungsvers eingefügt werden:
*Als tiefes Schweigen das All umfing * und die Nacht bis zur Mitte gelangt war, da stieg dein allmächtiges Wort, o Herr, * vom Himmel herab, vom königlichen Thron.*

Weish 18, 14–15 / VIII. Ton, vgl. 52(2) – von f

**Kyrie** im Einzugslied

**Gloria** 169 Gloria, Ehre sei Gott

**Antwortgesang** 255 Das Wort wurde Fleisch + Kantorale Nr. 119
*oder Lied:* 251, 4 Jauchzet, ihr Himmel (Gott ist im Fleische: Wer kann dies Geheimnis verstehen?)

**Ruf vor dem Evangelium** 244 Halleluja + Vers Kantorale Nr. 119
Christus, offenbart im Fleisch, verkündet unter den Heiden

**Credo** 354 Gott ist dreifaltig einer

**Fürbittruf** 430, 5 Von guten Mächten (Lass warm und still die Kerzen heute flammen)

**Gabenbereitung** 256, 3+4 Ich steh an deiner Krippe hier (Ich lag in tiefster Todesnacht)

**Sanctus** 192 Heilig, heilig

**Agnus Dei** 203 O Lamm Gottes unschuldig

**Kommunion** 633(8) Dankt dem Vater mit Freude + 633(9), 1–4

**Dank** 243, 1, 3 Es ist ein Ros entsprungen
*oder:* 251, 3, 5 Jauchzet, ihr Himmel (Sehet, dies Wunder)

Nach der 3. Strophe könnte der Kommunionvers eingefügt werden:
*Allen, die ihn aufnahmen, * gab er Macht, Kinder Gottes zu werden.*

Joh 1, 12 / VI. Ton, vgl. 37(2)

**Schluss** 450 Gottes Wort ist wie Licht in der Nacht

## Notizen

Die Wiederholung des Evangeliums aus der 3. Weihnachtsmesse eröffnet uns für die Gestaltung – gleichsam für den Alltag – andere »Schwerpunkte«.
Im Einzugsgesang wird die Verbindung des Prologs zum Eröffnungsvers hergestellt (siehe 4. Strophe), im Lied zur Gabenbereitung wird ebenfalls noch einmal »die Nacht« angesprochen, die durch das »Licht, das in der Finsternis leuchtet« erhellt wird, damit wir durch das Wort, das uns trägt, zum Glauben kommen. Mit dem Schlusskanon schließt sich dann der Kreis.

## 6. Januar – Erscheinung des Herrn A/B/C

**Einzug** 261, 1–3 Stern über Bethlehem
*oder:* 247 Lobt Gott, ihr Christen alle gleich
Nach der 3. Strophe könnte der Eröffnungsvers eingefügt werden:
*Seht, gekommen ist der Herrscher, der Herr. * In seiner Hand ist die Macht und das Reich*
vgl. Mal 3, 1; 1 Chr 19, 12 / V. Ton, vgl. 39(2) – von es

**Kyrie** 159 Licht, das uns erschien

**Gloria** 408 Lobet und preiset + 168(2) (nur die Verse)

**Antwortgesang** 263 Seht, unser König kommt + Kantorale Nr. 120
*oder Lied:* 241, 1, 3 Nun freut euch, ihr Christen
*oder Lied:* 242, 1, 3 Adeste, fideles

**Ruf vor dem Evangelium** 260 Werde licht, Jerusalem, Halleluja + Vers Kantorale Nr. 120 Wir haben seinen Stern gesehen

**Credo** 180(1) Credo in unum Deum + 180(2) Wir glauben an den einen Gott

**Fürbittruf** 373 Du bist Licht und du bist Leben

**Gabenbereitung** 240, 1–4 Hört, es singt und klingt mit Schalle

**Sanctus** 194 Heilig, heilig

**Agnus Dei** 208 Christe, du Lamm Gottes

**Kommunion** 262 (nur Kehrvers: Gloria …) + 635(5), 10–13.15–21 – von f

**Dank** 259 Gottes Stern, leuchte uns
Nach der 2. Strophe könnte der Kommunionvers eingefügt werden:
*Wir haben seinen Stern aufgehen sehen / und sind gekommen, * dem Herrn mit Geschenken zu huldigen*
vgl. Mt 2, 2 / VIII. Ton, vgl. 52(2) – von g

**Schluss** 262, 1, 3 Seht ihr unsern Stern dort stehen

---

**Notizen**

## Sonntag nach dem 6. Januar – Taufe des Herrn – Lesejahr A

**Einzug** 352, 1, 3+4 O heiligste Dreifaltigkeit*

Nach der 1. Strophe könnte der 1. Teil des Eröffnungsverses eingefügt werden:

*Als Jesus getauft war, öffnete sich der Himmel, * und er sah den Geist Gottes wie eine Taube auf sich herabkommen.*

Nach der 3. Strophe könnte der 2. Teil des Eröffnungsverses eingefügt werden:

*Und die Stimme des Vaters aus dem Himmel sprach: / Das ist mein geliebter Sohn, * an dem ich Gefallen habe.*

vgl. Mt 3, 16 / vgl. Mt 3, 17 / jeweils I. Ton, vgl. 32(2)

**Bußakt / Kyrie** 561 Herr Jesus, du Sohn des lebendigen Gottes**

**Gloria** 170 Allein Gott in der Höh sei Ehr

**Antwortgesang** 263 Seht, unser König kommt + Kantorale Nr. 121
*oder Lied:* 221, 4 Kündet allen in der Not (Blinde schaun zum Licht empor)
*oder Kanon:* 219 Mache dich auf und werde licht

**Ruf vor dem Evangelium** 174(7) Halleluja + Vers Kantorale Nr. 121
Der Himmel tat sich auf und eine Stimme sprach

**Credo** 179 Ich glaube an Gott

**Fürbittruf** 95 Du Licht vom Lichte, du zeigst uns das Antlitz des Vaters

**Gabenbereitung** 357, 1+2, 5 Wie schön leuchtet der Morgenstern

**Sanctus** 197 Heilig, heilig

**Agnus Dei** 202 O du Lamm Gottes, das getragen

**Kommunion** Musik

**Dank** 558(1) Danket dem Herrn, denn er ist gütig + 558(2) und (3)
*oder:* 370, 1, 5 Christus, du Herrscher des Himmels und der Erde

Zwischen den Strophen könnte der Kommunionvers eingefügt werden:

*Dieser ist es, über den Johannes gesagt hat: / Ich habe es gesehen und lege Zeugnis ab: * Dieser ist der Sohn Gottes.*

Joh 1, 30.34 / VIII. Ton, vgl. 52, 2 – von f

**Schluss** 615, 1, 3–5 Du Licht des Himmels, großer Gott***

**Notizen**

* Im Evangelium vom Fest der Taufe Jesu klingt das Geheimnis des dreifaltigen Gottes an.
** 1. Herr Jesus, du Sohn des leben<u>di</u>gen Gottes
2. Du <u>un</u>ser Heiland
3. Herr Christus, du un<u>se</u>re Hoffnung
4. Du un<u>ser</u> Erlöser
5. Herr Jesus, du Bru<u>der</u> der Menschen
6. Du <u>Weg</u> zum Vater.
Die Antwort der Gemeinde kann auch das Kyrie 153, 155 oder 156 (in F) sein.
*** Wenn der Gottesdienst erst später am Tag stattfindet, sollten die 1. und 4. Strophe des Liedes gesungen werden.

## Aschermittwoch – Lesejahre A/B/C

**Einzug** 147, 1+2, 4 Herr Jesu Christ, dich zu uns wend

Nach der 2. Strophe könnte der Eröffnungsvers eingefügt werden:

*Du erbarmst dich aller, o Herr, / und hast Nachsicht mit den Sünden der Menschen, damit sie sich bekehren; * denn du bist der Herr, unser Gott.* Weish 11, 24–25. 27 / VI. Ton, vgl. 42, (2)

*

**Kyrie** 117 Kyrie, eleison

**Antwortgesang** 639(1) Erbarme dich meiner, o Gott + Kantorale Nr. 201
*oder Lied:* 283, 4 Aus der Tiefe rufe ich zu dir
(Nur dir will ich vertrauen)

**Ruf vor dem Evangelium** 584(9) Lob dir, Christus + Vers Kantorale Nr. 201 Wenn ihr heute seine Stimme hört

**Gesang zur Austeilung der Asche** 266 Bekehre uns, vergib die Sünde

**Fürbittruf** 76(1) Der Herr ist nahe allen, die ihn rufen

**Gabenbereitung** 268, 4, 6 Erbarme dich, erbarm dich mein
(Herr, nimm von mir nicht deinen Geist)

**Sanctus** 118 Sanctus, Sanctus

**Agnus Dei** 119 Agnus Dei

**Kommunion** evtl. Instrumentalmusik durch ein Solo(streich)-Instrument

**Dank** 638 Nun ist sie da, die rechte Zeit

Nach der 2. Strophe könnte der Kommunionvers eingefügt werden:

*Wer über die Weisung des Herrn nachsinnt / bei Tag und bei Nacht, * bringt seine Frucht zur rechten Zeit.*

Ps 1, 2–3 / II. Ton, vgl. 57(2) – von d

**Entlassungsruf** 120 Ite, missa est

stiller Auszug

---

**Notizen**

* Das Schuldbekenntnis entfällt. Es wird durch die Segnung und Austeilung der Asche (nach der Homilie) »ersetzt«.

## 1. Fastensonntag – Lesejahr A

**Einzug** 423, 1, 3 Wer unterm Schutz des Höchsten steht
Zwischen den Strophen könnte der Eröffnungsvers eingefügt werden:
*Wenn er mich anruft, dann will ich ihn erhören. / Ich bin bei ihm in der Not, befreie ihn und bringe ihn zu Ehren. * Ich sättige ihn mit langem Leben und lasse ihn mein Heil schauen.*
Ps 91(90), 15–16 / VI. Ton, vgl. 34(2) – von c

**Kyrie** 152 Herr, erbarme dich

**Antwortgesang** 639(1) Erbarme dich meiner, o Gott + Kantorale Nr. 202
*oder Lied:* 268, 1+2 Erbarme dich, erbarm dich mein

**Ruf vor dem Evangelium** 584(9) Lob dir, Christus + Vers Kantorale Nr. 202 Nicht nur von Brot lebt der Mensch

**Credo** 177(1) Credo in unum Deum + 177(2) Ich glaube an Gott

**Fürbittruf** 181(1) Lasset zum Herrn uns beten

**Gabenbereitung** 275, 1+2 Selig, wem Christus auf dem Weg begegnet

**Sanctus** 135 Heilig, heilig

**Agnus Dei** 136 Lamm Gottes

**Kommunion** 664(5) Er befiehlt seinen Engeln + 664(6), 1–4.9–12

**Dank** 366 Jesus Christus, guter Hirte
Nach der 2. Strophe könnte der Kommunionvers eingefügt werden:
*Mit seinen Flügeln schirmt dich der Herr, * unter seinen Schwingen findest du Zuflucht.* Ps 91(90), 4 / IV. Ton, vgl. 31(2)

**Schluss** 463, 1, 6 Wenn ich, o Schöpfer, deine Macht

---

**Notizen**

## 2. Fastensonntag – Lesejahr A

**Einzug** 38(1) Der Herr ist mein Licht und mein Heil + 38(2), 13–16.21–22

**Kyrie** 134 Herr, erbarme dich

**Antwortgesang** 56(1) Freut euch: Wir sind Gottes Volk
*oder:* 53(1) (in D) Hört auf die Stimme des Herrn jeweils + Kantorale Nr. 203
*oder Lied:* 452, 3 Der Herr wird dich mit seiner Güte segnen (Behüten soll er dich und all die Deinen)

**Ruf vor dem Evangelium** 584(9) Lob dir, Christus + Vers Kantorale Nr. 203 Aus der leuchtenden Wolke rief die Stimme des Vaters

**Credo** 179 Ich glaube an Gott

**Fürbittruf** 181(2) Christus, erhöre uns

**Gabenbereitung** 363 Herr, nimm auch uns zum Tabor mit

**Sanctus** 200 Heilig, heilig

**Agnus Dei** 202 O du Lamm Gottes, das getragen

**Kommunion** Musik

**Dank** 269, 1, 3+4 Du Sonne der Gerechtigkeit
Nach der 3. Strophe könnte der Kommunionvers eingefügt werden:
*Dies ist mein geliebter Sohn, / an dem ich Gefallen gefunden habe. * Auf ihn sollt ihr hören.* Mt 17, 5 / IV. Ton, vgl. 31(2)

---

**Notizen**

## 3. Fastensonntag – Lesejahr A

**Statio** 124 Asperges me*

**Einzug** 37(1) Der Herr ist mein Hirt + 42(2), 1–3.5–7**
nach der Vergebungsbitte folgt: 368, 1, 3, 5 O lieber Jesu, denk ich dein
und

**Kyrie** 154 Kyrie, Kyrie

**Antwortgesang** 53(1) Hört auf die Stimme des Herrn + Kantorale Nr. 204
*oder:* 42(1) Nach Gott, dem Lebendigen + 42(2), 4–6.8 bzw. Kantorale Nr. 204
*oder Lied:* 366, 3 Jesus Christus, guter Hirte (Wort des Vaters, offne Türe)

**Ruf vor dem Evangelium** 584(9) Lob dir, Christus + Vers Kantorale Nr. 204 Herr, du bist der Retter der Welt

**Credo** 355 Wir glauben Gott im höchsten Thron

**Fürbittruf** 182(1) Du sei bei uns … sei du bei uns, Gott

**Gabenbereitung** 377 O Jesu, all mein Leben bist du

**Sanctus** 132 Heilig, heilig

**Agnus Dei** 133 Lamm Gottes

**Kommunion** 312(6) Freudig lasst uns schöpfen + 40(2), 1–6
*oder:* 653(5) Der Herr der Scharen steht uns bei + 653(6), 1.4–6.9.13

**Dank** 427 Herr, deine Güt ist unbegrenzt
Zwischen den Strophen könnte der Kommunionvers eingefügt werden:
*Wer von dem Wasser trinkt, / das ich ihm geben werde, **
*wird niemals mehr Durst haben.*
*Es wird in ihm zur Quelle, * deren Wasser ins ewige Leben sprudelt.*
Joh 4, 13–14 / VII. Ton, vgl. 33(2) – von g

**Schluss** 421, 1 Mein Hirt ist Gott der Herr

## Notizen

* Statio: Zum Evangelium vom »Wasser des Lebens« würde sich als Statio oder als Bußakt der Ritus des »Asperges« empfehlen.
** Der Einzugsgesang verbindet die Aussage von »den Wassern des Lebens« (Evangelium), die Bitte um dasselbe mit dem Eingangsvers des Sonntags »Oculi«, von den »Augen, die allezeit schauen auf den Herrn«, … unseren Gott und Retter (Psalm 42, 7b).

## 4. Fastensonntag – Lesejahr A

**Einzug** 485, 1+2, 4 O Jesu Christe, wahres Licht

**Bußakt / Kyrie** 164 Der in seinem Wort uns hält

**Antwortgesang** 37(1) Der Herr ist mein Hirt + Kantorale Nr. 205
*oder Lied:* 421, 4 Mein Hirt ist Gott der Herr
(Du hast mein Haupt getränkt)

**Ruf vor dem Evangelium** 176(4) Ruhm und Preis + Vers Kantorale Nr. 205 So spricht der Herr: Ich bin das Licht der Welt

**Credo** 178(1) Amen … wir glauben + 178(2) Ich glaube an Gott

**Fürbittruf** 561*

**Gabenbereitung** 414, 1–3 Herr, unser Herr

**Sanctus** 190 Heilig, heilig

**Agnus Dei** 208 Christe, du Lamm Gottes

**Kommunion** Musik

**Dank** 557(1–2), 1–12, (4), 19–24 (Litanei)

**Schluss** 277, 4 Aus tiefer Not schrei ich zu dir
(Ob bei uns ist der Sünde viel)

---

**Notizen**

* Jesus, du Licht, durch das wir sehen
Antwort: Kyrie, eleison
*oder:* 556(6) Wir bitten dich, erhöre uns

## 5. Fastensonntag – Lesejahr A

**Einzug** 283 Aus der Tiefe rufe ich zu dir
Nach der 2. Strophe könnte der Eröffnungsvers eingefügt werden:
*Verschaff mir Recht, o Gott, und führe meine Sache gegen ein treuloses Volk! / Rette mich vor bösen und tückischen Menschen, * denn du bist mein starker Gott!* Ps 43(42), 1–2 / IV. Ton, vgl. 31(2)

**Bußakt / Kyrie** 163(4) Herr Jesus, du rufst die Menschen zur Umkehr*
*oder:* 117 Kyrie, eleison

**Antwortgesang** 639(3) Beim Herrn ist Barmherzigkeit + Kantorale Nr. 206
*oder Lied:* 268, 4 Erbarme dich, erbarm dich mein (Herr, nimm von mir nicht deinen Geist)

**Ruf vor dem Evangelium** 584(9) Lob dir, Christus + Vers Kantorale Nr. 206 So spricht der Herr: Ich bin die Auferstehung

**Credo** 180(1) Credo in unum Deum + 180(2) Wir glauben an den einen Gott
*oder:* 122 Credo in unum Deum

**Fürbittruf** 619(5+6) Kyrie, eleison

**Gabenbereitung** 366, 1–3 Jesus Christus, guter Hirte**

**Sanctus** 127 Heilig, heilig
*oder:* 118 Sanctus, Sanctus

**Agnus Dei** 136 Lamm Gottes
*oder:* 119 Agnus Dei

**Kommunion** 629(3) Ich gehe meinen Weg vor Gott + 629(4), 1–9

**Dank** 456, 1+2 Herr, du bist mein Leben
Zwischen den Strophen könnte der Kommunionvers eingefügt werden:
*Jeder, der lebt und an mich glaubt, * wird in Ewigkeit nicht sterben – so spricht der Herr.* Joh 11, 26 / IV. Ton, vgl. 31(2)
*oder:* 562(1) Betet an den Leib des Herrn + 562(2), 1+2.4.8

**Entlassungsruf** 120 Ite, missa est

**Schluss** 367 Jesus, dir leb ich

**Notizen**

* Die Antwort der Gemeinde kann auch das Kyrie 153, 155 oder 156 (in F) sein.
** Am heutigen 5. Fastensonntag findet die Kollekte des Bischöflichen Werkes »Misereor« statt. Daher wären zur Gabenbereitung auch Lieder wie Wenn das Brot, das wir teilen (470) oder Hilf, Herr meines Lebens (440) passend.

## Gottesdienst mit Palmweihe und Prozession* – Palmsonntag A/B/C

**zu Beginn** 176(4) Ruhm und Preis + 635(5), 1–2.18–21
*oder:* 228, 2+3 Tochter Zion, freue dich

**zur Prozession** 302(2) Hosanna, dem Sohne Davids
*oder:* 633(3) Hebt euch, ihr Tore
jeweils mit 633(4), 1–2.7–10

*oder / und:* 218, 1–4 Macht hoch die Tür, die Tor macht weit
zwischen den Strophen könnten folgende Verse eingefügt werden,
nach der 1. Strophe: *Ihr Tore, hebt euch nach oben, / hebt euch, ihr uralten Pforten; * denn es kommt der König der Herrlichkeit.*
nach der 2. Strophe: *Wer ist der König der Herrlichkeit? / Der Herr der Heerscharen, * er ist der König der Herrlichkeit.*
nach der 3. Strophe: *Hosanna in der Höhe! * Sei gepriesen, der du kommst im Namen des Herrn.*
Ps 24(23), 9 / Ps 24(23), 10 / VI. Ton, vgl. 34(2)

*oder / und:* 392, 1–3, 5 Lobe den Herren, den mächtigen König der Ehren
zwischen den Strophen könnten folgende Verse eingefügt werden,
nach der 1. Strophe: *Ihr Tore, hebt euch nach oben, / hebt euch, ihr uralten Pforten; * denn es kommt der König der Herrlichkeit.*
nach der 2. Strophe: *Wer ist der König der Herrlichkeit? / Der Herr der Heerscharen, * er ist der König der Herrlichkeit.*
nach der 3. Strophe: *Hosanna in der Höhe! * Sei gepriesen, der du kommst im Namen des Herrn.*
Ps 24(23), 9 / Ps 24(23), 10 / VI. Ton, vgl. 42(2)
zum Einzug in die Kirche: 280 Singt dem König Freudenpsalmen

**Bußakt / Kyrie** 279 Hosanna dem Sohne Davids**

**Antwortgesang** 639(1) Erbarme dich meiner, o Gott
*oder:* 293 Mein Gott, mein Gott, warum hast du mich verlassen jeweils mit Kantorale Nr. 217
*oder Lied:* 292, 1+2 Fürwahr, er trug unsere Krankheit
*oder:* längere Stille … dann Ruf 293 Mein Gott, mein Gott … wieder längere Stille

**Ruf vor dem Evangelium** 560(1) Christus, Sieger + Vers Kantorale
Nr. 217 Christus war für uns gehorsam***

Leidensgeschichte****

**Credo** gesprochen

**Fürbittruf** 308(5) Heiliger Gott
*oder:* 586(6) Te rogamus

**Gabenbereitung** 460 Wer leben will wie Gott auf dieser Erde

**Sanctus** 199 Heilig ist Gott in Herrlichkeit

**Agnus Dei** 203 O Lamm Gottes unschuldig
*oder:* 205 Lamm Gottes (mit dem Eingeklammerten)

**Kommunion** 639(7) Durch Christi Wunden + 639(8), 1–5

**Dank** 416, 1, 4 Was Gott tut, das ist wohlgetan
Zwischen den Strophen könnte der Kommunionvers eingefügt werden:
*Mein Vater, wenn dieser Kelch an mir nicht vorübergehen kann / und ich ihn trinken muss, * so geschehe dein Wille.*
Mt 26, 42 / VI. Ton, 34(2)
*oder:* Stille

**Schluss** 291, 1, 4, 6 Holz auf Jesu Schulter
*oder:* 369 O Herz des Königs aller Welt
*oder:* 532, 1, 3+4 Christi Mutter stand mit Schmerzen

---

**Notizen**

* Findet keine Palmweihe bzw. Prozession statt, kann man zur Eröffnung einen der aufgeführten Gesänge zur Statio *oder* zur Prozession auswählen. Mancherorts wird im Anschluss das Evangelium vom Einzug Jesu in Jerusalem gesungen (gelesen). Darauf kann die Gemeinde mit der 2. *oder* (und) der 3. Strophe von 228 (Tochter Zion) antworten. Oder man singt die 2. Strophe zu Beginn und die 3. Strophe am Ende des Evangeliums. Daran schließt sich die Kyrielitanei an.
** Die Antwort der Gemeinde kann auch das Kyrie 153, 155 oder 156 (in F) sein.
*** Möglich auch, an diesem Tag die 2. Lesung [in Verbindung mit 629(5)], den Philipper-Hymnus 629(6) zu singen, dann kann der Ruf vor der Passion entfallen.
**** Da die Leidensgeschichte am Palmsonntag in fast allen Gottesdiensten gelesen (nicht gesungen) werden wird, bietet sich für eine »aktive Teilnahme« der Gemeinde an, dieselbe durch gemeinsame Gesänge zu unterbrechen:
nach der Gefangennahme am Ölberg:
36(1) Auf dich haben unsere Väter + 36(2), 1–2.12.20–21.24
*oder:* 283, 1, 3 Aus der Tiefe rufe ich zu dir

*oder:* 286 Bleibet hier und wachet
*oder:* 288, 1+2 Hört das Lied
nach der Urteilsverkündung durch Kajafas:
36(1) Auf dich haben unsere Väter + 36(2), 6–9.11–12
*oder:* 288, 1, 4 Hört das Lied
*oder:* 290, 1, 3 Herzliebster Jesu
nach der Urteilsbestätigung durch Pilatus:
36(1) Auf dich haben unsere Väter + 36(2), 15.17–20
*oder:* 288, 1, 5 Hört das Lied
*oder:* 292 Fürwahr, er trug unsere Krankheit
wenn es nicht schon an Stelle des Antwortgesanges ausgewählt wurde
nach dem Tod Jesu oder am Schluss der Passion:
36(1) Auf dich haben unsere Väter + 36(2), 23.25–27.32–33
*oder:* 288, 1, 6 Hört das Lied
*oder:* 289, 5+6 O Haupt voll Blut und Wunden (Ich will hier bei dir stehen)

## Messe vom letzten Abendmahl – Gründonnerstag A/B/C

**Einzug** 385, 1+2 Nun saget Dank*
*oder:* 305 Wir rühmen uns im Kreuz
Hier könnte der Eröffnungsvers eingefügt werden:
*Gott sei uns gnädig und segne uns.* Er lasse über uns sein Angesicht leuchten, damit auf Erden sein Weg erkannt wird * und unter allen Völkern sein Heil.* vgl. Gal 6, 14 / V. Ton, vgl. 43(2)

**Bußakt / Kyrie** 163**

**Gloria** 173(1) Gloria + 173(2) Ehre sei Gott
*oder:* 170 Allein Gott in der Höh sei Ehr

**Antwortgesang** 305(3) Der Kelch, den wir segnen
*oder:* 401 Lobet den Herrn, preist seine Huld und Treue – jeweils mit Kantorale Nr. 218
*oder Lied:* 393, 1+2 Nun lobet Gott im hohen Thron
*oder Lied:* 210 Das Weizenkorn muss sterben

**Ruf vor dem Evangelium** 305(2) Christus Erlöser
*oder:* 584(9) Lob dir, Christus – jeweils mit Vers Kantorale Nr. 218 So spricht der Herr: Ein neues Gebot gebe ich euch

**Gesänge zur Fußwaschung*****
281 Also sprach beim Abendmahle
Zwischen den Strophen könnten Verse eingefügt werden,
nach der 1. Strophe: *Jesus stand vom Mahl auf, goss Wasser in eine Schüssel / und begann, den Jüngern die Füße zu waschen: * dies Beispiel hat er ihnen gegeben.*
nach der 2. Strophe: *Wenn ich, euer Meister und Herr, / euch die Füße gewaschen habe, * müsst auch ihr einander die Füße waschen.*
nach der 3. Strophe: *Daran werden alle erkennen, / dass ihr meine Jünger seid, * wenn ihr Liebe habt zueinander.*
vgl. Joh 13, 4–5.15 / vgl. Joh 13, 14 / VI. Ton, vgl. 42(2)
*oder:* 305(4) Dies ist mein Gebot jeweils mit 61(2), 1–5.9 *und* (*oder*) 73(2), 1–3
*oder:* 442 Wo die Güte und die Liebe
*oder:* 445 Ubi caritas

**Fürbittruf** 181(3) Erhöre uns, Christus

**Gabenbereitung** 209 Du teilst es aus mit deinen Händen****

**Sanctus** 193 Heilig, heilig

**Agnus Dei** 205 Lamm Gottes (mit dem Eingeklammerten)

**Kommunion** 282 Beim letzten Abendmahle
60(1) Der Herr hat uns befreit + 60(2), 1–2.4–6.9
215, 1–2 Gott sei gelobet und gebenedeiet

**Dank** 562(1) Betet an den Leib des Herrn + 562(2), 1–8*****

zur Übertragung des »Allerheiligsten«: 493 Preise, Zunge, das Geheimnis

---

**Notizen**

* ein zur liturgischen Farbe, zu den Glocken des Gloria und zu den Gotteserfahrungen des »Alten Bundes« passender Gesang
** 1. Herr Jesus, du stehst am Ende deines irdischen Weges
2. Du hast die Deinen geliebt bis zur Vollendung
3. Herr Christus, du selbst wirst das Paschalamm
4. Du stiftest das Mahl des neuen und ewigen Bundes
5. Herr Jesus, du begründest die Eucharistie der Kirche
6. Du eröffnest das ewige Hochzeitsmahl
[aus 675(6)] Die Antwort der Gemeinde kann auch das Kyrie 153, 155 oder 156 (in F) sein.
*** Ein besonderer Akzent ist in vielen Gemeinden an diesem Tag das Zeichen der Fußwaschung.
**** Eine weitere Besonderheit bildet auch der in vielen Gemeinden praktizierte Brauch der Segnung und Austeilung der Osterbrote, die in den kommenden Tagen zu älteren und kranken Gemeindemitgliedern gebracht werden. Wenn wir dieses tun, sind »wir seine Zeugen«.
***** Bevor das eucharistische Brot »an einen anderen Ort« übertragen wird, ist es gut noch einmal in Meditation, Stille und Anbetung zu verharren.

Gedanken zum Einsatz der Orgel:
Da das gesamte »Triduum« nach der Liturgiereform eine andere Wertung erfahren hatte, wir in besonderer Weise auch den Gründonnerstag als großen Dank-Gottesdienst für die Einsetzung der Eucharistie und die Zeichen der selbstlosen Liebe des Gottessohnes feiern, empfiehlt es sich, dass auch die Orgel in diesen Dank mit einstimmen und bis zum feierlich- jubelnden »Pange, lingua, gloriosi« spielen darf. Nachdem sie am Karfreitag geschwiegen hat, sollte sie nach dem »Exsultet« der Osternacht die versammelte Gemeinde in den Osterjubel führen, ob der Nacht, »die Himmel und Erde versöhnte, die Gott und Menschen verbindet …«
Vielleicht sollte man den viel zitierten Satz »Nach altem Brauch schweigt die Orgel vom Gloria des Gründonnerstags bis zum Gloria der Osternacht« einfach mal überdenken, zumal er älter ist als das Zweite Vatikanum …

## Karfreitag – Lesejahre A/B/C

**Antwortgesang** 308(1) Vater, in deine Hände + Kantorale Nr. 219
*oder Responsorium:* 658(1) In manus tuas, Domine
*oder Responsorium:* 665 Herr, auf dich vertraue ich

**Ruf vor der Passion**
176(3) Herr Jesus, dir sei Ruhm und Ehre + Vers Kantorale Nr. 219 Christus war für uns gehorsam bis zum Tod
*oder:* 287 Christus war für uns gehorsam bis zum Tod

**Gesänge in der Passion** (so diese nicht gesungen wird) siehe Palmsonntag

**nach der Predigt** Nach der Predigt könnte ein gemeinsamer Gesang folgen, z. B.: 289, 1, 4+5, 8 O Haupt voll Blut
*oder:* 297 Wir danken dir, Herr Jesu Christ
*oder Kanon:* 298 So sehr hat Gott die Welt geliebt

**Große Fürbitten** In die »Großen Fürbitten« des Karfreitags kann die Gemeinde mit einem Ruf einstimmen: 155 Kyrie, eleison
*oder:* 308(5) K: Heiliger Gott! Heiliger starker Gott!
A: Heiliger, Unsterblicher, erbarm dich unser.
*oder:* 310 K: Du hast uns erlöst durch dein Kreuz und dein Blut. A: Hilf uns, Herr, unser Gott.
*oder:* nach 556(6) K: Gekreuzigter Erlöser: A: Wir bitten dich, erhöre uns.
*oder:* 632(1) Erhöre uns, Herr

**Gesang bei der »Kreuzzeigung«** 308(2) Ecce lignum
*oder:* 308(3) Seht, das Holz

**Gesänge zur Kreuzverehrung** (Auswahl)
270 Kreuz, auf das ich schaue
294 O du hochheilig Kreuze
299 Der König siegt, sein Banner glänzt
563(1) Im Kreuz ist Heil (4), 1–6 (oder eine andere Auswahl)

**Gesänge zur Kommunion** (Auswahl)
213 O heilge Seelenspeise
215, 1+2 Gott sei gelobet und gebenedeiet
497 Gottheit tief verborgen

**Danklitanei** 211 Wir rühmen dich, König der Herrlichkeit

## Notizen

Will man vor dem (stillen) Auszug noch etwas singen, böte sich nach dem »Segensgebet über das Volk« die 9. Strophe von 380 »Großer Gott, wir loben dich« an, in der dieses aussagekräftige und in unsere Zukunft weisende Gebet noch einmal aufgenommen wird. Und … was bleibt uns an diesem Tag, wenn nicht das Lob Gottes (Assoziierung der Liedmelodie) ob dieser »Heilstat«, unserer Erlösung, denn »Was Gottes Rat von Ewigkeit bedacht, das ist durch Jesu Tod vollbracht.«
*oder:* 532, 1, 3+4 Christi Mutter stand mit Schmerzen
*oder Kanon:* 298 So sehr hat Gott die Welt geliebt
Wenn er nicht schon als Gesang nach der Predigt ausgewählt wurde.

## Osternacht – Lesejahre A/B/C

**nach dem Gesang des feierlichen »Exsultet«** festliches Orgelspiel und Lied: 334 O Licht der wunderbaren Nacht

**nach der 1. Lesung** 312(2) Sende aus deinen Geist + Kantorale Nr. 220
*oder Lied:* 381, 1+2 Dein Lob, Herr, ruft der Himmel aus
*oder Lied:* 411, 1+2, 4 Erde, singe, dass es klinge
*oder Lied:* 462 Tanzen, ja tanzen wollen wir

**nach der 2. Lesung** 312(3) Behüte mich, Gott
*oder* 46(1) Lass dein Angesicht über uns leuchten jeweils + Kantorale Nr. 221
*oder Lied:* 452, 1+2 Der Herr wird dich mit seiner Güte segnen
*oder Lied:* 428, 1, 4 Herr, dir ist nichts verborgen

**nach der 3. Lesung** 312(4) Dem Herrn will ich singen + Kantorale Nr. 222
*oder Lied:* 409, 1+2 Singt dem Herrn ein neues Lied
*oder Kanon:* 412 Die Herrlichkeit des Herrn

**nach der 4. Lesung** 312(5) Aus der Tiefe zogst du mich + Kantorale Nr. 223
*oder Lied:* 439, 1 Erhör, o Gott, mein Flehen

**nach der 5. Lesung** 312(6) Freudig lasst uns schöpfen + Kantorale Nr. 224
*oder Kanon:* 406 Danket, danket dem Herrn
*oder Lied:* 551, 1+2 Nun singt ein neues Lied dem Herren

**nach der 6. Lesung** 312(7) Herr, du hast Worte ewigen Lebens + Kantorale Nr. 225
*oder Lied:* 381, 3 Die Sonne ist des Himmels Ehr
*oder Lied:* 543, 2, 5 Wohl denen, die da wandeln (Von Herzensgrund ich spreche)

**nach der 7. Lesung** 312(8) Wie der Hirsch verlangt + Kantorale Nr. 226
*oder Lied:* 434, 1+2 Noch ehe die Sonne am Himmel stand

**Gloria*** 383 Ich lobe meinen Gott, der aus der Tiefe mich holt
*oder:* 131 Ehre sei Gott
*oder:* 170 Allein Gott in der Höh sei Ehr

**nach der Epistel** 312(9) Halleluja

*oder* 175(2) Halleluja + Kantorale Nr. 227**
*oder:* 174 Halleluja (mehrmals gesungen, bevor man mit Ziffer 2 schließt)
*oder:* 483 Halleluja (Kehrvers als Kanon)

**Evangelium** nach dem Hören des Evangeliums der Osternacht könnte die Gemeinde die »Frohe Botschaft« aufnehmen in dem Kanon: 321 Surrexit Dominus vere

**Tauffeier** zu Beginn 556 Allerheiligenlitanei

**nach dem Einsenken der Osterkerze in das Wasser** Kanon: 397 All meine Quellen
*oder Lied:* 318 Christ ist erstanden

**Tauferneuerung** zur Erneuerung des Taufversprechens bzw. bei der Besprengung der Gemeinde: 491 Ich bin getauft und Gott geweiht

**Fürbittruf** 182(1) Du sei bei uns in unsrer Mitte. Halleluja.

**Gabenbereitung** 328 Gelobt sei Gott im höchsten Thron

**Sanctus** 192 Heilig, heilig

**Agnus Dei** 207 Lamm Gottes

**Kommunion** 331 Ist das der Leib
488 Die ihr auf Christus getauft seid

**Dank** 329 Das ist der Tag, den Gott gemacht
Nach der 3. Strophe könnte der Kommunionvers eingefügt werden:
*Unser Osterlamm ist geopfert, * Christus, der Herr. Halleluja! Wir sind befreit von Sünde und Schuld. * So lasst uns Festmahl halten in Freude. Halleluja.* 1 Kor 6, 7–8 / VIII. Ton, vgl. 54(2) – von g

**Schluss** 525 Freu dich, du Himmelskönigin

**Notizen**

* Wenn die Orgel erst zum Gloria in den Osterjubel einstimmt, dann wäre dies die Stelle, da sie mit festlichem Spiel auf die Osterfreude hinweist.
** Will man dem dreimalig (jeweils um einen Ton höher – analog dem »Ecce lignum crucis« und dem »Lumen Christi«) gesungenen Halleluja gerecht werden, so sei hingewiesen auf die Ausführungen im Kantorale Nr. 228.

Ein »Impuls« zum Bedenken:
Der Gesang der erlösten Christenheit, der österliche Gesang, ist das Halleluja. Deshalb sollte es – nach 40 tägiger Abstinenz – in der Osternacht gebührend »gefeiert« werden. Wenn es vor dem Osterevangelium wieder erklingt, sollte es mit Glocken läuten und »Helligkeit« begrüßt werden. Diese Zeichen passen in der Osternacht besser zum »Halleluja«, als zum »Gloria«, da dieses der Weihnachts- und das »Halleluja« der Ostergesang ist.

## Ostersonntag – Am Tag A/B/C

**Einzug** 329, 1+2, 5 Das ist der Tag, den Gott gemacht
Zwischen den Strophen könnte der Eröffnungsvers eingefügt werden, nach der 1. Strophe: *Ich bin erstanden und bin immer bei dir. Halleluja. / Du hast deine Hand auf mich gelegt. Halleluja. * Wie wunderbar ist für mich dieses Wissen. Halleluja.*
nach der 2. Strophe: *Der Herr ist auferstanden, / er ist wahrhaft auferstanden. Halleluja.* Sein ist die Macht und die Herrlichkeit in Ewigkeit. Halleluja.*
vgl. Ps 139(138), 5–6 / vgl. Lk 24, 34; Offb 1,6 / VIII. Ton, vgl. 52(2) – von g

**Bußakt / Kyrie** 163(5) Herr Jesus, auferstanden von den Toten*

**Gloria** 383 Ich lobe meinen Gott, der aus der Tiefe mich holt
*oder:* 131 Ehre sei Gott
*oder:* 170 Allein Gott in der Höh sei Ehr

**Antwortgesang** 335 Das ist der Tag, den der Herr gemacht + Kantorale Nr. 229
*oder Lied:* 385, 1, 3 Nun saget Dank und lobt den Herren

**Sequenz** 320 Victimae paschalis laudes**
zu Beginn, nach Vers 3, 5 und zum Schluss: 631(1) Singt, ihr Christen, singt dem Herrn
*oder:* zu Beginn 338, 1 Jerusalem, du neue Stadt, nach Vers 3 Strophe 2, nach Vers 6 Strophe 3, zum Schluss Strophe 5

**Ruf vor dem Evangelium** 175(2) Halleluja + Vers Kantorale Nr. 229 Unser Osterlamm ist geopfert, Christus

**Credo** 355 Wir glauben Gott im höchsten Thron
*oder:* 179 Ich glaube an Gott

**Fürbittruf** 624(5) Die Freude an Gott, Halleluja
*oder:* 632(1) Erhöre uns, Herr

**Gabenbereitung** 184 Herr, wir bringen in Brot und Wein unsere Welt zu dir
*oder:* 324 Vom Tode heut erstanden ist
*oder:* 338 Jerusalem, du neue Stadt
Wenn es nicht für die Sequenz ausgewählt wurde

**Sanctus** 138 Heilig, heilig

**Agnus Dei** 139 Lamm Gottes

**Kommunion** 642, 1+2, 4, 7 Zum Mahl des Lammes schreiten wir

**Dank** 324, 1, 4 Vom Tode heut erstanden ist

Zwischen den Strophen könnte der Kommunionvers eingefügt werden:
*Halleluja, Halleluja. / Unser Paschalamm ist geopfert: Christus. * So lasst uns das Festmahl feiern. Halleluja.*

vgl. 1 Kor 5, 7b–8a / VIII. Ton, vgl. 52(2) – von g

653(7) Würdig ist das Lamm + 653(8) Würdig bist du, unser Gott

**Schluss** 525 Freu dich, du Himmelskönigin

---

**Notizen**

* Die Antwort der Gemeinde kann auch das Kyrie 153, 155 oder 156 (in F) sein.
** Anstelle von Antwortgesang und Sequenz auch 322 KV + 1–6, Halleluja + Ihr Christen, singet hocherfreut

## Ostermontag – Lesejahre A/B/C

**Einzug** 318 Christ ist erstanden
Nach der 2. Strophe (vor dem Halleluja) könnte der Eröffnungsvers eingefügt werden:
*Der Herr hat euch in das Land geführt, / wo Milch und Honig strömen. * Immer soll das Gesetz des Herrn in euren Herzen sein. Halleluja.*
Ex 13, 5. 9 / IV. Ton, vgl. 41(2) – von d

**Kyrie** im Einzugslied

**Gloria** 166 Ehre sei Gott in der Höhe

**Antwortgesang** 333 Christus ist erstanden + Kantorale Nr. 230
*oder Responsorium:* 644(1) Christus ist erstanden

**Ruf vor dem Evangelium** 175(2) Hallelluja + Vers Kantorale Nr. 230
Brannte uns nicht das Herz

**Credo** fakultativ

**Fürbittruf** 92 Herr, bleibe bei uns, Halleluja

**Gabenbereitung** 325, 1+2 Bleibe bei uns, du Wandrer durch die Zeit

**Sanctus** 191 Heilig, heilig

**Agnus Dei** 206 Lamm Gottes, Lamm Gottes

**Kommunion** Musik

**Dank** 326 Wir wollen alle fröhlich sein
Nach der 3. Strophe könnte der Kommunionvers eingefügt werden:
*Christus ist vom Tod erstanden; / er stirbt nicht mehr. * Gebrochen ist die Macht des Todes. Halleluja.* vgl. Röm 6, 9 / V. Ton, vgl. 47(2)

**Schluss** 94, 3 Bleib bei uns, Herr (… im Dunkel unsrer Sorgen)

**Notizen**

## 2. Sonntag der Osterzeit – Weißer Sonntag A

**Statio** 125 Vidi aquam

**Einzug** 642, 1+2, 4 Zum Mahl des Lammes schreiten wir
Nach der 2. Strophe könnte der Eröffnungsvers eingefügt werden:
*Wie neugeborene Kinder verlangt nach der unverfälschten Milch des Wortes, / damit ihr durch sie heranwachst und das Heil erlangt. * Halleluja.*
oder: *Freut euch und dankt Gott, der euch zu sich gerufen hat. / Ihr seid Kinder Gottes und Erben seiner Herrlichkeit. * Halleluja.*
1 Petr 2, 2 / VIII. Ton, vgl. 52(2) – von f

**Kyrie** 157 Herr, erbarme dich

**Gloria** 169 Gloria, Ehre sei Gott

**Antwortgesang** 335 Das ist der Tag, den der Herr gemacht + Kantorale Nr. 231
*oder Lied:* 389, 1, 6 Dass du mich einstimmen lässt in deinen Jubel, o Herr
*oder Lied:* 400, 1 Ich lobe meinen Gott von ganzem Herzen
*oder Kanon:* 406 Danket, danket dem Herrn

**Ruf vor dem Evangelium** 175(2) Halleluja + Vers Kantorale Nr. 231
So spricht der Herr: Weil du mich gesehen hast, Thomas, glaubst du

**Gesang nach dem Evangelium** 322, 11+12 Ihr Christen, singet

**Credo** 178(1) Amen … wir glauben + 178(2) Ich glaube an Gott

**Fürbittruf** 92 Herr, bleibe bei uns

**Gabenbereitung** 188, 1+2, 4 Nimm, o Gott, die Gaben, die wir bringen

**Sanctus** 194 Heilig, heilig

**Agnus Dei** 208 Christe, du Lamm Gottes
*oder:* 497, 4 Gottheit tief verborgen (Kann ich nicht wie Thomas)

**Kommunion** 175, 5 Halleluja + 649(8) Verse 1–4
*oder:* 639(7) Durch Christi Wunden + 41(2), 1.3–5.7.[13–15].19–20

**Dank** 337, 1+2, 4, 7 Freu dich, erlöste Christenheit

Nach der 2. Strophe könnte der Kommunionvers eingefügt werden:
*So spricht der Herr: / Selig, die nicht sehen und doch glauben. * Halleluja.* Joh 20, 29 / VIII. Ton, vgl. 52(2) – von f

**Schluss** 533, 1–3 Lasst uns erfreuen herzlich sehr

---

**Notizen**

## 3. Sonntag der Osterzeit – Lesejahr A

**Einzug** 144, 1, 4+5 Nun jauchzt dem Herren, alle Welt
Nach der 4. Strophe könnte der Eröffnungsvers eingefügt werden:
*Jauchzt vor Gott alle Menschen der Erde! / Spielt zum Ruhm seines Namens! * Verherrlicht ihn mit Lobpreis. Halleluja.*
Ps 66(65), 1–2 / V. Ton, vgl. 43(2)

**Kyrie** 108 Kyrie, eleison
*oder:* 113 Kyrie, eleison

**Gloria** 109 Gloria in excelsis Deo
*oder:* 114 Gloria in excelsis Deo

**Antwortgesang** 629(3) Ich gehe meinen Weg vor Gott + Kantorale Nr. 232
*oder Lied:* 329, 1, 3 Das ist der Tag, den Gott gemacht

**Ruf vor dem Evangelium** 175(2) Halleluja + Vers Kantorale Nr. 232 Herr Jesus, erschließ uns die Schrift
*oder:* 175(2) Halleluja + Vers Kantorale Nr. 240 Christus ist auferstanden. Er, der Schöpfer des Alls (Tonhöhe von Nr. 232)

**Credo** 122 Credo in unum Deum

**Fürbittruf** 586(6) Te rogamus

**Gabenbereitung** 412 Die Herrlichkeit des Herrn

**Sanctus** 110 Sanctus, Sanctus
*oder:* 115 Sanctus, Sanctus

**Agnus Dei** 111 Agnus Dei
*oder:* 116 Agnus Dei

**Kommunion** Musik

**Dank** 324, 1+2, 4 Vom Tode heut erstanden ist
Nach der 2. Strophe könnte der Kommunionvers eingefügt werden:
*Die Jünger erkannten den Herrn Jesus, als er das Brot brach. * Halleluja.* Lk 24, 25 / V. Ton, vgl. 43(2)

**Entlassungsruf** 591(7) Ite, missa est, Alleluja

---

**Notizen**

## 4. Sonntag der Osterzeit – Lesejahr A

**Einzug** 384, 1, 3 Hoch sei gepriesen unser Gott

Zwischen den Strophen könnte der Eröffnungsvers eingefügt werden:
*Die Erde ist voll von der Huld des Herrn. * Durch das Wort des Herrn wurden die Himmel geschaffen. Halleluja.*

Ps 33(32), 5–6 / V. Ton, vgl. 43(2)

**Bußakt / Kyrie** 561*

**Gloria** 168(1) Gloria, gloria

**Antwortgesang** 37(1) Der Herr ist mein Hirt + Kantorale Nr. 233
*oder Lied:* 272, 1 Zeige uns, Herr, deine Allmacht und Güte

**Ruf vor dem Evangelium** 175(2) Halleluja + Vers Kantorale Nr. 233
So spricht der Herr: Ich bin der gute Hirt. Ich kenne die Meinen

**Credo** 354 Gott ist dreifaltig einer

**Fürbittruf** 561**

**Gabenbereitung** 421 Mein Hirt ist Gott der Herr

**Sanctus** 198 Heilig bist du

**Agnus Dei** 207 Lamm Gottes

**Kommunion** 558(1, 3) Danket dem Herrn, denn er ist gütig

**Dank** 366 Jesus Christus, guter Hirte

Nach der 1. Strophe könnte der Kommunionvers eingefügt werden:
*Auferstanden ist der Gute Hirt. / Er gab sein Leben für seine Schafe. * Er ist für seine Herde gestorben. Halleluja.* IV. Ton, vgl. 31(2)

**Schluss** 326, 1, 3, 5 Wir wollen alle fröhlich sein

---

**Notizen**

* 1. Herr Jesus, Sohn des lebendigen Gottes
2. Herr Christus, du unser Heiland
3. Herr Jesus, du unser Erlöser
Die Antwort der Gemeinde kann auch das Kyrie 153, 155 oder 156 (in F) sein.
** Jesus, du guter Hirte
Antwort: Kyrie, eleison
*oder:* 556(6) Wir bitten dich, erhöre uns

## 5. Sonntag der Osterzeit – Lesejahr A

**Einzug** 644(3) Auferstanden ist der Herr + 55(2), 1–3.6–8
*oder:* 551, 1+2 Nun singt ein neues Lied dem Herren
Zwischen den Strophen könnte der Eröffnungsvers eingefügt werden:
*Singt dem Herrn ein neues Lied, / denn er hat wunderbare Taten vollbracht * und sein gerechtes Wirken enthüllt vor den Augen der Völker. Halleluja.* Ps 98(97), 1–2 / VI. Ton, vgl. 42(2)

**Kyrie** 151 Herr, erbarme dich unser

**Gloria** 171 Preis und Ehre

**Antwortgesang** 56(1) Freut euch: Wir sind Gottes Volk + Kantorale Nr. 234
*oder Lied:* 448, 1+2 Herr, gib uns Mut zum Hören

**Ruf vor dem Evangelium** 175(2) Halleluja + Vers Kantorale Nr. 234
So spricht der Herr: Ich bin der Weg

**Credo** 177(1) Credo in unum Deum + 177(2) Ich glaube an Gott

**Fürbittruf** 561*

**Gabenbereitung** 362, 1, 3 Jesus Christ, you are my life

**Sanctus** 196 Heilig, heilig

**Agnus Dei** 136 Lamm Gottes

**Kommunion** 560(1) Christus, Sieger + 560(4–6)

**Dank** 456, 1+2, 4 Herr, du bist mein Leben
Nach der 1. Strophe könnte der Kommunionvers eingefügt werden:
*So spricht der Herr: / Ich bin der wahre Weinstock, * ihr seid die Rebzweige. Wer in mir bleibt / und in wem ich bleibe, * der bringt reiche Frucht. Halleluja.* Joh 15, 1.5 / IV. Ton, vgl. 31(2)

**Schluss** 281, 1, 3 Also sprach beim Abendmahle
*oder:* 474, 5 Wenn wir das Leben teilen (Wenn wir in unsern Liedern loben Jesus Christ)

---

**Notizen**

* Jesus, du Weg, auf dem wir gehen
Antwort: Kyrie, eleison
*oder:* 556(6) Wir bitten dich, erhöre uns

## 6. Sonntag der Osterzeit – Lesejahr A

**Einzug** 143 Mein ganzes Herz erhebet dich
Nach der 2. Strophe könnte der Eröffnungsvers eingefügt werden:
*Verkündet es jauchzend, damit man es hört! / Ruft es hinaus bis ans Ende der Erde! * Ruft: Der Herr hat sein Volk befreit. Halleluja.*
Jes 48, 20 / V. Ton, vgl. 43(2)

**Bußakt / Kyrie** 164 Der in seinem Wort uns hält

**Gloria** 131 Ehre sei Gott

**Antwortgesang** 376 Singt dem Herrn alle Länder der Erde + Kantorale Nr. 235

*oder Lied:* 348, 3 Nun bitten wir den Heiligen Geist (Du stille Macht, du verborgne Kraft)

**Ruf vor dem Evangelium** 175(2) Halleluja + Vers Kantorale Nr. 235
So spricht der Herr: Wer mich liebt, hält fest an meinem Wort

**Credo** 180(1) Credo in unum Deum + 180(2) Wir glauben an den einen Gott

**Fürbittruf** 182(1) Du sei bei uns … sei du bei uns, Gott

**Gabenbereitung** 387, 1, 6, 8 Gott ist gegenwärtig

**Sanctus** 197 Heilig, heilig

**Agnus Dei** 133 Lamm Gottes

**Kommunion** Musik

**Dank** 361, 1, 3 Mein schönste Zier
Zwischen den Strophen könnte der Kommunionvers eingefügt werden:
*So spricht der Herr: Wenn einer mich liebt, wird er meine Gebote halten. / Mein Vater wird ihn lieben * und wir werden bei ihm wohnen. Halleluja.* Joh 14, 15–16 / VI. Ton, vgl. 42(2)

**Schluss** 389, 1, 5+6 Dass du mich einstimmen lässt in deinen Jubel, o Herr

---

**Notizen**

## Christi Himmelfahrt – Lesejahre A/B/C

**Einzug** 339, 1–4 Ihr Christen, hoch erfreuet euch*

Nach der 2. Strophe könnte der Eröffnungsvers eingefügt werden:

*Ihr Männer von Galiläa, * was steht ihr da und schaut zum Himmel?*
*Der Herr wird wiederkommen, * wie er jetzt aufgefahren ist.*
*Halleluja.* Apg 1, 11 / VIII. Ton, vgl. 54(2) – von d

**Bußakt / Kyrie** 165 Send uns deines Geistes Kraft

**Gloria** 408 Lobet und preiset + 168(2) (nur die Verse)

**Antwortgesang** 340 Gott steigt empor, Erde jauchze + Kantorale Nr. 244
*oder Lied:* 336, 2 Jesus lebt, mit ihm auch ich (Jesus lebt! Ihm ist das Reich über alle Welt gegeben)
*oder Lied:* 339, 5 Ihr Christen, hoch erfreuet euch (Beschirmer deiner Christenheit)

**Ruf vor dem Evangelium** 175(2) Halleluja + Vers Kantorale Nr. 244 Geht zu allen Völkern

**Credo** 179 Ich glaube an Gott

**Fürbittruf** 312(2) Sende aus deinen Geist

**Gabenbereitung** 331, 1, 3, 6 Ist das der Leib

**Sanctus** 135 Heilig, heilig

**Agnus Dei** 206 Lamm Gottes, Lamm Gottes

**Kommunion** 54(1) Singt dem Herrn alle Länder der Erde + 54(2), 1–4.7–8
*oder:* 560(1) Christus, Sieger, Christus, König + 560(2) und (6)

**Dank** 338, 1, 4+5 Jerusalem, du neue Stadt

Nach der 4. Strophe könnte der Kommunionvers eingefügt werden:

*So spricht der Herr: Ich bin bei euch alle Tage * bis zum Ende der Welt.*
*Halleluja.* Mt 28, 20 / I. Ton, vgl. 48(2)

**Schluss** 453, 1, 4 Bewahre uns, Gott

**Notizen**

* Zwei weitere Gestaltungsvorschläge für den Eröffnungsteil:
A: In ihm soll die »Einheit« der beiden Hochfeste Ostern und Christi Himmelfahrt deutlich werden:
318 Christ ist erstanden
Eröffnung und Einführung in das Festgeheimnis
319 Christ fuhr gen Himmel
Vergebungsbitte – Gloria
B: 319, 1 Christ fuhr gen Himmel
*Ihr Männer von Galiläa, / was steht ihr da und staunt zum Himmel? * Der Herr wird wiederkommen, wie er jetzt aufgefahren ist. Halleluja.*
319, 2 Christ fuhr gen Himmel (Christ fuhr mit Schallen)
*Geht zu allen Völkern, * und macht alle Menschen zu meinen Jüngern.*
319, 3 Christ fuhr gen Himmel (Halleluja)
jeweils 1. Ton, vgl. 32(2)

## 7. Sonntag der Osterzeit – Lesejahr A

**Einzug** 319 Christ fuhr gen Himmel

**Kyrie** im Einzugslied

**Gloria** 169 Gloria, Ehre sei Gott

**Antwortgesang** 38(1) Der Herr ist mein Licht + Kantorale Nr. 245
*oder Kanon:* 350 Geist der Zuversicht, Quelle des Trostes

**Ruf vor dem Evangelium** 175(2) Halleluja + Vers Kantorale Nr. 245
So spricht der Herr: Ich lasse euch nicht als Waisen zurück

**Credo** 355 Wir glauben Gott

**Fürbittruf** 586(5) Christus, höre uns

**Gabenbereitung** 357, 2, 5+6 Wie schön leuchtet der Morgenstern
(Du meine Perl, du werte Kron)

**Sanctus** 200 Heilig, heilig

**Agnus Dei** 202 O du Lamm Gottes, das getragen

**Kommunion** Musik

**Dank** 281, 1, 3+4 Also sprach beim Abendmahle
Nach der 3. Strophe könnte der Kommunionvers eingefügt werden:
*Ich bitte dich, Vater, / lass sie eins sein,* wie wir eins sind. Halleluja.*
I. Ton, vgl. 32(2)
400, 1 Ich lobe meinen Gott von ganzem Herzen
(als »Kehrvers«) + 44(2), 1–3.6–8.10

**Schluss** 449 Herr, wir hören auf dein Wort

---

**Notizen**

## Pfingsten – Lesejahre A/B/C

**Einzug** 362, 1–4 Jesus Christ, you are my life*
Nach der 2. Strophe könnte der Eröffnungsvers eingefügt werden:
*Der Geist des Herrn erfüllt den Erdkreis. / In ihm hat alles Bestand. * Nichts bleibt verborgen vor ihm. Halleluja.*
Weish 1, 7 / V. Ton, vgl. 47(2)

**Bußakt / Kyrie** 565(8) Geist, der die Herzen wandelt
*oder:* 565(4) Geist vom Vater und vom Sohn
*oder Kyrie:* 108 Kyrie, eleison

**Gloria** 408 Lobet und preiset** + 168(2) (nur die Verse)
*oder:* 109 Gloria in excelsis Deo

**Antwortgesang** 645(3) Sende aus deinen Geist + Kantorale Nr. 248
*oder Gesang:* 345(1) Veni Sancte Spiritus
*oder Responsorium:* 646 Der Geist des Herrn erfüllt den Erdkreis

**Sequenz** 344 Komm herab, o Heilger Geist***

**Ruf vor dem Evangelium** 175(2) Halleluja + Vers Kantorale Nr. 248 Komm, Heiliger Geist

**Credo** 178(1) Amen … wir glauben + 178(2) Ich glaube an Gott
*oder:* 122 Credo in unum Deum

**Fürbitten** 565(12) Komm, Heiliger Geist (nur der Ruf)

**Gabenbereitung** 342, 1–4 Komm, Heiliger Geist, der Leben schafft

**Sanctus** 138 Heilig, heilig

**Agnus Dei** 111 Agnus Dei

**Kommunion** 645(5) Alle wurden erfüllt mit Heiligem Geist + 645(6), 1–5.7

**Dank** 347 Der Geist des Herrn erfüllt das All
Nach der 3. Strophe könnte der Kommunionvers eingefügt werden:
*Alle wurden mit dem Heiligen Geist erfüllt * und verkündeten Gottes große Taten. Halleluja.* Apg 2, 4.11 / VI. Ton, vgl. 37(2)

**Schluss** 483, 1+2 Halleluja … Ihr seid das Volk, das der Herr sich ausersehn

**Notizen**

* Verschiedene Sprachen, vielfältige Anliegen … EIN Geist … Diese Linie zieht sich durch die gesamte Liedgestaltung.
** Die Nr. 408 zu Beginn und am Ende als Kanon, zwischen den Versen als Liedruf.
*** Bei der Sequenz könnte man auch noch einmal die »verschiedenen Sprachen« aufnehmen, indem man die Verse abwechselnd in lateinischer (Vorsänger) und deutscher Sprache vorträgt, die Nummern 343, 1, 3 , 5, 7, 9 und 344, 2, 4, 6, 8, 10 »verkuppelt«.

## Pfingstmontag – Lesejahr A

**Einzug** 348, 2, 4+5 Nun bitten wir den Heiligen Geist
(Du heller Schein, du lebendig Licht)
Nach der 4. Strophe könnte der Eröffnungsvers eingefügt werden:
*Christus liebt uns und hat uns durch sein Blut befreit von unseren Sünden; / er hat uns die Würde von Königen gegeben * und uns zu Priestern gemacht für den Dienst vor seinem Gott und Vater. Halleluja.*
Offb 1, 5–6 / VI. Ton, vgl. 42(2)

**Kyrie** im Einzugslied

**Gloria** 172 Gott in der Höh

**Antwortgesang** 454 Geht in alle Welt, Halleluja + Kantorale Nr. 249
*oder Gesang:* 394 Laudate Dominum
*oder Lied:* 393, 1+2 Nun lobet Gott im hohen Thron

**Sequenz** siehe Pfingstsonntag*

**Ruf vor dem Evangelium** 176(1) Halleluja + Vers Kantorale Nr. 249
Komm, Heiliger Geist

**Credo** fakultativ

**Fürbittruf** 345(2) Veni, Sancte Spiritus

**Gabenbereitung** 346 Atme in uns, Heiliger Geist

**Sanctus** 191 Heilig, heilig

**Agnus Dei** 205 Lamm Gottes (ohne das Eingeklammerte)

**Kommunion** 557(10), 56–60, (11) Sei hier zugegen
(Send deinen Geist aus)
*oder* (und) Musik

**Dank** 558(1) Danket dem Herrn, denn er ist gütig + 558(4)

**Schluss** 350 Geist der Zuversicht

---

**Notizen**

* Bei der Sequenz könnte man auch noch einmal die »verschiedenen Sprachen« aufnehmen, indem man die Verse abwechselnd in lateinischer (Vorsänger) und deutscher Sprache vorträgt, die Nummern 343, 1, 3 , 5, 7, 9 und 344, 2, 4, 6, 8, 10 »verkuppelt«.

## Sonntag nach Pfingsten / Dreifaltigkeitssonntag – Lesejahr A

**Einzug** 352, 1–3 O heiligste Dreifaltigkeit
Nach der 2. Strophe könnte der Eingangsvers eingefügt werden:
*Gepriesen sei der dreieinige Gott: / der Vater und der Sohn und der Heilige Geist; * denn er hat uns sein Erbarmen geschenkt.*
IV. Ton, vgl. 38(2) – von d

**Kyrie** 556(3) Gott Vater im Himmel*

**Gloria** 166 Ehre sei Gott

**Antwortgesang** 616(3) Der Name des Herrn sei gepriesen + 616(4) Gepriesen bist du, Herr, du Gott unsrer Väter
*oder:* Kantorale Nr. 301 (gleiche Ausführung wie im »Gotteslob«)
*oder Lied:* 388 Heilig, heilig, heilig

**Ruf vor dem Evangelium** 174(5) Halleluja + Vers Kantorale Nr. 301 Ehre sei dem Vater

**Credo** 354 Gott ist dreifaltig einer

**Fürbittruf** 556(3)**

**Gabenbereitung** 357, 5, 7 Wie schön leuchtet der Morgenstern (Herr Gott Vater, mein starker Held)

**Sanctus** 132 Heilig, heilig

**Agnus Dei** 133 Lamm Gottes

**Kommunion** 298 So sehr hat Gott die Welt geliebt***

**Dank** 405 Nun danket alle Gott
Nach der 2. Strophe könnte der Kommunionvers eingefügt werden:
*Weil ihr Söhne seid, / sandte Gott den Geist seines Sohnes in eure Herzen, * den Geist, der ruft: Abba, Vater.*
Gal 4, 6 / VI. Ton, vgl. 45(2)

**Schluss** 380, 5 Großer Gott, wir loben dich (Dich, Gott Vater auf dem Thron, loben Große, loben Kleine)

**Notizen**

* Hier wäre auch die Erweiterung zu einer »Litanei« möglich: 556(1), 2–3. Die Anrufungen würden so von deutsch und griechisch »eingerahmt« werden.
** Nur die Anrufung: »Heilige Dreifaltigkeit, ein Einiger Gott«
Auf die Töne von »erbarme dich unser« ließe sich auch »Wir bitten dich, erhöre uns« singen.
*** Denkbar ist beim Singen als Liedruf, dieses mehrmals zu tun und durch Musik zu »unterbrechen« oder als Kanon zu singen.

## Donnerstag der zweiten Woche nach Pfingsten / Hochfest des Leibes und Blutes Christi / Fronleichnam – Lesejahr A

**Einzug** 215, 1+2 Gott sei gelobet und gebenedeiet
Zwischen den Strophen könnte der Eröffnungsvers eingefügt werden:
*Er hat uns mit bestem Weizen genährt * und mit Honig aus dem Felsen gesättigt.* Ps 81(80), 17 / VII. Ton, vgl. 77(2))

**Kyrie** im Einzugslied

**Gloria** 169 Gloria, Ehre sei Gott

**Antwortgesang** 654(2) Freut euch mit Jerusalem + Kantorale Nr. 304
*oder Lied:* 392, 1, 4 Lobe den Herren, den mächtigen König der Ehren

*

**Ruf vor dem Evangelium** 174(5) Halleluja
*oder:* 175(4) Halleluja
jeweils mit Vers Kantorale Nr. 304 So spricht der Herr: Ich bin das lebendige Brot

**Credo** 177(1) Credo in unum Deum + 177(2) Ich glaube an Gott

**Fürbittruf** 561**

**Gabenbereitung** 210 Das Weizenkorn muss sterben

**Sanctus** 192 Heilig, heilig

**Agnus Dei** 203 O Lamm Gottes unschuldig

**Kommunion** 214 Dies Brot ist mein Leib + 76(2), 1-5.7.16-17***

**Dank** 209 Du teilst es aus mit deinen Händen
Nach der 2. Strophe könnte der Kommunionvers eingefügt werden:
*So spricht der Herr: Wer mein Fleisch isst und mein Blut trinkt, * der bleibt in mir, und ich bleibe in ihm.* Joh 6, 56 / V. Ton, vgl. 43(2)

**Schluss** 215, 3 Gott sei gelobet (Gott geb uns allen seiner Gnade Segen)

**Notizen**

* Will man eine »Art« Sequenz, die das Hochfest vorsieht, singen, so sei, da der Stammteil des »Gotteslob« diese nicht vorsieht, verwiesen auf die Nummer: 493, 1–3 Preise, Zunge, das Geheimnis

** Jesus, du Brot, von dem wir leben

Antwort: Kyrie, eleison

*oder:* 556(6) Wir bitten dich, erhöre uns

*** Die Nr. 76(2) wird eine kleine Terz tiefer gesungen.

## Freitag der dritten Woche nach Pfingsten / Heiligstes Herz Jesu – Lesejahr A

**Einzug** 359 O selger Urgrund allen Seins
Nach der 2. Strophe könnte der Eröffnungsvers eingefügt werden:
*Der Ratschluss des Herrn bleibt ewig bestehen, / die Pläne seines Herzens überdauern die Zeiten: * Er will uns dem Tod entreissen und in der Hungersnot unser Leben erhalten.*
Ps 33(32), 11.19 / IV. Ton, vgl. 31(2) - von d

**Bußakt / Kyrie** Anrufungen aus der Herz Jesu Litanei*

**Gloria** 167 Dir Gott im Himmel

**Antwortgesang** 657(3) Dein Erbarmen, o Herr + Kantorale Nr. 307
*oder Lied:* 543, 2 Wohl denen, die da wandeln
(Von Herzensgrund ich spreche)

**Ruf vor dem Evangelium** 322 Halleluja + Vers Kantorale Nr. 307
So spricht der Herr: Nehmt mein Joch auf euch

**Credo** 179 Ich glaube an Gott

**Fürbittruf** 181(2) Christus, erhöre uns

**Gabenbereitung** 444 Danket dem Herr, denn ewig währt seine Liebe + 60(2), 1–8**

**Sanctus** 193 Heilig, heilig

**Agnus Dei** 205 Lamm Gottes (mit dem Eingeklammerten)

**Kommunion** 213, 1, 3+4 O heilge Seelenspeise

**Dank** 371, 1, 3 Herz Jesu, Gottes Opferbrand
Zwischen den Strophen könnte der Kommunionvers eingefügt werden:
*Wer Durst hat, komme zu mir, / und es trinke, wer an mich glaubt! * Die Schrift sagt: Aus seinem Innern werden Ströme von lebendigen Wasser fließen.* Joh 7, 37–38 / V. Ton, vgl. 47(2)

**Schluss** 251, 5 Jauchzet, ihr Himmel (Hast du denn, Höchster, auch meiner noch wollen gedenken?)

**Notizen**

* 1. Du Herz des Sohnes Gottes
2. Du Herz, geduldig und voll Erbarmen
3. Du Herz voll Güte und Liebe
– nach dem »Modell« von 163 gesungen –
Die Antwort der Gemeinde kann auch das Kyrie 153, 155 oder 156 (in F) sein.
** Die Nr. 60(2) wird eine kleine Terz tiefer gesungen.

## 2. Sonntag im Jahreskreis – Lesejahr A



**Einzug** 380, 6+7 Großer Gott, wir loben dich (Du, des Vaters ewger Sohn)
Zwischen den Strophen könnte der Eröffnungsvers eingefügt werden:
*Alle Welt bete dich an, o Gott, * sie lobsinge deinem Namen, du Allerhöchster.* Ps 66(65), 4 / VI. Ton, vgl. 37(2)

**Bußakt / Kyrie** 165 Send uns deines Geistes Kraft

**Gloria** 168(2) Ehre sei Gott

**Antwortgesang** 48(1) Biete deine Macht auf + Kantorale Nr. 401
*oder Lied:* 372, 4+5 Morgenstern der finstern Nacht (Du erleuchtest alles gar)
*oder Lied:* 392, 5 Lobe den Herren (… was in mir ist, lobe den Namen)
*oder Lied:* 455, 2 Alles meinem Gott zu Ehren (… alle Freude, alles Leid)

**Ruf vor dem Evangelium** 174(3) Halleluja + Vers Kantorale Nr. 401
Das Wort ist Fleisch geworden

**Credo** 177(1) Credo in unum Deum + 177(2) Ich glaube an Gott

**Fürbittruf** 561*

**Gabenbereitung** 362, 1+2 Jesus Christ, you are my life

**Sanctus** 200 Heilig, heilig

**Agnus Dei** 205 Lamm Gottes (mit dem Eingeklammerten)

**Kommunion** 373 Du bist Licht und du bist Leben + 623(7)

**Dank** 358, 1+2, 6 Ich will dich lieben, meine Stärke
Nach der 1. Strophe könnte der Kommunionvers eingefügt werden:
*Wir haben die Liebe erkannt / und an die Liebe geglaubt, * die Gott zu uns hat.* 1 Joh 4, 16 / V. Ton, vgl. 43(2)

---

**Notizen**

* Jesus, du Sohn des lebendigen Gottes
Antwort: Kyrie, eleison
*oder:* 556(6) Wir bitten dich, erhöre uns

## 3. Sonntag im Jahreskreis – Lesejahr A

**Einzug** 425, 1+2, 4 Solang es Menschen gibt auf Erden
Nach der 2. Strophe könnte der Eröffnungsvers eingefügt werden:
*Singet dem Herrn ein neues Lied, singet dem Herrn, alle Lande! / Hoheit und Pracht sind vor seinem Angesicht, * Macht und Glanz in seinem Heiligtum!* Ps 96(95), 1.6 / VI. Ton, vgl. 45(2)

**Bußakt / Kyrie** 582(6) Herr Jesus Christus

**Gloria** 169 Gloria, Ehre sei Gott

**Antwortgesang** 38(1) Der Herr ist mein Licht und mein Heil + Kantorale Nr. 402
*oder Lied:* 252, 4 Gelobet seist du, Jesu Christ (Das ewig Licht geht da herein)
*oder Lied:* 615, 1, 4 Du Licht des Himmels, großer Gott

**Ruf vor dem Evangelium** 175(1) Halleluja + Vers Kantorale Nr. 402 Jesus verkündete das Evangelium vom Reich

**Credo** 178(1) Amen … wir glauben + 178(2) Ich glaube an Gott

**Fürbittruf** 365 Meine Hoffnung und meine Freude

**Gabenbereitung** 256, 3+4 Ich steh an deiner Krippe hier (Ich lag in tiefster Todesnacht)

**Sanctus** 199 Heilig ist Gott in Herrlichkeit

**Agnus Dei** 207 Lamm Gottes, du nimmst hinweg

**Kommunion** 55(1) Jubelt, ihr Lande, dem Herrn + 55(2), 1–6

**Dank** 372, 1, 3+4 Morgenstern der finstern Nacht
Nach der 3. Strophe könnte der Kommunionvers eingefügt werden:
*Ich bin das Licht der Welt – so spricht der Herr. / Wer mir nachfolgt, wird nicht in der Finsternis gehen. * Er wird das Licht des Lebens haben.* Joh 8, 12 / VII. Ton, vgl. 77(2)

**Schluss** 461, 2 »Mir nach«, spricht Christus (»Ich bin das Licht, ich leucht euch für«)

**Notizen**

## 4. Sonntag im Jahreskreis – Lesejahr A

**Einzug** 458 Selig seid ihr, wenn ihr einfach lebt

**Kyrie** 152 Herr, erbarme dich

**Gloria** 173(1) Gloria + 173(2) Ehre sei Gott

**Antwortgesang** 401 Lobet den Herrn, preist + Kantorale Nr. 403
*oder Lied:* 424, 4 Wer nur den lieben Gott lässt walten (Es sind ja Gott sehr leichte Sachen)

**Ruf vor dem Evangelium** 174(7) Halleluja + Vers Kantorale Nr. 403 Freut euch und jubelt

**Credo** 180(1) Credo in unum Deum + 180(2) Wir glauben an den einen Gott

**Fürbittruf** 561*

**Gabenbereitung** 474, 1+2, 4 Wenn wir das Leben teilen wie das täglich Brot

**Sanctus** 190 Heilig, heilig

**Agnus Dei** 139 Lamm Gottes

**Kommunion** 61(1) Selig der Mensch (1 Ton tiefer) + 544(2)
(wenn möglich im Wechsel / ganz oder in Ausschnitten)

**Dank** 470, 1–3, 5 Wenn das Brot, das wir teilen
Nach der 2. Strophe könnte der Kommunionvers eingefügt werden:
*Selig, die vor Gott arm sind; * denn ihnen gehört das Himmelreich.*
*Selig, die keine Gewalt anwenden; * denn sie werden das Land erben.*
Mt 5, 3.5 / V. Ton, vgl. 43(2)

**Schluss** 395 Den Herren will ich loben

---

**Notizen**

* Analog zu den »Seligpreisungen« könnte man für jede Bitte eine passende Anrufung aus der Litanei auswählen.
Antwort: Kyrie, eleison
*oder:* 556(6) Wir bitten dich, erhöre uns

## 5. Sonntag im Jahreskreis – Lesejahr A

**Einzug** 141 Auf, lasst uns jubeln dem Herrn + 53(2), 1–2.6–7
*oder:* 144, 1+2, 6 Nun jauchzt dem Herren, alle Welt
Nach der 2. Strophe könnte der Eröffnungsvers eingefügt werden:
*Kommt, lasst uns niederfallen, / uns verneigen vor dem Herrn, unserem Schöpfer! * Denn er ist unser Gott.* Ps 95(94), 6–7 / V. Ton, vgl. 43(2)

**Kyrie** 160 Gott des Vaters ewger Sohn

**Gloria** 172 Gott in der Höh

**Antwortgesang** 64(1) Herr, unser Gott, bekehre uns
*oder:* 61(1) Selig der Mensch, der gütig
jeweils + Kantorale Nr. 404
*oder Lied:* 440 Hilf, Herr meines Lebens

**Ruf vor dem Evangelium** 174(8) Halleluja + Vers Kantorale Nr. 403
So spricht der Herr: Ich bin das Licht der Welt

**Gesang nach dem Evangelium** 483(2) Halleluja … Ihr seid das Licht in der Dunkelheit der Welt

**Credo** 179 Ich glaube an Gott

**Fürbittruf** 619(5+6) Kyrie, eleison

**Gabenbereitung** 188, 1, 3 Nimm, o Gott, die Gaben, die wir bringen
*oder:* 478, 2, 5 Ein Haus voll Glorie schauet (Auf Zion hoch gegründet)

**Sanctus** 127 Heilig, heilig

**Agnus Dei** 206 Lamm Gottes

**Kommunion** 652(2) Ich bin das Licht der Welt*

**Dank** 452, 4, 7 Der Herr wird dich mit seiner Güte segnen (Sein Angesicht soll brüderlich dir leuchten)

**Schluss** 491, 3 Ich bin getauft (Christus, der Herr, hat mich erwählt)
*oder:* 478, 2, 5 Ein Haus voll Glorie schauet (Auf Zion hoch gegründet)
Wenn es nicht zur Gabenbereitung ausgewählt wurde

**Notizen**

* Ein mehrmaliges Singen könnte durch Zwischenspiele unterbrochen werden.

## 6. Sonntag im Jahreskreis – Lesejahr A

**Einzug** 543, 1, 3+4 Wohl denen, die da wandeln
Nach der 3. Strophe könnte der Eröffnungsvers eingefügt werden:
*Sei mir ein schützender Fels, eine feste Burg, die mich rettet. / Denn du bist mein Fels und meine Burg; * um deines Namens willen wirst du mich führen und leiten.* Ps 31(30), 3–4 / VI. Ton, vgl. 42(2)

**Kyrie** 164 Der in seinem Wort uns hält

**Gloria** 166 Ehre sei Gott

**Antwortgesang** 31(1) Selig der Mensch, der seine Freude hat + Kantorale Nr. 405
*oder Responsorium:* 630(4) Dein Wort ist Licht und Wahrheit

**Ruf vor dem Evangelium** 175(1) Halleluja + Vers Kantorale Nr. 405
Sei gepriesen, Vater, Herr des Himmels und der Erde

**Credo** 355 Wir glauben Gott im höchsten Thron

**Fürbittruf** 181(1) Lasset zum Herrn uns beten

**Gabenbereitung** 459, 1, 3+4 Selig seid ihr, wenn ihr Wunden heilt

**Sanctus** 198 Heilig bist du, großer Gott

**Agnus Dei** 204 Christe, du Lamm Gottes

**Kommunion** 49(1) Jubelt Gott zu, der unsre Stärke ist + 49(2), 1–5.8

**Dank** 381, 1, 3+4 Dein Lob, Herr, ruft der Himmel aus

---

**Notizen**

## 7. Sonntag im Jahreskreis – Lesejahr A

**Einzug** 146 Du rufst uns, Herr, an deinen Tisch
Nach der zweiten Strophe könnte der Eröffnungsvers eingefügt werden:
*Herr, ich baue auf deine Huld, / mein Herz soll über deine Hilfe frohlocken. * Singen will ich dem Herrn, weil er mir Gutes getan hat.*
Ps 13(12), 6 / IV. Ton, vgl. 31(2)

**Bußakt / Kyrie** 163(6) Herr Jesus*

**Gloria** 170 Allein Gott in der Höh sei Ehr

**Antwortgesang** 657(3) Dein Erbarmen, o Herr + Kantorale Nr. 406
*oder Lied:* 474, 4 Wenn wir das Leben teilen (Wenn wir die Liebe leben, die den Tod bezwingt)

**Ruf vor dem Evangelium** 322 Halleluja + Vers Kantorale Nr. 406 Wer sich an Christi Wort hält

**Credo** 177(1) Credo in unum Deum + 177(2) Ich glaube an Gott

**Fürbittruf** 632(1) Erhöre uns, Christus

**Gabenbereitung** 273, 1, 3+4 O Herr, nimm unsre Schuld

**Sanctus** 192 Heilig, heilig

**Agnus Dei** 203 O Lamm Gottes unschuldig

**Kommunion** 442, 1+2 Wo die Güte und die Liebe wohnt

**Dank** 487 Nun singe Lob, du Christenheit
Nach der ersten Strophe könnte der Kommunionvers eingefügt werden:
*Herr, verkünden will ich all deine Wunder. / Ich will jauchzen und an dir mich freuen, * für dich, du Höchster, will ich singen und spielen.*
Ps 9, 2–3 / VI. Ton, vgl. 42(2)

**Schluss** 451, 2 Komm, Herr, segne uns (Keiner kann allein Segen sich bewahren)

---

**Notizen**

* 2. Herr Jesus, du führst zusammen, was getrennt ist
3. Herr Christus, du bringst uns die Vergebung des Vaters
5. Herr Jesus, du zeigst uns Wege zur Versöhnung
Die Antwort der Gemeinde kann auch das Kyrie 153, 155 oder 156 (in F) sein.

## 8. Sonntag im Jahreskreis – Lesejahr A

**Einzug** 418, 1+2, 4 Befiehl du deine Wege
Nach der 1. Strophe könnte der Eröffnungsvers eingefügt werden:
*Der Herr wurde mein Halt. / Er führte mich hinaus ins Weite, * er befreite mich, denn er hatte an mir Gefallen.*
Ps 18(17), 19–20 / IV. Ton, vgl. 31(2) – von d

**Kyrie** 104 Kyrie, eleison

**Gloria** 105 Gloria in excelsis Deo

**Antwortgesang** 665 Herr, auf dich vertraue ich + Kantorale Nr. 407
*oder Lied:* 377, 1 O Jesu, all mein Leben bist du
*oder Lied:* 405, 1 Nun danket alle Gott

**Ruf vor dem Evangelium** 174(8) Halleluja + Vers Kantorale Nr. 407 Lebendig ist das Wort Gottes und kraftvoll

**Gesang nach dem Evangelium** 483, 3 Halleluja … Gehet nicht auf in den Sorgen dieser Welt

**Credo** 122 Credo in unum Deum

**Fürbittruf** 586(6) Te rogamus

**Gabenbereitung** 435, 2, 4 Herr, ich bin Eigentum (Deine Treue wanket nicht)

**Sanctus** 106 Sanctus, Sanctus

**Agnus Dei** 107 Agnus Dei

**Kommunion** 70(1) Baut der Herr nicht das Haus + 70(2), 1–4*

**Dank** 419 Tief im Schoß meiner Mutter gewoben
Nach der 4. Strophe könnte der Kommunionvers eingefügt werden:
*Singen will ich dem Herrn, / weil er mir Gutes getan hat, * den Namen des Höchsten will ich preisen.* Ps 13(12), 6 / V. Ton, vgl. 47(2)

**Schluss** 433, 1 Ich will dir danken, weil du meinen Namen kennst

---

**Notizen**

* Die Gesänge zur Kommunionausteilung vom 8. bzw. 9. Sonntag im Jahreskreis A sind austauschbar.

## 9. Sonntag im Jahreskreis – Lesejahr A

**Einzug** 424, 1–3, 5 Wer nur den lieben Gott lässt walten
Nach der 3. Strophe könnte der Eröffnungsvers eingefügt werden:
*Herr, wende dich mir zu und sei mir gnädig, / denn ich bin einsam und gebeugt. * Sieh meine Not und meine Plage an und vergib mir all meine Sünden.* Ps 25(24), 16.18 / VII. Ton, vgl. 77(2)

**Kyrie** 155 Kyrie, eleison

**Gloria** 168(2) Ehre sei Gott in der Höhe

**Antwortgesang** 76(1) Der Herr ist nahe allen + Kantorale Nr. 407
*oder Lied:* 381, 3+4 Dein Lob, Herr ruft der Himmel aus (Die Sonne ist des Himmels Ehr)

**Ruf vor dem Evangelium** 175(5) Halleluja + Vers Kantorale Nr. 407 So spricht der Herr: Ich bin der Weinstock

**Credo** 178(1) Amen ... wir glauben + 178(2) Ich glaube an Gott

**Fürbittruf** 182(1) Du sei bei uns ... höre du uns, Gott

**Gabenbereitung** 439 Erhör, o Gott, mein Flehen

**Sanctus** 135 Heilig, heilig

**Agnus Dei** 136 Lamm Gottes

**Kommunion** 664(5) Er befiehlt seinen Engeln + 664(6), 1–2. 9–12.14.16*

**Dank** 382, 1, 4+5 Ein Danklied sei dem Herrn
Nach der 1. Strophe könnte der Kommunionvers eingefügt werden:
*So spricht der Herr: Amen, ich sage euch: / Betet und bittet, um was ihr wollt; * glaubt nur, dass ihr es schon erhalten habt, dann wird es euch zuteil.* Mk 11, 23–24 / V. Ton, vgl. 47(2)

**Schluss** 430, 7 Von guten Mächten treu und still umgeben (Von guten Mächten wunderbar geborgen)

---

**Notizen**

* Die Gesänge zur Kommunionausteilung vom 8. bzw. 9. Sonntag im Jahreskreis A sind austauschbar.

## 10. Sonntag im Jahreskreis – Lesejahr A

**Einzug** 429, 1, 4 Gott wohnt in einem Lichte

Zwischen den Strophen könnte der Eröffnungsvers eingefügt werden:
*Der Herr ist mein Licht und mein Heil; * vor wem sollte ich mich fürchten? Der Herr ist die Kraft meines Lebens; / vor wem sollte mir bangen? * Meine Bedränger und Feinde, sie müssen straucheln und fallen.*
Ps 27(26), 1–2 / IV. Ton, vgl. 31(2) – von d

**Bußakt / Kyrie** 161 Du rufst uns, Herr, trotz unsrer Schuld

**Gloria** 383 Ich lobe meinen Gott, der aus der Tiefe mich holt

**Antwortgesang** 657(3) Dein Erbarmen, o Herr + Kantorale Nr. 409
*oder Lied:* 272, 3 Zeige uns, Herr, deine Allmacht und Güte (Ruf uns zur Umkehr, sooft wir versagen)
*oder Lied:* 440, 4 Hilf, Herr meines Lebens (Hilf, Herr meiner Seele)

**Ruf vor dem Evangelium** 322 Halleluja + Vers Kantorale Nr. 409
Der Herr hat mich gesandt, den Armen die Frohe Botschaft zu bringen

**Credo** 354 Gott ist dreifaltig einer

**Fürbittruf** 561*

**Gabenbereitung** 373 Du bist Licht und du bist Leben + 560(4–6)**

**Sanctus** 195 Heilig, heilig

**Agnus Dei** 202 O Lamm Gottes, das getragen

**Kommunion** 38(1) Der Herr ist mein Licht und mein Heil + 38(2), 1–2.7–9.13.15.21–22

**Dank** 395 Den Herren will ich loben

Nach der 1. Strophe könnte der Kommunionvers eingefügt werden:
*Herr, du bist mein Fels, meine Burg, mein Retter, * mein Gott, meine Zuflucht.* Ps 18(17), 3 / VIII. Ton, vgl. 52(2) – von f

**Schluss** 384, 2 Hoch sei gepriesen unser Gott (Hoch sei gepriesen unser Herr)

**Notizen**

* Jesus, du Freund der Sünder
Antwort: Kyrie, eleison
*oder:* 556(6) Wir bitten dich, erhöre uns
** 373 als Kehrvers; die angegebenen Anrufungen von 560 dazwischen

## 11. Sonntag im Jahreskreis – Lesejahr A

**Einzug** 272 Zeige uns, Herr, deine Allmacht und Güte

Nach der 2. Strophe könnte der Eröffnungsvers eingefügt werden:
*Vernimm, o Herr, mein lautes Rufen, * sei mir gnädig und erhöre mich. Du bist meine Hilfe: / Verstoß mich nicht, verlass mich nicht, * du Gott meines Heiles.* Ps 27(26), 7.9 / IV. Ton, vgl. 31(2)

**Bußakt / Kyrie** 164 Der in seinem Wort uns hält

**Gloria** 166 Ehre sei Gott in der Höhe

**Antwortgesang** 56(1) Freut euch: Wir sind Gottes Volk + Kantorale Nr. 410

*oder Lied:* 144, 1–3, 5+6 Nun jauchzt dem Herren, alle Welt

**Ruf vor dem Evangelium** 174(5) Halleluja + Vers Kantorale Nr. 410 Das Reich Gottes ist nahe

**Credo** 177(1) Credo in unum Deum + 177(2) Ich glaube an Gott

**gesungene Fürbitten** 446 Lass uns in deinem Namen, Herr

**Gabenbereitung** 275 Selig, wem Christus auf dem Weg begegnet

**Sanctus** 196 Heilig, heilig

**Agnus Dei** 207 Lamm Gottes, du nimmst hinweg

**Kommunion** Musik

**Dank** 216 Im Frieden dein, o Herre mein

Nach der 2. Strophe könnte der Kommunionvers eingefügt werden;
*Nur eines erbitte ich vom Herrn, / danach verlangt mich: * im Hause des Herrn zu wohnen alle Tage meines Lebens.*
Ps 27(26), 4 / VI. Ton, vgl. 42(2)

**Schluss** 489 Lasst uns loben, freudig loben

---

**Notizen**

## 12. Sonntag im Jahreskreis – Lesejahr A

**Einzug** 380, 9+10 Großer Gott, wir loben dich (Sieh dein Volk in Gnaden an)

Zwischen den Strophen könnte der Eröffnungsvers eingefügt werden:
*Der Herr ist die Stärke seines Volkes, * er ist Schutz und Heil für seinen Gesalbten.*
*Herr, hilf deinem Volk / und segne dein Erbe, * führe und trage es in Ewigkeit.* Ps 28(27), 8–9 / VI. Ton, vgl. 42(2)

**Bußakt / Kyrie** 165 Send uns deines Geistes Kraft

**Gloria** 173(1) Gloria + 173(2) Ehre sei Gott

**Antwortgesang** 651(3) Ich suchte den Herrn und er hat mich erhört + Kantorale Nr. 411
*oder Lied:* 384, 2+3 Hoch sei gepriesen unser Gott (Hoch sei gepriesen unser Herr)

**Ruf vor dem Evangelium** 584(8) Halleluja + Vers Kantorale Nr. 411
So spricht der Herr: Der Geist der Wahrheit wird Zeugnis geben für mich

**Credo** 180(1) Credo in unum Deum + 180(2) Wir glauben an den einen Gott

**Fürbittruf** 566(2) Christus, höre uns

**Gabenbereitung** 428, 1, 4+5 Herr, dir ist nichts verborgen
*oder:* 429, 1, 4 Gott wohnt in einem Lichte

**Sanctus** 197 Heilig, heilig

**Agnus Dei** 205 Lamm Gottes (ohne das Eingeklammerte)

**Kommunion** Musik

**Dank** 382, 1–3 Ein Danklied sei dem Herrn

Nach der 2. Strophe könnte der Kommunionvers eingefügt werden:
*Aller Augen warten auf dich, o Herr, * und du gibst ihnen Speise zur rechten Zeit.* Ps 145(144), 15 / V. Ton, vgl. 47(2)

**Schluss** 478, 2+3 Ein Haus voll Glorie schauet (Auf Zion hoch gegründet)

---

**Notizen**

## 13. Sonntag im Jahreskreis – Lesejahr A

**Einzug** 392, 1, 5 Lobe den Herren, den mächtigen König der Ehren
Zwischen den Strophen könnte der Eröffnungsvers eingefügt werden:
*Ihr Völker alle, klatscht in die Hände; * jauchzt Gott zu mit lautem Jubel.* Ps 47(46), 2 / VI. Ton, vgl. 37(2)

**Kyrie** 156 Kyrie, Kyrie

**Gloria** 171 Preis und Ehre

**Antwortgesang** 401 Lobet den Herrn, preist + Kantorale Nr. 412
*oder Lied:* 395, 1 Den Herren will ich loben
*oder Lied:* 400, 1 Ich lobe meinen Gott von ganzem Herzen

**Ruf vor dem Evangelium** 174(7) Halleluja + Vers Kantorale Nr. 412
Ihr seid ein auserwähltes Geschlecht

**Credo** 179 Ich glaube an Gott

**Fürbittruf** 181(3) Erhöre uns, Christus

**Gabenbereitung** 461, 3+4 »Mir nach«, spricht Christus (»Wer seine Seel zu finden meint«)

**Sanctus** 193 Heilig, heilig

**Agnus Dei** 136 Lamm Gottes

**Kommunion** 460 Wer leben will wie Gott auf dieser Erde

**Dank** 624(5) Die Freude an Gott ist unsere Kraft + 544(2), 1–2.4 (in D)

**Schluss** 275, 1+2, 4 Selig wem Christus auf dem Weg begegnet

---

**Notizen**

## 14. Sonntag im Jahreskreis – Lesejahr A

**Einzug** 145, 1+2 Wohin soll ich mich wenden
Zwischen den Strophen könnte der Eröffnungsvers eingefügt werden:
*Deiner Huld, o Herr, gedenken wir in deinem heiligen Tempel. / Wie dein Name, o Gott, so reicht dein Ruhm bis an die Enden der Erde; * deine rechte Hand ist voll von Gerechtigkeit.*
Ps 48(47), 10–11 / I. Ton, vgl. 40(2) – von d

**Bußakt / Kyrie** 145, 3 Wohin soll ich mich wenden (Doch darf ich dir mich nahen)

**Gloria** 383 Ich lobe meinen Gott, der aus der Tiefe mich holt

**Antwortgesang** 624, 2 Dem Herrn will ich singen + Kantorale Nr. 413
*oder Lied:* 551, 2+3 Nun singt ein neues Lied dem Herren (Frohlockt dem Herrn, ihr Lande alle)

**Ruf vor dem Evangelium** 175(3) Halleluja + Vers Kantorale Nr. 413
Sei gepriesen, Vater, Herr des Himmels und der Erde

**Credo** 355 Wir glauben Gott im höchsten Thron

**Fürbittruf** 561*

**Gabenbereitung** 399, 2, 4 Gott loben in der Stille (Gott lieben ohne Ende)

**Sanctus** 194 Heilig, heilig

**Agnus Dei** 139 Lamm Gottes

**Kommunion** 213 O heilge Seelenspeise

**Dank** 384 Hoch sei gepriesen unser Gott
Nach der 2. Strophe könnte der Kommunionvers eingefügt werden:
*Kostet und seht, wie gütig der Herr ist. * Selig der Mensch, der bei ihm seine Zuflucht nimmt.* Ps 34(33), 9 / V. Ton, vgl. 43(2)

**Schluss** 228, 1, 3 Tochter Zion, freue dich**

---

**Notizen**

* Jesus, du unser Heiland
Antwort: Kyrie, eleison
*oder:* 556(6) Wir bitten dich, erhöre uns
** nur bei Sacharja-Lesung

## 15. Sonntag im Jahreskreis – Lesejahr A

**Einzug** 149 Liebster Jesu, wir sind hier

**Bußakt / Kyrie** 164 Der in seinem Wort uns hält

**Gloria** 169 Gloria, Ehre sei Gott

**Antwortgesang** 584(4) Herr, du hast Worte ewigen Lebens + Kantorale Nr. 414
*oder Responsorium:* 630(4) Dein Wort ist Licht und Wahrheit

**Ruf vor dem Evangelium** 175(1) Halleluja + Vers Kantorale Nr. 414
Der Samen ist das Wort Gottes

**Credo** 178(1) Amen … wir glauben + 178(2) Ich glaube an Gott

**Fürbittruf** 181(2) Christus, erhöre uns

**Gabenbereitung** 449 Herr, wir hören auf dein Wort

**Sanctus** 200 Heilig, heilig

**Agnus Dei** 206 Lamm Gottes, Lamm Gottes

**Kommunion** 450 Gottes Wort ist wie Licht in der Nacht*

**Dank** 143 Mein ganzes Herz erhebet dich
Nach der 1. Strophe könnte der Kommunionvers eingefügt werden:
*Der Sperling findet ein Haus und die Schwalbe ein Nest für ihre Jungen / – deine Altäre, Herr der Heere, * mein Gott und mein König! Selig, die wohnen in deinem Haus, * die dich allezeit loben.*
Ps 84(83), 4–5 / V. Ton, vgl. 43(2)

**Schluss** 436, 1+2, 4 Ach bleib mit deiner Gnade

---

**Notizen**

* Ein mehrmaliges Singen könnte – durch Zwischenspiele unterbrochen – zum Kanon führen.

## 16. Sonntag im Jahreskreis – Lesejahr A

**Einzug** 81, 1, 6 Lobet den Herren alle, die ihn ehren

Zwischen den Strophen könnte der Eröffnungsvers eingefügt werden:
*Gott ist mein Helfer, der Herr beschützt mein Leben, / freudig bringe ich dir mein Opfer dar * und lobe deinen Namen, Herr, denn du bist gütig.* Ps 54(53), 6.8 / VIII. Ton, vgl. 52(2) – von f

**Bußakt / Kyrie** 160 Gott des Vaters ewger Sohn

**Gloria** 166 Ehre sei Gott in der Höhe

**Antwortgesang** 517 Der Herr vergibt die Schuld + Kantorale Nr. 415
*oder Lied:* 272, 3 Zeige uns, Herr, deine Allmacht und Güte (Ruf uns zur Umkehr, sooft wir versagen)

**Ruf vor dem Evangelium** 176(2) Halleluja + Vers Kantorale Nr. 415
Sei gepriesen, Vater, Herr des Himmels und der Erde

**Credo** 177(1) Credo in unum Deum + 177(2) Ich glaube an Gott

**Fürbittruf** 561*

**Gabenbereitung** 187 Wir weihn der Erde Gaben

**Sanctus** 199 Heilig ist Gott in Herrlichkeit

**Agnus Dei** 133 Lamm Gottes

**Kommunion** 64(1) Die ihr den Herrn fürchtet + 64(2), 9.11–13.15–16

**Dank** 435, 1+2, 4 Herr, ich bin dein Eigentum

Nach der 2. Strophe könnte der Kommunionvers eingefügt werden:
*So spricht der Herr: Ich stehe an der Tür und klopfe. / Wenn einer meine Stimme hört und die Tür öffnet, * werde ich bei ihm eintreten und mit ihm Mahl halten, und er mit mir.* Offb 3, 20 / V. Ton, vgl. 47(2)

**Schluss** 452, 5, 2 Der Herr wird dich mit seiner Güte segnen (Er schenke dir Vergebung und Erbarmen)

---

**Notizen**

* Jesus, du unsere Hoffnung
Antwort: Kyrie, eleison
*oder:* 556(6) Wir bitten dich, erhöre uns

## 17. Sonntag im Jahreskreis – Lesejahr A

**Einzug** 357, 1+2, 4 Wie schön leuchtet der Morgenstern
Nach der 2. Strophe könnte der Eröffnungsvers eingefügt werden:
*Gott ist hier, an heiliger Stätte. / Gott versammelt sein Volk in seinem Haus, * er schenkt ihm Stärke und Kraft.*
Ps 68(67), 6–7.36 / V. Ton, vgl. 43(2)

**Kyrie** 151 Herr, erbarme dich unser

**Gloria** 408 Lobet und preiset + 168(2) (nur die Verse)

**Antwortgesang** 584(4) Herr, du hast Worte ewigen Lebens + Kantorale Nr. 416
*oder Lied:* 387, 6+7 Gott ist gegenwärtig (Du durchdringest alles)

**Ruf vor dem Evangelium** 174(3) Halleluja + Kantorale Nr. 416
Sei gepriesen, Vater, Herr des Himmels und der Erde

**Credo** 180(1) Credo in unum Deum + 180(2) Wir glauben an den einen Gott

**Fürbittruf** 181(1) Lasset zum Herrn uns beten

**Gabenbereitung** 378 Brot, das die Hoffnung nährt

**Sanctus** 190 Heilig, heilig

**Agnus Dei** 208 Christe, du Lamm Gottes

**Kommunion** 653(1) Selig, die bei dir wohnen, Herr + 653(2), 1–5.10.12–13

**Dank** 361, 1–3 Mein schönste Zier
Nach der 2. Strophe könnte der Kommunionvers eingefügt werden:
*Lobe den Herrn, meine Seele, * und vergiss nicht, was er dir Gutes getan hat.* Ps 103(102), 2 / VI. Ton, vgl. 37(2)

**Schluss** 387, 6+7 Gott ist gegenwärtig (Du durchdringest alles)
Wenn es nicht zum Antwortgesang ausgewählt wurde

---

**Notizen**

## 18. Sonntag im Jahreskreis – Lesejahr A

**Einzug** 148 Komm her, freu dich mit uns, tritt ein

**Kyrie** 155 Kyrie, eleison

**Gloria** 173(1) Gloria + 173(2) Ehre sei Gott

**Antwortgesang** 657(3) Dein Erbarmen, o Herr + Kantorale Nr. 417
*oder Lied:* 143, 2 Mein ganzes Herz erhebet dich
(Dein Name, Herr, ist unser Hort)

**Ruf vor dem Evangelium** 322 Halleluja + Vers Kantorale Nr. 417
Nicht nur von Brot lebt der Mensch

**Credo** 354 Gott ist dreifaltig einer

**Fürbittruf** 561 Jesus, du Sohn des lebendigen Gottes*

**Gabenbereitung** 470 Wenn das Brot, das wir teilen

**Sanctus** 132 Heilig, heilig

**Agnus Dei** 203 O Lamm Gottes unschuldig

**Kommunion** 214 Dies Brot ist mein Leib**

**Dank** 209 Du teilst es aus mit deinen Händen
Nach der 2. Strophe könnte der Kommunionvers eingefügt werden:
*So spricht der Herr: Ich bin das Brot des Lebens, / wer zu mir kommt, wird nicht mehr hungern, * und wer an mich glaubt, wird nicht mehr Durst haben.* Joh 6, 35 / VI. Ton, vgl. 42(2) – von c

**Schluss** 474, 1+2, 4 Wenn wir das Leben teilen

---

**Notizen**

* Jesus, du Brot, von dem wir leben
Antwort: Kyrie, eleison
*oder:* 556(6) Wir bitten dich, erhöre uns
** Ein mehrmaliges Singen könnte durch Zwischenspiele unterbrochen werden.

## 19. Sonntag im Jahreskreis – Lesejahr A

**Einzug** 418, 1+2, 4 Befiehl du deine Wege
Nach der 2. Strophe könnte der Eröffnungsvers eingefügt werden:
*Blick hin, o Herr, auf deinen Bund * und vergiss das Leben deiner Armen nicht für immer. Erhebe dich, Gott, / und führe deine Sache. Vergiss nicht das Rufen derer, die dich suchen.*
Ps 74(73), 20.19.22.23 / IV. Ton, vgl. 31(2) – von d

**Bußakt / Kyrie** 162 Mit lauter Stimme ruf ich zum Herrn

**Gloria** 167 Dir Gott im Himmel

**Antwortgesang** 651(3) Ich suchte den Herrn + Kantorale Nr. 418
*oder Lied:* 399, 1, 3 Gott loben in der Stille
*oder Lied:* 414, 1, 3+4 Herr, unser Herr, wie bist du zugegen
*oder Lied:* 448, 3 Herr, gib uns Mut zum Hören (Herr, gib uns Mut zur Stille)

**Ruf vor dem Evangelium** 584(8) Halleluja + Vers Kantorale Nr. 417 Ich hoffe auf den Herrn

**Credo** 179 Ich glaube an Gott

**Fürbittruf** 619(5+6) Kyrie, eleison

**Gabenbereitung** 417, 1+2 Stimme, die Stein zerbricht

**Sanctus** 191 Heilig, heilig

**Agnus Dei** 207 Lamm Gottes

**Kommunion** 312(5) Aus der Tiefe zogst du mich + 76(2), 1–2.14–15.19.22 – von a

**Dank** 358, 1, 4, 6 Ich will dich lieben

**Schluss** 360, 4 Macht weit die Pforten (Wir harren dein; du wirst es tun)

---

**Notizen**

## 20. Sonntag im Jahreskreis – Lesejahr A

**Einzug** 653(3) Selig, die bei dir wohnen, Herr + 653(4), 1–2.9–10
*oder:* 478, 1, 4 Ein Haus voll Glorie schauet
Zwischen den Strophen könnte der Eröffnungsvers gesungen werden:
*Gott, du unser Beschützer, schau auf das Angesicht deines Gesalbten. / Denn ein einziger Tag in den Vorhöfen deines Heiligtums * ist besser als tausend andere.* Ps 84(83), 10–11 / VIII. Ton, vgl. 52(2) – von d

**Kyrie** 157 Herr, erbarme dich

**Gloria** 169 Gloria, Ehre sei Gott

**Antwortgesang** 480 In den Tagen des Herrn + Kantorale Nr. 419
*oder Gesang:* 386 Laudate omnes gentes
*oder Lied:* 387, 1 Gott ist gegenwärtig
*oder Lied:* 478, 1, 4 Ein Haus voll Glorie schauet
Wenn es nicht zum Einzug ausgewählt wurde

**Ruf vor dem Evangelium** 175, 5 Halleluja + Vers Kantorale Nr. 419
Jesus verkündete das Evangelium vom Reich

**Credo** 178(1) Amen … wir glauben + 178(2) Ich glaube an Gott

**Fürbittruf** 365 Meine Hoffnung und meine Freude

**Gabenbereitung** 377 O Jesu, all mein Leben bist du

**Sanctus** 138 Heilig, heilig

**Agnus Dei** 204 Christe, du Lamm Gottes

**Kommunion** 402, 1–5, 11+12 Danket Gott, denn er ist gut

**Dank** 409 Singt dem Herrn ein neues Lied

**Schluss** 266, 4+5 Ihr seid gefunden, wie verlorne Schafe
– von allen gemeinsam gesungen – *

---

**Notizen**

* Besser wäre es, das Lied in der »wir« Form zu singen:
4. Wir sind gefunden wie verlorne Schafe, und in der Taufe sind wir neu geboren. Die Kraft des Geistes macht uns stark im Glauben.
5. Als Jesu Jünger sind wir nun gesendet. Gehn hin zu allen, künden seine Botschaft; bringen die Hoffnung neu zu allen Völkern.

## 21. Sonntag im Jahreskreis – Lesejahr A

**Einzug** 477 Gott ruft sein Volk zusammen
*oder:* 142 Zu dir, o Gott, erheben wir
Zwischen den Strophen könnte der Eröffnungsvers eingefügt werden:
*Wende dein Ohr mir zu, erhöre mich, Herr, / hilf deinem Knecht, der dir vertraut, * sei mir gnädig, o Herr. Den ganzen Tag rufe ich zu dir.*
Ps 86(85), 1–3 / I. Ton, vgl. 50(2)

**Kyrie** 108 Kyrie, eleison

**Gloria** 109 Gloria in excelsis Deo

**Antwortgesang** 665(1) Herr, auf dich vertraue ich + Kantorale Nr. 420
*oder Lied:* 349, 1, 3+4 Komm, o Tröster, Heilger Geist
*oder Lied:* 360, 5 Macht weit die Pforten in der Welt (Die ihr von Christi Hause seid)

**Ruf vor dem Evangelium** 176(2) Halleluja + Vers Kantorale Nr. 420
So spricht der Herr: Du bist Petrus – der Fels

**Credo** 122 Credo in unum Deum

**Fürbittruf** 586(6) Te rogamus

**Gabenbereitung** 457 Suchen und fragen

**Sanctus** 110 Sanctus, Sanctus

**Agnus Dei** 111 Agnus Dei

**Kommunion** 486 Tu es Petrus + 633(9), 1–2.5–6

**Dank** 491 Ich bin getauft und Gott geweiht
Nach der 1. Strophe könnte der Kommunionvers eingefügt werden:
*So spricht der Herr: Wer mein Fleisch isst und mein Blut trinkt, / hat das ewige Leben, * und ich werde ihn auferwecken am Letzten Tag.*
Joh 6, 54 / I. Ton, vgl. 50(2)

**Schluss** 478, 3 Ein Haus voll Glorie schauet (Die Kirche ist erbauet)

---

**Notizen**

## 22. Sonntag im Jahreskreis – Lesejahr A

**Einzug** 362, 3+4 Jesus Christ, you are my life (Tu sei via, sei veritá)

**Bußakt / Kyrie** 163(1) Herr Jesus, Sohn des lebendigen Gottes*

**Gloria** 172 Gott in der Höh

**Antwortgesang** 420 Meine Seele dürstet nach dir + Kantorale Nr. 421
*oder Lied:* 422, 3 Ich steh vor dir mit leeren Händen, Herr (Sprich du das Wort, das tröstet und befreit)

**Ruf vor dem Evangelium** 322 Halleluja + Vers Der Vater unseres Herrn Jesus erleuchte die Augen unseres Herzens

**Credo** 177(1) Credo in unum Deum + 177(2) Ich glaube an Gott

**Fürbittruf** 566(2) Christus, höre uns

**Gabenbereitung** 461, 1–3 »Mir nach«, spricht Christus

**Sanctus** 192 Heilig, heilig

**Agnus Dei** 202 O Lamm Gottes, das getragen

**Kommunion** 42(1) Nach Gott, dem Lebendigen + 42(2), 1–3.5–7
*oder:* 618(2) Confitemini Domino + 618(3)

**Dank** 455, 1+2 Alles meinem Gott zu Ehren
Zwischen den Strophen könnte der Kommunionvers eingefügt werden:
*Wie groß ist deine Güte, o Herr, / die du bereithältst für alle, * die dich fürchten und ehren.* Ps 31(30), 20 / VIII. Ton, vgl. 52(2)

**Schluss** 552, 1, 5 Herr, mach uns stark im Mut, der dich bekennt

---

**Notizen**

* Die Antwort der Gemeinde kann auch das Kyrie 153, 155 oder 156 (in F) sein.

## 23. Sonntag im Jahreskreis – Lesejahr A

**Einzug** 272, 1, 3 Zeige uns, Herr, deine Allmacht und Güte

Zwischen den Strophen könnte der Eröffnungsvers eingefügt werden: *Herr, du bist gerecht / und deine Entscheide sind richtig. * Handle an deinem Knecht nach deiner Huld.*

Ps 119(118), 137.124 / IV. Ton, vgl. 31(2)

**Bußakt / Kyrie** 161 Du rufst uns, Herr, trotz unserer Schuld

**Gloria** 131 Ehre sei Gott in der Höhe

**Antwortgesang** 640(1) Herr, unser Gott, bekehre uns

*oder:* 53(1) Hört auf die Stimme des Herrn jeweils + Kantorale Nr. 422

*oder Lied:* 269, 2 Du Sonne der Gerechtigkeit (Du schenkst uns diese Gnadenzeit)

*oder Lied:* 271, 4 O Herr, aus tiefer Klage (Gib mir die Liebe wieder)

*oder Lied:* 437, 3 Meine engen Grenzen (Mein verlornes Zutraun)

**Ruf vor dem Evangelium** 174(7) Halleluja + Vers Kantorale Nr. 422 Gott hat in Christus die Welt mit sich versöhnt

**Credo** 355 Wir glauben Gott im höchsten Thron

**Fürbittruf** 632(1) Erhöre uns, Herr

*oder:* 561*

**Gabenbereitung** 273, 1, 3+4 O Herr, nimm unsre Schuld

**Sanctus** 135 Heilig, heilig

**Agnus Dei** 136 Lamm Gottes

**Kommunion** 442 Wo die Güte und die Liebe

**Dank** 220, 4+5 Die Nacht ist vorgedrungen (Noch manche Nacht wird fallen)

Zwischen den Strophen könnte der Kommunionvers eingefügt werden: *So spricht der Herr: Ich bin das Licht der Welt. / Wer mir nachfolgt, wird nicht in der Finsternis gehen, * sondern das Licht des Lebens haben.* Joh 8,12 / IV. Ton, vgl. 31(2) – von fis

**Schluss** 472, 1+2, 4 Manchmal feiern wir mitten am Tag

**Notizen**

* Jesus, du Freund der Sünder
Antwort: Kyrie, eleison
*oder:* 556(6) Wir bitten dich, erhöre uns

## 24. Sonntag im Jahreskreis – Lesejahr A

**Einzug** 348, 1, 3, 5 Nun bitten wir den Heiligen Geist
Nach der 3. Strophe könnte der Eröffnungsvers eingefügt werden:
*Herr, gib Frieden denen, die auf dich hoffen, / und erweise deine Propheten als zuverlässig. * Erhöre das Gebet deiner Diener und deines Volkes.* vgl. Sir 36, 18.21–22 / VI. Ton, vgl. 42(2)
»Schuldbekenntnisstrophe«: 471, 4 O ewger Gott, wir bitten dich (O einger Gott)

**Kyrie** im Einzugslied

**Gloria** 173(1) Gloria + 173(2) Ehre sei Gott

**Antwortgesang** 657(3) Dein Erbarmen, o Herr + Kantorale Nr. 423
*oder Lied:* 268, 4+5 Erbarme dich, erbarm dich mein (Herr, nimm von mir nicht deinen Geist)
*oder Lied:* 442, 2 Wo die Güte und die Liebe (Da wir nun in einer Liebe uns vereinen)

**Ruf vor dem Evangelium** 322 Halleluja + Vers Kantorale Nr. 423
So spricht der Herr: Ein neues Gebot gebe ich euch

**Credo** 180(1) Credo in unum Deum + 180(2) Wir glauben an den einen Gott

**Fürbittruf** 561*

**Gabenbereitung** 440 Hilf, Herr meines Lebens

**Sanctus** 195 Heilig, heilig

**Agnus Dei** 206 Lamm Gottes, Lamm Gottes

**Kommunion** 58(1) Lobe den Herrn, meine Seele + 57(2), 17–22

**Dank** 470, 1, 3+4 Wenn das Brot, das wir teilen
Nach der 1. Strophe könnte der Kommunionvers eingefügt werden:
*Der Kelch des Segens, / über den wir den Segen sprechen,* ist Teilhabe am Blute Christi. Das Brot, das wir brechen, * ist Teilhabe am Leibe Christi.* vgl. 1 Kor 10,16 / I. Ton, vgl. 50(2) – von c

**Schluss** 439, 3+4 Erhör, o Gott, mein Flehen (Mein Bitten hast erhöret)

**Notizen**

* Jesus, du Bruder der Menschen
Antwort: Kyrie, eleison
*oder:* 556(6) Wir bitten dich, erhöre uns

## 25. Sonntag im Jahreskreis – Lesejahr A

**Einzug** 437, 1–3 Meine engen Grenzen
Nach der 1. Strophe könnte der Eröffnungsvers eingefügt werden:
*Das Heil des Volkes bin ich – so spricht der Herr. / In jeder Not, aus der sie zu mir rufen, will ich sie erhören. * Ich will ihr Herr sein für alle Zeit.* I. Ton, vgl. 59(2)

**Kyrie** im Einzugslied

**Gloria** 166 Ehre sei Gott in der Höhe

**Antwortgesang** 76(1) Der Herr ist nahe allen + Kantorale Nr. 424
*oder Kanon:* 447(2) Die Gott suchen, denen wird das Herz aufleben

**Ruf vor dem Evangelium** 174(3) Halleluja + Vers Kantorale Nr. 424 Herr, öffne uns das Herz

**Credo** 179 Ich glaube an Gott

**Fürbittruf** 182(1) Du sei bei uns … sei du bei uns, Gott

**Gabenbereitung** 427 Herr, deine Güt ist unbegrenzt

**Sanctus** 196 Heilig, heilig

**Agnus Dei** 205 Lamm Gottes (ohne das Eingeklammerte)

**Kommunion** 444 Danket dem Herrn, denn ewig währt seine Liebe + 40(2), 1–6 – von d

**Dank** 392, 1, 4+5 Lobe den Herren, den mächtigen König der Ehren
Nach der 4. Strophe könnte der Kommunionvers eingefügt werden:
*Herr, du hast deine Befehle gegeben, * damit man sie genau beachtet. Wären doch meine Schritte fest darauf gerichtet, * deinen Gesetzen zu folgen.* Ps 19(18), 4–5 / VI. Ton, vgl. 42(2)

**Schluss** 360, 5 Macht weit die Pforten (Die ihr von Christi Hause seid)

---

**Notizen**

## 26. Sonntag im Jahreskreis – Lesejahr A

**Einzug** 266, 2, 4, 7 Bekehre uns, vergib die Sünde

**Kyrie** 104 Kyrie, eleison

**Gloria** 105 Gloria in excelsis Deo

**Antwortgesang** 640(1) Herr, unser Gott, bekehre uns + Kantorale Nr. 425
*oder Lied:* 142 Zu dir, o Gott, erheben wir
*oder Responsorium:* 640(1) Herr, unser Gott, bekehre uns

**Ruf vor dem Evangelium** 175(3) Halleluja + Vers Kantorale Nr. 425
So spricht der Herr: Meine Schafe hören auf meine Stimme

**Credo** 122 Credo in unum Deum

**Fürbittruf** 586(6) Te rogamus

**Gabenbereitung** 446, 1, 3+4 Lass uns in deinem Namen, Herr

**Sanctus** 106 Sanctus, Sanctus

**Agnus Dei** 107 Agnus Dei

**Kommunion** Musik

**Dank** 484, 1, 3, 5 Dank sei dir, Vater
Nach der 3. Strophe könnte der Kommunionvers eingefügt werden:
*Die Liebe Gottes haben wir daran erkannt, dass Christus sein Leben für uns hingegeben hat. * So müssen auch wir das Leben hingeben für die Brüder.* 1 Joh 3, 16 / IX. Ton, vgl. 63(2) – von es

**Schluss** 81, 6 Lobet den Herren alle, die ihn ehren (Treib unsern Willen, dein Wort zu erfüllen)

---

**Notizen**

## 27. Sonntag im Jahreskreis – Lesejahr A

**Einzug** 411, 1+2, 4 Erde, singe, dass es klinge
Nach der 2. Strophe könnte der Eröffnungsvers eingefügt werden:
*Deiner Macht ist das All unterworfen, Herr, * und niemand kann sich dir widersetzen; denn du hast Himmel und Erde gemacht / und alles, was wir unter dem Himmel bestaunen. * Du bist der Herr über alles.*
Est 13, 9.10–11(Vulgata) / VI. Ton, vgl. 42(2)

**Kyrie** 154 Kyrie, Kyrie

**Gloria** 169 Gloria, Ehre sei Gott

**Antwortgesang** 307(5) Meine Hilfe und mein Retter bist du + Kantorale 426
*oder Lied:* 277, 1, 3 Aus tiefer Not schrei ich zu dir

**Ruf vor dem Evangelium** 584(8) Halleluja + Vers Kantorale 426
So spricht der Herr: Ich habe euch erwählt und dazu bestimmt

**Credo** 177(1) Credo in unum Deum + 177(2) Ich glaube an Gott

**Fürbittruf** 181(3) Erhöre uns, Christus

**Gabenbereitung** 357, 2+3 Wie schön leuchtet der Morgenstern (Du meine Perl, du werte Kron)

**Sanctus** 197 Heilig, heilig

**Agnus Dei** 208 Christe, du Lamm Gottes

**Kommunion** 404 Danket dem Herrn, er hat uns erhöht + 66(2), 5–11.14.17.19.21–23

**Dank** 366 Jesus Christus, guter Hirte
Zwischen den Strophen könnten die Kommunionverse eingefügt werden,
nach der 1. Strophe:
*Gut ist der Herr zu dem, der auf ihn hofft, * zur Seele, die ihn sucht.*
nach der 2. Strophe:
*Ein Brot ist es, darum sind wir viele ein Leib. * Denn wir alle haben teil an dem einen Brot und dem einen Kelch.*
Klgl 3, 25 / 1 Kor 10, 17 / IV. Ton, vgl. 31(2)

**Schluss** 479, 1+2 Eine große Stadt ersteht

---

**Notizen**

## 28. Sonntag im Jahreskreis – Lesejahr A

**Einzug** 477, 1+2 Gott ruft sein Volk zusammen

Zwischen den Strophen könnte der Eröffnungsvers eingefügt werden:

*Würdest du, Herr, unsere Sünden beachten, / Herr, wer könnte bestehen? * Doch bei dir ist Vergebung, Gott Israels.*

Ps 130(129), 3–4 / IV. Ton, vgl. 31(2) – von d

**Bußakt / Kyrie** 164 Der in seinem Wort uns hält

**Gloria** 168(2) Ehre sei Gott in der Höhe

**Antwortgesang** 37(1) Der Herr ist mein Hirt + Kantorale 427

*oder Lied:* 421, 1, 4 Mein Hirt ist Gott der Herr

**Ruf vor dem Evangelium** 174(7) Halleluja + Vers Kantorale 427

Der Vater unseres Herrn Jesus Christus erleuchte die Augen unseres Herzens

**Credo** 178(1) Amen … wir glauben + 178(2) Ich glaube an Gott

**Fürbittruf** 181(2) Christus, erhöre uns

**Gabenbereitung** 146, 1, 3+4 Du rufst uns, Herr, an deinen Tisch

**Sanctus** 198 Heilig bist du

**Agnus Dei** 204 Christe, du Lamm Gottes

**Kommunion** 53(1) Hört auf die Stimme des Herrn + 53(2), 1–2.6.7

**Dank** 216 Im Frieden dein, o Herre mein

Nach der 1. Strophe könnte der Kommunionvers eingefügt werden:

*Reiche müssen darben und hungern. / Wer aber den Herrn sucht, * braucht kein Gut zu entbehren.* Ps 34(33), 11 / VI. Ton, vgl. 42(2)

**Schluss** 474, 3 Wenn wir das Leben teilen (Wenn wir uns öffnen für den Herrn in dieser Zeit)

---

**Notizen**

## 29. Sonntag im Jahreskreis – Lesejahr A

**Einzug** 455, 1+2, 4 Alles meinem Gott zu Ehren

Nach der 2. Strophe könnte der Eröffnungsvers eingefügt werden:
*Ich rufe dich an, denn du, Gott, erhörst mich. * Wende dein Ohr mir zu, vernimm meine Rede! Behüte mich wie den Augapfel, / dem Stern des Auges, * birg mich im Schatten deiner Flügel.*

Ps 17(16), 6.8 / VIII. Ton, vgl. 52(2)

**Kyrie** 130 Herr, erbarme dich

**Gloria** 131 Ehre sei Gott in der Höhe

**Antwortgesang** 616(5) Alles, was Odem hat + Kantorale 428
*oder Lied:* 370, 1, 3+4 Christus, du Herrscher Himmels und der Erde

**Ruf vor dem Evangelium** 175(1) Halleluja + Vers Kantorale 428 Haltet fest am Wort Christi

**Credo** 180(1) Credo in unum Deum + 180(2) Wir glauben an den einen Gott

**Fürbittruf** 181(1) Lasset zum Herrn uns beten

**Gabenbereitung** 370, 1–4 Christus, du Herrscher
Wenn es nicht zum Antwortgesang ausgewählt wurde
*oder:* 183 Dir, Vater, Lobpreis werde

**Sanctus** 132 Heilig, heilig

**Agnus Dei** 133 Lamm Gottes

**Kommunion** 62(1) Der Name des Herrn + 62(2), 1–7*

**Dank** 403, 1–4 Nun danket all und bringet Ehr

Nach der 3. Strophe könnte der Kommunionvers eingefügt werden:
*Das Auge des Herrn ruht auf allen, die ihn fürchten und ehren, / die nach seiner Güte ausschauen. * Denn er will sie dem Tod entreißen und in der Hungersnot ihr Leben erhalten.*

Ps 33(32), 18–19 / VI. Ton, vgl. 42(2)

**Schluss** 415 Vom Aufgang der Sonne (als Kanon)

---

**Notizen**

* Anstelle des Kehrverses 62(1) kann man auch 415 »Vom Aufgang der Sonne« (als Kehrvers) singen; zum Schlussgesang dann als Kanon

## 30. Sonntag im Jahreskreis – Lesejahr A

**Einzug** 148 Komm her, freu dich mit uns, tritt ein
Nach der 1. Strophe könnte der Eröffnungsvers eingefügt werden:
*Freuen sollen sich alle, die den Herrn suchen. / Sucht den Herrn und seine Macht, * sucht sein Antlitz allezeit.*
Ps 105(104), 3–4 / VI. Ton, vgl. 42(2)

**Kyrie** 153 Herr, erbarme dich

**Gloria** 168(1) Gloria

**Antwortgesang** 31(1) Selig der Mensch, der seine Freude hat + Kantorale Nr. 429
*oder Lied:* 439, 3+4 Erhör, o Gott, mein Flehen (Mein Bitten hast erhöret)

**Ruf vor dem Evangelium** 584(8) Halleluja + Vers Kantorale Nr. 429
So spricht der Herr: Wer mich liebt, hält fest an meinem Wort

**Credo** 179 Ich glaube an Gott

**Fürbittruf** 586(5) Christus, höre uns

**Gabenbereitung** 459 Selig seid ihr, wenn ihr einfach lebt

**Sanctus** 200 Heilig, heilig

**Agnus Dei** 139 Lamm Gottes, Lamm Gottes

**Kommunion** 442 Wo die Güte und die Liebe wohnt

**Dank** 457 Suchen und fragen
Nach der 2. Strophe könnte der Kommunionvers eingefügt werden:
*Wir wollen jubeln über die Hilfe des Herrn. * Wir frohlocken im Namen unseres Gottes.* Ps 20(19), 3–4 / VI. Ton, vgl. 42(2)

**Schluss** 451, 1+2 Komm, Herr, segne uns

---

**Notizen**

## 31. Sonntag im Jahreskreis – Lesejahr A

**Einzug** 463 1, 6 Wenn ich, o Schöpfer, deine Macht
Zwischen den Strophen könnte der Eröffnungsvers eingefügt werden:
*Herr, verlass mich nicht, / bleib mir nicht fern, mein Gott! * Eile mir zu Hilfe, Herr, du mein Gott.*
Ps 38(37), 22–23 / VI. Ton, vgl. 42(2) – von g

**Bußakt / Kyrie** 582(6) Herr Jesus Christus

**Gloria** 170 Allein Gott in der Höh sei Ehr

**Antwortgesang** 665(1) Herr, auf dich vertraue ich + Kantorale Nr. 430
*oder Lied:* 100, 2 Der Lärm verebbt, und die Last wird leichter (Lass Recht aufblühen, wo Unrecht umgeht)
*oder Lied:* 419, 2, 5 Tief im Schoß meiner Mutter gewoben (Eh ein Wort ich von dir wissen konnte)

**Ruf vor dem Evangelium** 174(8) Halleluja + Vers Kantorale Nr. 430 Einer ist euer Vater

**Credo** 354 Gott ist dreifaltig einer

**Fürbittruf** 556(3) (Gott Vater im Himmel)

**Gabenbereitung** 275, 1+2, 4 Selig, wem Christus auf dem Weg begegnet

**Sanctus** 199 Heilig ist Gott in Herrlichkeit

**Agnus Dei** 207 Lamm Gottes

**Kommunion** 57(1) Meine Seele, preise den Herrn + 57(2), 1–4.11–13

**Dank** 425, 1+2, 4+5 Solang es Menschen gibt auf Erden
Nach der 2. Strophe könnte der Kommunionvers eingefügt werden:
*So spricht der Herr: Wie mich der lebendige Vater gesandt hat / und wie ich durch den Vater lebe, * so wird jeder, der mich isst, durch mich leben.* Joh 6, 57 / VI. Ton, vgl. 34(2)

**Schluss** 467, 1, 6 Erfreue dich, Himmel

---

**Notizen**

## 32. Sonntag im Jahreskreis – Lesejahr A

**Einzug** 621, 1, 3+4 Hört, eine helle Stimme ruft
Nach der 3. Strophe könnte der Eröffnungsvers eingefügt werden:
*Herr, lass mein Gebet zu dir dringen, * wende dein Ohr meinem Flehen zu.* Ps 88(87), 3 / IV. Ton, vgl. 31(2)

**Bußakt / Kyrie** 163(2) Herr Jesus, du König*

**Gloria** 166 Ehre sei Gott in der Höhe

**Antwortgesang** 420 Meine Seele dürstet nach dir + Kantorale Nr. 420
*oder Lied:* 222, 2 Herr, send herab uns deinen Sohn
(O Weisheit aus des Höchsten Mund)
*oder Kanon:* 450 Gottes Wort ist wie Licht in der Nacht

**Ruf vor dem Evangelium** 322 Halleluja + Vers Kantorale Nr. 420
Seid wachsam und haltet euch bereit

**Credo** 177(1) Credo in unum Deum + 177(2) Ich glaube an Gott

**Fürbittruf** 232 Dein Reich komme

**Gabenbereitung** 554, 1 »Wachet auf«, ruft uns die Stimme

**Sanctus** 127 Heilig, heilig

**Agnus Dei** 206 Lamm Gottes, Lamm Gottes

**Kommunion** 634(6) Komm, Herr Jesus + 54(2), 7–10.15

**Dank** 552, 1+2, 5 Herr, mach uns stark im Mut, der dich bekennt
Nach der 2. Strophe könnte der Kommunionvers eingefügt werden:
*Der Herr ist mein Hirte, nichts wird mir fehlen. / Er lässt mich lagern auf grünen Auen * und führt mich zum Ruheplatz am Wasser.*
Ps 23(22), 1–2 / VI. Ton, vgl. 42(2)

**Schluss** 233, 1+2 O Herr, wenn du kommst

---

**Notizen**

* 2. Herr Jesus, du Menschensohn zur Rechten des Vaters
3. Herr Christus, du wirst wiederkommen in Herrlichkeit
5. Herr Jesus, du schaffst einen neuen Himmel und eine neue Erde
Die Antwort der Gemeinde kann auch das Kyrie 153, 155 oder 156 (in F) sein.

## 33. Sonntag im Jahreskreis – Lesejahr A

**Einzug** 81 1, 6, 7 Lobet den Herren alle, die ihn ehren

**Bußakt / Kyrie** 437 1–3 Meine engen Grenzen

**Gloria** 169 Gloria, Ehre sei Gott

**Antwortgesang** 43(1) Gott hat dich gesegnet auf ewig + Kantorale Nr. 432
*oder Lied:* 547, 1+2 Du, Herr, hast sie für dich erwählt

**Ruf vor dem Evangelium** 174(5) Halleluja + Vers Kantorale Nr. 432
So spricht der Herr: Bleibt in mir

**Credo** 178(1) Amen … wir glauben + 178(2) Ich glaube an Gott

**Fürbittruf** 182(2) Du sei bei uns … höre du uns, Gott

**Gabenbereitung** 440 Hilf, Herr meines Lebens

**Sanctus** 190 Heilig, heilig

**Agnus Dei** 208 Christe, du Lamm Gottes

**Kommunion** Musik

**Dank** 446 Lass uns in deinem Namen, Herr
Nach der 2. Strophe könnte der Kommunionvers eingefügt werden:
*So spricht der Herr: Amen, ich sage euch: * Betet und bittet, um was ihr wollt, glaubt nur, / dass ihr es schon erhalten habt, * dann wird es euch zuteil.* Mk 11, 23–24 / IV. Ton, vgl. 31(2) – von d

**Schluss** 451, 3+4 Komm, Herr, segne uns (Frieden gabst du schon)

**Notizen**

## Letzter Sonntag im Jahreskreis / Christkönigssonntag / Hochfest – Lesejahr A

**Einzug** 653(7+8) Würdig ist das Lamm

**Kyrie** 155 Kyrie, eleison*

**Gloria** 173(1) Gloria + 173(2) Ehre sei Gott

**Antwortgesang** 37(1) Der Herr ist mein Hirt + Kantorale Nr. 433
*oder Lied:* 366 Jesus Christus, guter Hirte
*oder Lied:* 384, 3 Hoch sei gepriesen unser Gott (Hoch sei gepriesen unser Hirt)
*oder Lied:* 421 Mein Hirt ist Gott der Herr

**Ruf vor dem Evangelium** aus 375 Christkönig, Halleluja + Vers Kantorale Nr. 433 Gesegnet sei, der kommt im Namen des Herrn

**Credo** 355 Wir glauben Gott im höchsten Thron

**Fürbittruf** 561**

**Gabenbereitung** 470, 2–4 Wenn das Brot, das wir teilen (Wenn das Leid jedes Armen)

**Sanctus** 195 Heilig, heilig

**Agnus Dei** 205 Lamm Gottes (mit dem Eingeklammerten)

**Kommunion** 560(1+2), (4+5) Christus Sieger, Christus König

**Dank** 375 Gelobt seist du, Herr Jesu Christ
Nach der 2. Strophe könnte der Kommunionvers eingefügt werden:
*Der Herr thront als König in Ewigkeit. * Der Herr segnet sein Volk mit Frieden.* Ps 29(28), 10–11 / V. Ton, vgl. 39(2) – von es

**Schluss** 388 Heilig, heilig

---

**Notizen**

* Kyrie, eleison (als Huldigung an den Kyrios und »König«) wiederholen
** Jesus, du guter Hirte
Antwort: Kyrie, eleison
*oder:* 556(6) Wir bitten dich, erhöre uns

# Lesejahr B

## 1. Adventssonntag – Lesejahr B

**zur Statio** 223, 1 Wir sagen euch an den lieben Advent (Sehet, die erste Kerze brennt)

**Einzug** 621 1–4 Hört, eine helle Stimme ruft

Nach der 2. Strophe könnte der Eröffnungsvers eingefügt werden:
*Zu dir, Herr, erhebe ich meine Seele. * Mein Gott, dir vertraue ich.*
*Lass mich nicht scheitern, / lass meine Feinde nicht triumphieren! **
*Denn niemand, der auf dich hofft, wird zuschanden.*
Ps 25(24), 1–3 / IV. Ton, vgl. 31(2)

**Bußakt / Kyrie** 163(2) Herr Jesus, du König aller Menschen*

**Antwortgesang** 634(3) Richtet euch auf und erhebt euer Haupt + Kantorale Nr. 105
*oder Lied:* 231, 1, 4 O Heiland, reiß die Himmel auf

**Ruf vor dem Evangelium** 174(5) Halleluja + Vers Kantorale Nr. 105 Erweise uns, Herr, deine Huld

**Credo** 355 Wir glauben Gott im höchsten Thron

**Fürbittruf** 181(2) Christus, erhöre uns

**Gabenbereitung** 233, 1+2, 4 O Herr, wenn du kommst

**Sanctus** 190 Heilig, heilig

**Agnus Dei** 208 Christe, du Lamm Gottes

**Kommunion** 557(13) Sei hier zugegen (Erscheine wieder)

**Dank** 622 + 653(4), 1b-2.5.7–12

**Schluss** 385, 1, 4 Nun saget Dank und lobt den Herren

---

**Notizen**

* Die Antwort der Gemeinde kann auch das Kyrie 153, 155 oder 156 (in F) sein.

## 2. Adventssonntag – Lesejahr B

**Einzug** 227, 1–3 Komm, du Heiland aller Welt
Nach der 2. Strophe könnte der Eröffnungsvers eingefügt werden:
*Der Herr wird kommen, um die Welt zu erlösen. / Volk Gottes, mach dich bereit. * Höre auf ihn, und dein Herz wird sich freuen.*
Jes 30, 19.30 / IV. Ton, vgl. 31(2) – von f

**Bußakt** 266, 2 Bekehre uns, vergib die Sünde (Bekehrt euch alle)

**Kyrie** 108 Kyrie, eleison

**Antwortgesang** 654(2) Freut euch mit Jerusalem, der heiligen Stadt + Kantorale Nr. 106
*oder Lied:* 225, 1 Wir ziehen vor die Tore der Stadt
*oder Lied:* 384, 3 Hoch sei gepriesen unser Gott (Hoch sei gepriesen unser Hirt)
*oder Kanon:* 634(2) Ostende nobis Domine

**Ruf vor dem Evangelium** 175(5) Halleluja + Vers Kantorale Nr. 106 Bereitet dem Herrn den Weg

**Credo** 180(1) Credo in unum Deum + 180(2) Wir glauben an den einen Gott

**Fürbittruf** 226 Bereitet den Weg des Herrn

**Gabenbereitung** 230, 3, 5 Gott, heilger Schöpfer aller Stern (Da sich die Welt zum Abend wandt)

**Sanctus** 110 Sanctus, Sanctus
*oder:* 196 Heilig, heilig

**Agnus Dei** 111 Agnus Dei
*oder:* 202 O du Lamm Gottes, das getragen

**Kommunion** 633(5) Frieden verkündet der Herr + 633(6), 1–7

**Dank** 220, 1, 3+4 Die Nacht ist vorgedrungen
Nach der 3. Strophe könnte der Kommunionvers eingefügt werden:
*Jerusalem, erhebe dich, steig auf den Berg / und schau die Freude, * die von deinem Gott zu dir kommt.*
Bar 5, 5; 4, 36 / IV. Ton, vgl. 31(2) – von fis

---

**Notizen**

## 3. Adventssonntag – Lesejahr B

**zur Statio:** 223, 3 Wir sagen euch an den lieben Advent (Sehet, die dritte Kerze brennt)

**Einzug / Bußakt:** 222 1, 5, 9 Herr, send herab*

Nach der 5. Strophe könnte der Eröffnungsvers eingefügt werden:
*Freut euch im Herrn zu jeder Zeit! / Noch einmal sage ich: Freut euch! * Denn der Herr ist nahe.* Phil 4, 4–5 / IV. Ton, vgl. 31(2) – von d

**Kyrie** 104 Kyrie, eleison

**Antwortgesang** 480 In den Tagen des Herrn + Kantorale Nr. 107

*oder Lied:* 395 Den Herren will ich loben

**Ruf vor dem Evangelium** 175(1) Halleluja + Vers Kantorale Nr. 107 Der Geist des Herrn ruht auf mir

**Credo** 178(1) Amen… wir glauben + 178(2) Ich glaube an Gott

**Fürbittruf** 365 Meine Hoffnung und meine Freude

**Gabenbereitung** 233, 1, 4 O Herr, wenn du kommst

**Sanctus** 193 Heilig, heilig

**Agnus Dei** 136 Lamm Gottes

**Kommunion** 623(1) Um deines Namens willen, Herr + 622(2), 9–13.16–17

**Dank** 218, 1–3 Macht hoch die Tür, die Tor macht weit

Nach der 2. Strophe könnte der Kommunionvers eingefügt werden:
*Sagt zu den Verzagten: Habt Mut, * fürchtet euch nicht! Seht, hier ist euer Gott! * Er selbst wird kommen und euch erretten.*
Jes 35, 4 / V. Ton, vgl. 39(2) – von es

**Notizen**

* Hier bietet sich eine Drei-Teilung an:
1. Strophe zum Einzug
Eröffnung und Hinführung zu »Besinnung« und Bußakt
5. Strophe
Vergebungsbitte
9. Strophe

## 4. Adventssonntag – Lesejahr B

**Einzug** 224, 1–3 Maria durch ein Dornwald ging
*oder:* 231, 1, 4+5 O Heiland, reiß die Himmel auf
Nach der 4. Strophe könnte der Eröffnungsvers eingefügt werden:
*Tauet, ihr Himmel, von oben! / Ihr Wolken, regnet herab den Gerechten! **
*Tu dich auf, o Erde, und sprosse den Heiland hervor!*
Jes 45, 8 / IV. Ton, vgl. 31(2) – von d

**Kyrie** im Einzugslied
*oder:* 104 Kyrie, eleison

**Antwortgesang** 60(1) Der Herr hat uns befreit + Kantorale Nr. 108
*oder Lied:* 143, 2 Mein ganzes Herz erhebet dich
(Dein Name, Herr, ist unser Hort)

**Ruf vor dem Evangelium** 584(8) Halleluja + Vers Kantorale Nr. 108
Maria sagte: Siehe, ich bin die Magd des Herrn

**Credo** 179 Ich glaube an Gott

**Fürbittruf** 181(3) Erhöre uns, Christus

**Gabenbereitung** 528 Ein Bote kommt, der Heil verheißt

**Sanctus** 194 Heilig, heilig

**Agnus Dei** 139 Lamm Gottes

**Kommunion** 631(3) Der Herr hat Großes + 631(4)

**Dank** 390 Magnificat – Kanon
*oder:* 227, 1, 3+4 Komm, du Heiland aller Welt
Nach der 2. Strophe könnte der Kommunionvers eingefügt werden:
*Seht, die Jungfrau wird empfangen / und einen Sohn gebären. **
*Sein Name ist: Immanuel, Gott mit uns.*
Jes 7, 14 / IV. Ton, vgl. 31(2) – von f

**Schluss** 521, 1+2, 6 Maria, dich lieben

---

**Notizen**

Von Weihnachten bis 6. Januar *siehe Lesejahr A*

## Sonntag nach dem 6. Januar – Taufe des Herrn – Lesejahr B

### Alles wie im Lesejahr A

Da bei den Lesungen sowohl aus dem Alten, wie auch aus dem Neuen Testament Auswahlmöglichkeiten angegeben sind, wird ein dazu passender Antwortgesang bzw. Ruf vor dem Evangelium angeboten.

zu Jesaja 55, 1–11:

312(6) Freudig lasst uns schöpfen lebendige Wasser + Kantorale 224

*oder Lied:* 427, 2 Herr, deine Güt ist unbegrenzt
(Bei dir, Herr, ist des Lebens Quell)

*oder Antiphon:* 550 Ströme lebendigen Wassers erquicken die Gottesstadt

zu 1 Joh 5, 1–9:

174(5) Halleluja - von fis + Vers

*Johannes sah Jesus auf sich zukommen und sagte: / Seht, das Lamm Gottes, * das die Sünde der Welt hinwegnimmt.*

Joh 1, 29 / V. Ton, vgl. 47(2)

Mk 1, 7–11

**Notizen**

Aschermittwoch *siehe Lesejahr A*

## 1. Fastensonntag – Lesejahr B



**Einzug** 266, 1+2, 6 Bekehre uns, vergib die Sünde

**Kyrie** 117 Kyrie, eleison

**Antwortgesang** 60(1) Der Herr hat uns befreit + Kantorale Nr. 207
*oder Lied:* 142 Zu dir, o Gott, erheben wir
*oder Lied:* 409, 2+3 Singt dem Herrn ein neues Lied (Täglich neu ist seine Gnad)

**Ruf vor dem Evangelium** 176(5) Lob dir, Christus + Vers Kantorale Nr. 207 Nicht nur von Brot lebt der Mensch

**Credo** 122 Credo in unum Deum

**Fürbittruf** 586(6) Te rogamus

**Gabenbereitung** 463, 1, 5 Wenn ich, o Schöpfer
*oder:* 187 Wir weihn der Erde Gaben

**Sanctus** 118 Sanctus, Sanctus

**Agnus Dei** 119 Agnus Dei

**Kommunion** 649(5) Mein Herz ist bereit + 649(6), 1–4.9–10.13–14

**Dank** 498 Das Heil der Welt
Nach der 2. Strophe könnte der Kommunionvers eingefügt werden:
*So spricht der Herr: / Nicht nur von Brot lebt der Mensch, * sondern von jedem Wort, das aus Gottes Mund kommt.*
Mt 4, 4 / VI. Ton, vgl. 42(2) – von g

**Schluss** 638 Nun ist sie da

---

**Notizen**

## 2. Fastensonntag – Lesejahr B

**Einzug** 429, 1, 4 Gott wohnt in einem Lichte

Zwischen den Strophen könnte der Eröffnungsvers eingefügt werden:
*Mein Herz denkt an dein Wort: »Sucht mein Angesicht!« / Dein Angesicht, Herr, will ich suchen. * Verbirg nicht dein Gesicht vor mir.*
Ps 27(26), 8–9 / IV. Ton, vgl. 31(2) – von d

**Bußakt / Kyrie** 163(4) Herr Jesus, du rufst die Menschen zur Umkehr*

**Antwortgesang** 629(3) Ich gehe meinen Weg vor Gott + Kantorale Nr. 208
*oder Lied:* 428, 1, 4 Herr, dir ist nichts verborgen
*oder Lied:* 452, 1+2 Der Herr wird dich mit seiner Güte segnen

**Ruf vor dem Evangelium** 176(3) Herr Jesus, dir sei + Vers Kantorale Nr. 208 Aus der leuchtenden Wolke rief die Stimme des Vaters

**Credo** 180(1) Credo in unum Deum + 180(2) Wir glauben an den einen Gott

**Fürbittruf** 561**

**Gabenbereitung** 363 Herr, nimm auch uns zum Tabor mit

**Sanctus** 190 Heilig, heilig

**Agnus Dei** 208 Christe, du Lamm Gottes

**Kommunion** 38(1) Der Herr ist mein Licht + 38(2), 1–2.15–16.21–22

**Dank** 364, 1+2, 5 Schönster Herr Jesu

Nach der 1. Strophe könnte der Kommunionvers eingefügt werden:
*Dies ist mein geliebter Sohn, / an dem ich Gefallen gefunden habe: * Auf ihn sollt ihr hören.* Mt 17, 5 / II. Ton, vgl. 57(2) – von d

**Schluss** 366, 3 Jesus Christus, guter Hirte (Wort des Vaters, offne Türe)

### Notizen

* 1. Herr Jesus, du rufst die Menschen zur Umkehr
2. Herr Christus, du sagst uns die frohe Botschaft
6. Herr Jesus, du lässt uns mit dir auferstehn
Die Antwort der Gemeinde kann auch das Kyrie 153, 155 oder 156 (in F) sein.
** Jesus, du Sohn des lebendigen Gottes
Antwort: Kyrie, eleison
*oder:* 556(6) Wir bitten dich, erhöre uns

## 3. Fastensonntag – Lesejahr B

**Einzug** 292, 1, 3 Fürwahr, er trug unsre Krankheit
Zwischen den Strophen könnte der Eröffnungsvers eingefügt werden:
*Meine Augen schauen stets auf den Herrn; * denn er befreit meine Füße aus dem Netz. Wende dich zu mir und sei mir gnädig; * denn ich bin einsam und gebeugt.* Ps 25(24), 15–16 / IV. Ton, vgl. 31(2)

**Kyrie** 130 Herr, erbarme dich

**Antwortgesang** 584(4) Herr, du hast Worte ewigen Lebens + Kantorale Nr. 209
*oder Lied:* 381, 3 Dein Lob, Herr, ruft der Himmel aus (Die Sonne ist des Himmels Ehr)
*oder Ruf und Kanon:* 447(1) Öffne meine Augen + 447(2) Die Gott suchen

**Ruf vor dem Evangelium** 176(3) Herr Jesus, dir sei + Vers Kantorale Nr. 209 So sehr hat Gott die Welt geliebt

**Credo** 178(1) Amen … wir glauben + 178(2) Ich glaube an Gott

**Fürbittruf** 181(2) Christus, erhöre uns

**Gabenbereitung** 267 O Mensch, bewein dein Sünde groß

**Sanctus** 127 Heilig, heilig

**Agnus Dei** 136 Lamm Gottes

**Kommunion** 49(1) Jubelt Gott zu + 49(2), 1.4–10

**Dank** 385, 1+2 Nun saget und lobt den Herren

---

**Notizen**

## 4. Fastensonntag – Lesejahr B

**Einzug** 464 1, 5+6 Gott liebt diese Welt
*oder:* 427 Herr deine Güt ist unbegrenzt
Zwischen den Strophen könnte der Eröffnungsvers eingefügt werden:
*Freue dich, Stadt Jerusalem! / Seid fröhlich zusammen mit ihr, alle, die ihr traurig wart. * Freut euch und trinkt euch satt an der Quelle göttlicher Tröstung.* Jes 66, 10–11 / VI. Ton, vgl. 42(2) – von c

**Bußakt / Kyrie** 163(4)*

**Antwortgesang** 229 Herr, erhebe dich + Kantorale Nr. 210
*oder Lied:* 140, 4+5 Kommt herbei, singt dem Herrn (Wir sind taub, wir sind stumm)
*oder Lied:* 430, 4 Von guten Mächten treu und still umgeben (Doch willst du uns noch einmal Freude schenken)
*oder Lied:* 438 Wir, an Babels fremden Ufern

**Ruf vor dem Evangelium** 176(4) Ruhm und Preis + Vers Kantorale Nr. 210 So sehr hat Gott die Welt geliebt

**Credo** 177(1) Credo in unum Deum + 177(2) Ich glaube an Gott

**Fürbittruf** 181(3) Erhöre uns, Christus

**Gabenbereitung** 438 Wir, an Babels fremden Ufern
Wenn es nicht zum Antwortgesang ausgewählt wurde
*oder:* 185 Du hast, o Herr, dein Leben

**Sanctus** 195 Heilig, heilig

**Agnus Dei** 202 O du Lamm Gottes, das getragen

**Kommunion** 298 So sehr hat Gott**

**Dank** 380, 6+7 Großer Gott (Du, des Vaters ewger Sohn)

**Schluss** 357, 5 Wie schön leuchtet der Morgenstern (Herr Gott Vater, mein)

---

**Notizen**

* 3. Herr Jesus, du wendest dich uns Sündern zu
4. Herr Christus, du bringst uns die Vergebung des Vaters
5. Herr Jesus, du schenkst uns neues Leben
Die Antwort der Gemeinde kann auch das Kyrie 153, 155 oder 156 (in F) sein.
** Ein mehrmaliges Singen könnte durch Zwischenspiele unterbrochen werden oder man singt im Kanon.

## 5. Fastensonntag – Lesejahr B

**Einzug** 283 Aus der Tiefe rufe ich zu dir

Nach der 2. Strophe könnte der Eröffnungsvers eingefügt werden:
*Verschaff mir Recht, o Gott, und führe meine Sache gegen ein treuloses Volk! / Rette mich vor bösen und tückischen Menschen, * denn du bist mein starker Gott!* Ps 43(42), 1–2 / IV. Ton, vgl. 31(2)

**Kyrie** 154 Kyrie, Kyrie

**Antwortgesang** 639(1) Erbarme dich meiner, o Gott + Kantorale Nr. 211

*oder Lied:* 268, 1, 3+4 Erbarme dich, erbarm dich mein

*oder Lied:* 269, 3 Du Sonne der Gerechtigkeit (Es kommt der Tag, dein Tag erscheint)

**Ruf vor dem Evangelium** 176(3) Herr Jesus, dir sei + Vers Kantorale Nr. 211 So spricht der Herr: Wenn einer mir dienen will

**Credo** 354 Gott ist dreifaltig einer

**Fürbittruf** 561*

**Gabenbereitung** 460 Wer leben will wie Gott**

**Sanctus** 192 Heilig, heilig

**Agnus Dei** 203 O Lamm Gottes unschuldig

**Kommunion** 211 Wir rühmen dich, König der Herrlichkeit

**Dank** 210 Das Weizenkorn muss sterben

Nach der 2. Strophe könnte der Kommunionvers eingefügt werden:
*Amen, Amen, ich sage euch: / Wenn das Weizenkorn nicht in die Erde fällt und stirbt, bleibt es allein. * Wenn es aber stirbt, bringt es reiche Frucht.* Joh 12, 24–25 / IV. Ton, vgl. 31(2)

**Schluss** 461, 3 »Mir nach«, spricht Christus (»Wer seine Seel zu finden meint«)

---

**Notizen**

* Jesus, du unser Erlöser
Antwort: Kyrie, eleison
*oder:* 556(6) Wir bitten dich, erhöre uns

** Am heutigen 5. Fastensonntag findet die Kollekte des Bischöflichen Werkes »Misereor« statt. Daher wären zur Gabenbereitung auch Lieder wie Wenn das Brot, das wir teilen (470) oder Hilf, Herr meines Lebens (440) passend.

Von Palmsonntag bis Ostermontag *siehe Lesejahr A*

## 2. Sonntag der Osterzeit – Weißer Sonntag B

Einzug 642, 1+2, 7 Zum Mahl des Lammes schreiten wir
Nach der 2. Strophe könnte der Eröffnungsvers eingefügt werden:
*Wie neugeborene Kinder verlangt nach der unverfälschten Milch des Wortes, / damit ihr durch sie heranwachst und das Heil erlangt. * Halleluja.*
oder: *Freut euch und dankt Gott, der euch zu sich gerufen hat. / Ihr seid Kinder Gottes und Erben seiner Herrlichkeit. * Halleluja.*
1 Petr 2, 2 / VIII. Ton, vgl. 52(2) – von f

Kyrie 157 Herr, erbarme dich

Gloria 169 Gloria, Ehre sei Gott

Antwortgesang 335 Das ist der Tag + Kantorale Nr. 231
*oder Lied:* 385, 2+3 Nun saget Dank und lobt den Herren (Nicht sterben werd ich, sondern leben)
*oder Lied:* 389, 1, 6 Dass du mich einstimmen lässt in deinen Jubel, o Herr
*oder Kanon:* 406 Danket, danket dem Herrn

Ruf vor dem Evangelium 175(2) Halleluja + Vers Kantorale Nr. 231
So spricht der Herr: Weil du mich gesehen hast, Thomas, glaubst du

Gesang nach dem Evangelium 322, 11+12 Ihr Christen, singet

Credo 178(1) Amen … wir glauben + 178(2) Ich glaube an Gott

Fürbittruf 92 Herr, bleibe bei uns

Gabenbereitung 552, 1, 3 Herr, mach uns stark im Mut, der dich bekennt

Sanctus 194 Heilig, heilig

Agnus Dei 208 Christe, du Lamm Gottes
*oder:* 497, 4 Gottheit tief verborgen (Kann ich nicht wie Thomas)

Kommunion 175(5) Halleluja + 649(8) Verse 1–4
*oder:* 639(7) Durch Christi Wunden + 41(2), 1.3–5.7.[13–15].19–20

**Dank** 414 Herr, unser Herr

Nach der 3. Strophe könnte der Kommunionvers eingefügt werden:
*Selig sind, die nicht <u>se</u>hen * und doch glauben – so <u>spricht</u> der Herr.*
Joh 20, 29 / II. Ton, vgl. 46(2)

**Schluss** 533, 1–3 Lasst uns erfreuen herzlich sehr

**Notizen**

## 3. Sonntag der Osterzeit – Lesejahr B

**Einzug** 324 Vom Tode heut erstanden ist
Nach der 2. Strophe könnte der Eröffnungsvers eingefügt werden:
*Jauchzt vor Gott alle Menschen der Erde! / Spielt zum Ruhm seines Namens! * Verherrlicht ihn mit Lobpreis. Halleluja.*
Ps 66(65), 1–2 / V. Ton, vgl. 43(2)

**Kyrie** 163(5)*

**Gloria** 408 Lobet und preiset + 168(2) (nur die Verse)**

**Antwortgesang** 651(3) Ich suchte den Herrn + Kantorale Nr. 236
*oder Lied:* 275, 3 Selig, wem Christus auf dem Weg begegnet (Durch seine Jünger spricht zu uns der Meister)

**Ruf vor dem Evangelium** 175(2) Halleluja + Vers Kantorale Nr. 236 Herr Jesus, erschließ uns die Schrift

**Credo** 177(1) Credo in unum Deum + 177(2) Ich glaube an Gott

**Fürbittruf** 92 Herr, bleibe bei uns, Halleluja

**Gabenbereitung** 325, 1+2 Bleibe bei uns
*oder:* 184, 2+3 Herr, wir bringen in Brot und Wein (Unsere Hände und Becher sind leer)

**Sanctus** 198 Heilig bist du, großer Gott

**Agnus Dei** 207 Lamm Gottes

**Kommunion** 66(1) Das ist der Tag + 66(2), 14.17.19–21.24

**Dank** 328, 1, 6, 7 Gelobt sei Gott im höchsten Thron
Nach der 1. Strophe könnte der Kommunionvers eingefügt werden:
*Die Jünger erkannten den Herrn Jesus, als er das Brot brach. * Halleluja.* vgl. Lk 24, 25 / V. Ton, vgl. 43(2)

**Schluss** 334, 2 O Licht der wunderbaren Nacht (O Licht der lichten Ewigkeit)

---

**Notizen**

* 1. Herr Jesus, auferstanden von den Toten
3. Herr Christus, du rufst alle Menschen zum Leben
4. Herr Jesus, du begleitest uns auf unseren Wegen
Die Antwort der Gemeinde kann auch das Kyrie 153, 155 oder 156 (in F) sein.
** nach jedem Vers folgt 408 – zunächst »nur« als Liedruf, nach dem 3. Vers als Kanon

## 4. Sonntag der Osterzeit – Lesejahr B

**Einzug** 409, 1–3 Singt dem Herrn ein neues Lied
Nach der 2. Strophe könnte der Eröffnungsvers eingefügt werden:
*Die Erde ist voll von der Huld des Herrn. * Durch das Wort des Herrn wurden die Himmel geschaffen. Halleluja.*
Ps 33(32), 5–6 / VI. Ton, vgl. 37(2)

**Bußakt:** 125 Vidi aquam

**Kyrie** 113 Kyrie, eleison

**Gloria** 114 Gloria in excelsis Deo

**Antwortgesang** 69(1) Der Herr hat Großes an uns getan + Kantorale Nr. 237
*oder Lied:* 377, 2 O Jesu, all mein Leben bist du (O Jesu, all mein Glaube bist du)
*oder Lied:* 385, 3 Nun saget Dank und lobt den Herren (Hoch tut euch auf, ihr heilgen Tore)
*oder Gesang:* 386 Laudate omnes gentes

**Ruf vor dem Evangelium** 175(2) Halleluja + Vers Kantorale Nr. 237
So spricht der Herr: Ich bin der gute Hirt. Ich kenne die Meinen

**Credo** 122 Credo in unum Deum

**Fürbittruf** 561*

**Gabenbereitung** 384, 3 Hoch sei gepriesen unser Gott (Hoch sei gepriesen unser Hirt)

**Sanctus** 115 Sanctus, Sanctus

**Agnus Dei** 116 Agnus Dei

**Kommunion** 37(1) Der Herr ist mein Hirt + 37(2), 1–8

**Dank** 406 Danket, danket dem Herrn + 281, 3 Also sprach (Ich bin euer Weg)**
*oder:* 366, 1, 3 Jesus Christus, guter Hirte
Zwischen den Strophen könnte der Kommunionvers eingefügt werden:
*Auferstanden ist der Gute Hirt. / Er gab sein Leben für seine Schafe. * Er ist für seine Herde gestorben. Halleluja.* IV. Ton, vgl. 31(2)

**Entlassungsruf** 591(7) Ite, missa est, Alleluia

**Schluss** 366, 1, 3 Jesus Christus, guter Hirte
Wenn es nicht als Gesang zum Dank ausgewählt wurde

## Notizen

* Jesus, du gu̲ter Hirte
Antwort: Kyrie, eleison
*oder:* 556(6) Wir bitten dich, erhöre uns
** Erst den Kanon als Liedruf, darauf folgt die 3. Strophe von 281, dann 406 als Kanon (Stimmen je nach Möglichkeit)

## 5. Sonntag der Osterzeit – Lesejahr B

**Einzug** 551, 1+2 Nun singt ein neues Lied dem Herren
Zwischen den Strophen könnte der Eröffnungsvers eingefügt werden:
*Singt dem Herrn ein neues Lied, / denn er hat wunderbare Taten vollbracht * und sein gerechtes Wirken enthüllt vor den Augen der Völker. Halleluja.* Ps 98(97), 1–2 / VI. Ton, vgl. 42(2)

**Kyrie** 130 Herr, erbarme dich

**Gloria** 131 Ehre sei Gott in der Höhe

**Antwortgesang** 373 Du bist Licht und du bist Leben + Kantorale Nr. 238
*oder Lied:* 392, 1, 5 Lobe den Herren, den mächtigen König der Ehren

**Ruf vor dem Evangelium** 175(2) Halleluja + Vers Kantorale Nr. 238
So spricht der Herr: Bleibt in mir, dann bleibe ich in euch

**Credo** 179 Ich glaube an Gott

**Fürbittruf** 632(1) Erhöre uns, Herr

**Gabenbereitung** 281, 1+2 Also sprach beim Abendmahle

**Sanctus** 200 Heilig, heilig

**Agnus Dei** 133 Lamm Gottes

**Kommunion** 80(1) Singt, singt, singt dem Herrn + 80(2), 1–6a.9b

**Dank** 357, 3+4, 7 Wie schön leuchtet der Morgenstern (Gieß sehr tief in mein Herz hinein)
Nach der 3. Strophe könnte der Kommunionvers eingefügt werden:
*So spricht der Herr: / Ich bin der wahre Weinstock, * ihr seid die Rebzweige. Wer in mir bleibt / und in wem ich bleibe, * der bringt reiche Frucht. Halleluja.* Joh 15, 1.5 / V. Ton, vgl. 43(2)

**Schluss** 366, 2 Jesus Christus, guter Hirte (Baum des Lebens, Strom des Heiles)

---

**Notizen**

## 6. Sonntag der Osterzeit – Lesejahr B

**Einzug** 411, 1–4 Erde, singe, dass es klinge
Nach der 2. Strophe könnte der Eröffnungsvers eingefügt werden:
*Verkündet es jauchzend, damit man es hört! / Ruft es hinaus bis ans Ende der Erde! * Ruft: Der Herr hat sein Volk befreit. Halleluja.*
Jes 48, 20 / VI. Ton, vgl. 42(2)

**Bußakt / Kyrie** 161 Du rufst uns, Herr, trotz unsrer Schuld

**Gloria** 172 Gott in der Höh

**Antwortgesang** 617(4) Herr, sende uns deinen Geist + Kantorale Nr. 239
*oder Lied:* 551, 1 Nun singt ein neues Lied dem Herren
*oder Lied:* 347, 4 Der Geist des Herrn erfüllt das All
(Der Geist des Herrn durchweht die Welt)

**Ruf vor dem Evangelium** 175(2) Halleluja + Vers Kantorale Nr. 239
So spricht der Herr: Wer mich liebt, hält fest an meinem Wort

**Gesang nach dem Evangelium** 483, 4 Halleluja ... Liebet einander, wie euch der Herr geliebt

**Credo** 178(1) Amen ... wir glauben + 178(2) Ich glaube an Gott

**Fürbittruf** 566(2) Christus, höre uns

**Gabenbereitung** 474, 1+2, 4 Wenn wir das Leben teilen wie das täglich Brot

**Sanctus** 196 Heilig, heilig

**Agnus Dei** 202 O du Lamm Gottes, das getragen

**Kommunion** 305(4) Dies ist mein Gebot (1 Ton tiefer) + 442 (Verse 1–3)

**Dank** 281, 1+2 Also sprach beim Abendmahle
Zwischen den Strophen könnte der Kommunionvers eingefügt werden:
*So spricht der Herr: Wenn ihr mich liebt, werdet ihr meine Gebote halten. / Ich werde den Vater bitten, und er wird euch einen anderen Beistand geben, * damit er immer bei euch bleibt. Halleluja.*
Joh 14, 15–16 / VI. Ton, vgl. 42(2)
*oder:* 336 1–3 Jesus lebt, mit ihm auch ich

**Schluss** 525 Freu dich, du Himmelskönigin

---

**Notizen**

Hochfest Christi Himmelfahrt *siehe Lesejahr A*

## 7. Sonntag der Osterzeit – Lesejahr B

**Einzug** 339, 1–3, 5 Ihr Christen, hoch erfreuet euch

**Kyrie** 163(5)*

**Gloria** 166 Ehre sei Gott in der Höhe

**Antwortgesang** 58(1) Lobe den Herrn, meine Seele + Kantorale Nr. 246
*oder Lied:* 396, 1, 3 Lobt froh den Herrn, ihr jugendlichen Chöre

**Ruf vor dem Evangelium** 175(2) Halleluja + Vers Kantorale Nr. 246
So spricht der Herr: Ich lasse euch nicht als Waisen zurück

**Credo** 354 Gott ist dreifaltig einer

**Fürbittruf** 182(1) Herr sei bei uns … sei du bei uns, Gott

**Gabenbereitung** 188, 1, 3+4 Nimm, o Gott, die Gaben, die wir bringen

**Sanctus** 190 Heilig, heilig

**Agnus Dei** 208 Christe, du Lamm Gottes

**Kommunion** 565(12) Komm, Heiliger Geist**

**Dank** 362, 1, 3 Jesus Christ, you are my life
Zwischen den Strophen könnte der Kommunionvers eingefügt werden:
*So spricht der Herr: Ich bitte dich, Vater, / lass sie eins sein, * wie wir eins sind. Halleluja.* vgl. Joh 17, 22 / V. Ton, vgl. 47(2)

**Schluss** 350 Geist der Zuversicht

---

**Notizen**

* 1. Herr Jesus, auferstanden von den Toten
5. Herr Christus, du bist erhöht zur Rechten des Vaters
6. Herr Jesus, du sendest den Geist der Wahrheit
Die Antwort der Gemeinde kann auch das Kyrie 153, 155 oder 156 (in F) sein.
** Möglich auch als Fürbittrufe, dann zur Kommunion Musik

Pfingstsonntag *siehe Lesejahr A*

## Pfingstmontag – Lesejahr B

Einzug 346 Atme in uns, Heiliger Geist
Nach der 2. Strophe könnte der Eröffnungsvers eingefügt werden:
*Christus liebt uns und hat uns durch sein Blut befreit von unseren Sünden; / er hat uns die Würde von Königen gegeben * und uns zu Priestern gemacht für den Dienst vor seinem Gott und Vater. Halleluja.*
Offb 1,5–6 / II. Ton, vgl. 57(2)

Kyrie 165 Send uns deines Geistes Kraft

Gloria 172 Gott in der Höh

Antwortgesang 645(5) Alle wurden erfüllt mit Heiligem Geist + Kantorale Nr. 250
*oder Lied:* 342, 1–3, 6 Komm, Heilger Geist, der Leben schafft
*oder Responsorium:* 646 Der Geist des Herrn erfüllt den Erdkreis

Sequenz siehe Pfingstsonntag – Lesejahr A*

Ruf vor dem Evangelium 176(1) Halleluja + Vers Komm, Heiliger Geist

Credo fakultativ

Fürbittruf 345(2) Veni, Sancte Spiritus

Gabenbereitung 558(1) Danket dem Herrn, denn er ist gütig + 558(4)

Sanctus 191 Heilig, heilig

Agnus Dei 205 Lamm Gottes (ohne das Eingeklammerte)

Kommunion 557(10), 56–60, (11) Sei hier zugegen (Send deinen Geist aus)
*oder* (und) Musik

Dank 312(2) Sende aus deinen Geist + 649(8)

Schluss 351, 1–3 Komm, Schöpfer Geist, kehr bei uns ein

---

**Notizen**

* Bei der Sequenz könnte man auch noch einmal die »verschiedenen Sprachen« aufnehmen, indem man die Verse abwechselnd in lateinischer (Vorsänger) und deutscher Sprache vorträgt, die Nummern 343, 1, 3 , 5, 7, 9 und 344, 2, 4, 6, 8, 10 »verkuppelt«.

## Sonntag nach Pfingsten / Dreifaltigkeitssonntag – Lesejahr B

**Einzug** 393 Nun lobet Gott im hohen Thron*
Nach der 1. Strophe könnte der Eingangsvers eingefügt werden:
*Gepriesen sei der dreieinige Gott: / der Vater und der Sohn und der Heilige Geist; * denn er hat uns sein Erbarmen geschenkt.*
IV. Ton, vgl. 31(2) – von d

**Kyrie** 556(3) Gott Vater im Himmel**

**Gloria** 168(2) Ehre Gott in der Höhe

**Antwortgesang** 56(1) Freut euch: Wir sind Gottes Volk + Kantorale Nr. 302
*oder Lied:* 380, 9 Großer Gott, wir loben dich (Sieh dein Volk in Gnaden an)
*oder Lied:* 409, 1–3 Singt dem Herrn ein neues Lied
*oder Ruf mit Kanon:* 447(1) Öffne meine Augen + 447(2) Die Gott suchen

**Ruf vor dem Evangelium** 174(5) Halleluja + Vers Kantorale Nr. 302 Ehre sei dem Vater

**Credo** 179 Ich glaube an Gott

**Fürbittruf** 556(3)***

**Gabenbereitung** 35(1) Ein Tag sagt es jubelnd dem andern + 35(2), 1–4.7– 9.13.19

**Sanctus** 132 Heilig, heilig

**Agnus Dei** 133 Lamm Gottes

**Kommunion** 402, 1, 6–10, 12

**Dank** 380, 1–3, 5 Großer Gott, wir loben dich
Nach der 3. Strophe könnte der Kommunionvers eingefügt werden:
*Weil ihr Söhne seid, / sandte Gott den Geist seines Sohnes in eure Herzen, * den Geist, der ruft: Abba, Vater.*
Gal 4, 6 / VI. Ton, vgl. 42(2)

**Notizen**

* Mit diesem Lied könnte man den gesamten Eröffnungsteil gestalten: Nach der
1. Strophe folgt die Eröffnung sowie die Hinführung zum Schuldbekenntnis (A oder B). Nach der Vergebungsbitte singt die Gemeinde die 2. Strophe des Liedes. Nach einer kurzen Überleitung könnte als »Gloria« des 3. Strophe des Liedes gesungen werden. Der Gottesdienst wird mit dem Tagesgebet fortgesetzt.

** Hier wäre auch die Erweiterung zu einer »Litanei« denkbar: 556(1), 2 und 3. Die Anrufungen würde so von deutsch und griechisch »eingerahmt« werden.

*** Nur die Anrufung: »Heilige Dreifaltigkeit, ein Einiger Gott«
Auf die Töne von »erbarme dich unser« ließe sich auch »Wir bitten dich, erhöre uns« singen.

## Donnerstag der zweiten Woche nach Pfingsten / Hochfest des Leibes und Blutes Christi / Fronleichnam – Lesejahr B

**Einzug** 282, 1+2, 4 Beim letzten Abendmahle

**Kyrie** 163*

**Gloria** 169 Gloria, Ehre sei Gott

**Antwortgesang** 60(1) Der Herr hat uns befreit + Kantorale Nr. 305
*oder Lied:* 143, 2 Mein ganzes Herz erhebet dich (Dein Name, Herr, ist unser Hort)**

**Ruf vor dem Evangelium** 174(8) Halleluja + Vers Kantorale Nr. 305
So spricht der Herr: Ich bin das lebendige Brot

**Credo** 177(1) Credo in unum Deum + 177(2) Ich glaube an Gott

**Fürbittruf** 561***

**Gabenbereitung** 185 Du hast, o Herr, dein Leben

**Sanctus** 198 Heilig bist du, unser Gott

**Agnus Dei** 203 O Lamm Gottes unschuldig

**Kommunion** 211, 1, 4–9

**Dank** 209 Du teilst es aus mit deinen Händen
Nach der 2. Strophe könnte der Kommunionvers eingefügt werden:
*So spricht der Herr: Wer mein Fleisch isst und mein Blut trinkt,* *
*der bleibt in mir, und ich bleibe in ihm.* Joh 6, 56 / V. Ton, vgl. 43(2)

**Schluss** 493, 1, 3, 5 Preise, Zunge, das Geheimnis

---

**Notizen**

* 1. Herr Jesus, du bist gegenwärtig in deinem Mahl
2. Herr Christus, du bist wirklich und wirksam in Brot und Wein
3. Herr Jesus, du bist Stärkung auf unserem Lebensweg
[aus 676(1)] Die Antwort der Gemeinde kann auch das Kyrie 153, 155 oder 156 (in F) sein.

** Will man eine »Art« Sequenz, die das Hochfest vorsieht, singen, so sei, da der Stammteil des »Gotteslob« diese nicht vorsieht, verwiesen auf die Nummer 493, 1–3 Preise, Zunge, das Geheimnis. Dann würde das Schlusslied entfallen.

*** Jesus, du Brot, von dem wir leben
Antwort: Kyrie, eleison
*oder:* 556(6) Wir bitten dich, erhöre uns

## Freitag der dritten Woche nach Pfingsten / Heiligstes Herz Jesu – Lesejahr B

**Einzug** 213, 3, 2 O heilge Seelenspeise (»Kommt alle, die auf Erden«)
Zwischen den Strophen könnte der Eröffnungsvers eingefügt werden:
*Der Ratschluss des Herrn bleibt ewig bestehen, / die Pläne seines Herzens überdauern die Zeiten: * Er will uns dem Tod entreissen und in der Hungersnot unser Leben erhalten.*
Ps 33(32), 11.19 / VI. Ton, vgl. 42(2)
*oder:* 292, 3 Fürwahr, er trug (Genesen durch seine Wunden)

**Bußakt / Kyrie** 564 Anrufungen aus der Herz-Jesu-Litanei (nach dem »Modell« von 163)*

**Gloria** 167 Dir Gott im Himmel

**Antwortgesang** 312(6) Freudig lasst uns schöpfen + Kantorale Nr. 308
*oder Lied:* 427, 2 Herr, deine Güt ist unbegrenzt (Bei dir, Herr, ist des Lebens Quell)

**Ruf vor dem Evangelium** 175(5) Halleluja + Vers Kantorale Nr. 308 Gott hat uns geliebt und seinen Sohn gesandt
*oder:* 174(7) Halleluja + Vers Kantorale Nr. 487 So spricht der Herr: Nehmt mein Joch auf euch und lernt von mir
(evtl. eine kleine Terz tiefer)

**Credo** 355 Wir glauben Gott im höchsten Thron

**Fürbittruf** 563**

**Gabenbereitung** 359, 1, 3+4 O selger Urgrund allen Seins

**Sanctus** 193 Heilig, heilig

**Agnus Dei** 205 Lamm Gottes (mit dem Eingeklammerten)

**Kommunion** 639(7) Durch seine Wunden sind wir geheilt + 639(8)
*oder:* 287 Christus war für uns gehorsam bis zum Tod***

**Dank** 368, 1+2, 4+5 O lieber Jesu, denk ich dein
Nach der 4. Strophe könnte der Kommunionvers eingefügt werden:
*Ein Soldat stieß mit der Lanze in seine Seite, * und sogleich floss Blut und Wasser heraus.* Joh 19, 34 / IV. Ton, vgl. 31(2)

**Schluss** 337, 3+4, 7 Freu dich, erlöste Christenheit (Die Wunden rot)
*oder:* 360, 4 Macht weit die Pforten (Wir harren dein, du wirst es tun)

**Notizen**

* 1. Du Herz des Sohnes Gottes
2. Du Herz, geduldig und voll Erbarmen
3. Du Herz voll Güte und Liebe
Die Antwort der Gemeinde kann auch das Kyrie 153, 155 oder 156 (in F) sein.

** aus 563(4), 5 Jesus, gehorsam bis zum Tod, durchbohrt von der Lanze: steh für uns ein.

*** Ein mehrmaliges Singen könnte durch Zwischenspiele unterbrochen werden.

## 2. Sonntag im Jahreskreis – Lesejahr B



**Einzug** 449 Herr, wir hören auf dein Wort
*oder:* 143, 1+2 Mein ganzes Herz erhebet dich
Zwischen den Strophen könnte der Eröffnungsvers gesungen werden:
*Alle Welt bete dich an, o Gott, / und singe dein Lob, * sie lobsinge deinem Namen, du Allerhöchster.* Ps 66(65), 4 / VII. Ton, vgl. 77(2)

**Bußakt / Kyrie** 160 Gott des Vaters ewger Sohn

**Gloria** 170 Allein Gott in der Höh sei Ehr

**Antwortgesang** 53(1) Hört auf die Stimme des Herrn + Kantorale Nr. 434
*oder Lied:* 448, 1+2 Herr, gib uns Mut zum Hören

**Ruf vor dem Evangelium** 174(8) Halleluja + Vers Kantorale Nr. 434
Wir haben den Messias gefunden, den Gesalbten des Herrn

**Credo** 177(1) Credo in unum Deum + 177(2) Ich glaube an Gott

**Fürbittruf** 365 Meine Hoffnung und meine Freude

**Gabenbereitung** 357, 2, 4 Wie schön leuchtet der Morgenstern (Du meine Perl, du werte Kron)

**Sanctus** 132 Heilig, heilig

**Agnus Dei** 202 O du Lamm Gottes, das getragen

**Kommunion** 431 Herr, du bist ein Schild für mich + 41(2), 1.4–8.19–20

**Dank** 358, 1+2, 6 Ich will dich lieben
Nach der 1. Strophe könnte der Kommunionvers eingefügt werden:
*Wir haben die Liebe erkannt / und an die Liebe geglaubt, * die Gott zu uns hat.* 1 Joh 4, 16 / V. Ton, vgl. 43(2)

**Schluss** 450 Gottes Wort ist wie Licht

---

**Notizen**

## 3. Sonntag im Jahreskreis – Lesejahr B

**Einzug** 146, 1, 3+4 Du rufst uns, Herr, an deinen Tisch

**Bußakt / Kyrie** 163(7)*

**Gloria** 166 Ehre sei Gott in der Höhe

**Antwortgesang** 640(1) Herr, unser Gott, bekehre uns + Kantorale Nr. 435
*oder Lied:* 142, 2 Zu dir, o Gott, erheben wir (Herr, zeige uns die Wege dein)
*oder Lied:* 269, 3 Du Sonne der Gerechtigkeit (Es kommt der Tag, dein Tag erscheint)
*oder Lied:* 366, 3 Jesus Christus, guter Hirte (Wort des Vaters, offne Türe)

**Ruf vor dem Evangelium** 175(3) Halleluja + Vers Kantorale Nr. 435 Das Reich Gottes ist nahe

**Credo** 355 Wir glauben Gott im höchsten Thron

**Fürbittruf** 181(1) Lasset zum Herrn uns beten

**Gabenbereitung** 546, 1–4 Christus, du Licht vom wahren Licht

**Sanctus** 199 Heilig ist Gott in Herrlichkeit

**Agnus Dei** 207 Lamm Gottes, du nimmst hinweg

**Kommunion** 623(5) Bekehrt euch und glaubt + 50(2), 1–2. 8.14–18

**Dank** 446, 1–4 Lass uns in deinem Namen, Herr
Nach der 2. Strophe könnte der Kommunionvers eingefügt werden:
*Ich bin das Licht der Welt – so spricht der Herr. / Wer mir nachfolgt, wird nicht in der Finsternis gehen. * Er wird das Licht des Lebens haben.* Joh 8, 12 / IV. Ton, vgl. 31(2) – von d

---

**Notizen**

* 1. Herr Jesus, du rufst die Menschen, dir zu folgen
2. Herr Christus, du sendest sie als deine Boten
3. Herr Jesus, du gibst ihnen Mut, dich zu bekennen
Die Antwort der Gemeinde kann auch das Kyrie 153, 155 oder 156 (in F) sein.

## 4. Sonntag im Jahreskreis – Lesejahr B

**Einzug** 103, 1+2 Dieser Tag ist Christus eigen
Zwischen den Strophen könnte der Eröffnungsvers eingefügt werden:
*Hilf uns, Herr, unser Gott, führe uns aus den Völkern zusammen. / Wir wollen deinen Namen preisen, * uns rühmen, weil wir dich loben dürfen.* Ps 106(105), 47 / VI. Ton, vgl. 42(2)

**Kyrie** 126 Herr, erbarme dich

**Gloria** 383 Ich lobe meinen Gott, der aus der Tiefe mich holt

**Antwortgesang** 53(1) Hört auf die Stimme des Herrn + Kantorale Nr. 436
*oder Lied:* 140, 1, 4, 6 Kommt herbei, singt dem Herrn
*oder Lied:* 366, 3 Jesus Christus, guter Hirte (Wort des Vaters, offne Türe)

**Ruf vor dem Evangelium** 174(7) Halleluja + Vers Kantorale Nr. 436 Das Volk, das im Dunkel lebte

**Credo** 178(1) Amen … wir glauben + 178(2) Ich glaube an Gott

**Fürbittruf** 373 Du bist Licht und du bist Leben

**Gabenbereitung** 485, 1+2, 5 O Jesu Christe, wahres Licht

**Sanctus** 138 Heilig, heilig

**Agnus Dei** 139 Lamm Gottes

**Kommunion** 636(1+2) Das Licht leuchtet in der Finsternis

**Dank** 392, 1, 4+5 Lobe den Herrn, den mächtigen König der Ehren
Nach der 1. Strophe könnte der Kommunionvers eingefügt werden:
*Lass dein Angesicht leuchten über deinem Knecht, / hilf mir in deiner Güte. * Herr, lass mich nicht scheitern, denn ich rufe zu dir.*
Ps 31(30), 17–18 / VI. Ton, vgl. 42(2)

**Schluss** 615, 1, 4 Du Licht des Himmels, großer Gott

---

**Notizen**

## 5. Sonntag im Jahreskreis – Lesejahr B

**Einzug** 49(1) Jubelt Gott zu, der unsre Stärke ist + 53(2), 1–3.6

**Bußakt / Kyrie** 163(3)*

**Gloria** 168(2) Ehre Gott in der Höhe

**Antwortgesang** 229 Herr, erhebe dich + Kantorale Nr. 437
*oder Lied:* 422, 1 Ich steh vor dir mit leeren Händen, Herr

**Ruf vor dem Evangelium** 174(5) Halleluja + Vers Kantorale Nr. 437
Christus hat unsere Leiden auf sich genommen

**Credo** 354 Gott ist dreifaltig einer

**Fürbittruf** 561**

**Gabenbereitung** 470, 2, 4 Wenn das Brot, das wir teilen (Wenn das Leid jedes Armen)

**Sanctus** 127 Heilig, heilig

**Agnus Dei** 136 Lamm Gottes

**Kommunion** 344, 1+2, 4, 6+7, 9+10 Komm herab, o Heilger Geist

**Dank** 416, 1, 3 Was Gott tut, das ist wohlgetan
Zwischen den Strophen könnte der Kommunionvers eingefügt werden:
*Wir wollen dem Herrn danken für seine Huld, / für sein wunderbares Tun an den Menschen, * weil er die hungernde Seele mit seinen Gaben erfüllt hat.* Ps 107(106), 8–9 / VI. Ton, vgl. 45(2)

**Schluss** 453, 1+2 Bewahre uns Gott
*oder:* 360, 2 Macht weit die Pforten (Es jauchzt um ihn die frohe Schar)

---

**Notizen**

* 1. Herr Jesus, Sohn des ewigen Vaters
5. Herr Christus, du Heiland der Armen und Kranken
6. Herr Jesus, du Retter aus Tod und Sünde
Die Antwort der Gemeinde kann auch das Kyrie 153, 155 oder 156 (in F) sein.
** Jesus, du unser Heiland
Antwort: Kyrie, eleison
*oder:* 556(6) Wir bitten dich, erhöre uns

## 6. Sonntag im Jahreskreis – Lesejahr B

**Einzug** 268, 1, 3+4 Erbarme dich, erbarm dich mein

Nach der 3. Strophe könnte der Eröffnungsvers eingefügt werden:

*Sei mir ein schützender Fels, eine feste Burg, die mich rettet. / Denn du bist mein Fels und meine Burg; * um deines Namens willen wirst du mich führen und leiten.* Ps 31(30), 3–4 / IV. Ton, vgl. 31(2)

**Kyrie** 556(1) Herr, erbarme dich

**Gloria** 173(1) Gloria + 173(2) Ehre sei Gott

**Antwortgesang** 307(5) Meine Hilfe und mein Retter + Kantorale Nr. 438

*oder Lied:* 267, 1 O Mensch, bewein dein Sünde groß

*oder Lied:* 292, 3 Fürwahr, er trug unsre Krankheit (Genesen durch seine Wunden)

*oder Gesang:* 657(6) Misericordias Domini

**Ruf vor dem Evangelium** 175(5) Halleluja + Vers Kantorale Nr. 438 Ein großer Prophet trat unter uns auf

**Credo** 180(1) Credo in unum Deum + 180(2) Wir glauben an den einen Gott

**Fürbittruf** 561*

**Gabenbereitung** 471, 1, 4+5 O ewger Gott, wir bitten dich

**Sanctus** 196 Heilig, heilig

**Agnus Dei** 203 O Lamm Gottes unschuldig

**Kommunion** 38(1) Der Herr ist mein Licht und mein Heil + 639(2), 11–13.16

**Dank** 409, 1, 3+4 Singt dem Herrn ein neues Lied

Nach der 3. Strophe könnte der Kommunionvers eingefügt werden:

*Alle aßen und wurden satt; / er gab ihnen, was sie begehrten. * Ihr Verlangen wurde erfüllt.* Ps 78(77), 29–30 / I. Ton, vgl. 50(2)

*oder:* 551, 2 Nun singt ein neues Lied dem Herren (Nicht sterben werd ich, sondern leben)

**Schluss** 551, 2 Nun singt ein neues Lied dem Herren (Nicht sterben werd ich, sondern leben)

Wenn die Strophe nicht schon zum Dank gesungen wurde.

**Notizen**

* Jesus, du Freund der Sünder
Antwort: Kyrie, eleison
*oder:* 556(6) Wir bitten dich, erhöre uns

## 7. Sonntag im Jahreskreis – Lesejahr B

**Einzug** Musik
*oder:* 145, 1, 3 Wohin soll ich mich wenden
Zwischen den Strophen könnte der Eröffnungsvers eingefügt werden:
*Herr, ich baue auf deine Huld, / mein Herz soll über deine Hilfe frohlocken. * Singen will ich dem Herrn, weil er mir Gutes getan hat.*
Ps 13(12), 6 / VI. Ton, vgl. 42(2) – von d

**Bußakt / Kyrie** 162 Mit lauter Stimme ruf ich zum Herrn

**Gloria** 172 Gott in der Höh

**Antwortgesang** 517 Der Herr vergibt die Schuld + Kantorale Nr. 439
*oder Lied:* 268, 5+6 Erbarme dich, erbarm dich mein (Ja, öffne mir den stummen Mund)
*oder Lied:* 269, 3 Du Sonne der Gerechtigkeit (Es kommt der Tag, dein Tag erscheint)

**Ruf vor dem Evangelium** 176(1) Halleluja + Vers Der Herr hat mich gesandt, den Armen die Frohe Botschaft zu bringen

**Credo** 179 Ich glaube an Gott

**Fürbittruf** 181(2) Christus, erhöre uns

**Gabenbereitung** 187 Wir weihn der Erde Gaben

**Sanctus** 197 Heilig, heilig

**Agnus Dei** 205 Lamm Gottes (ohne das Eingeklammerte)

**Kommunion** 447(2) Die Gott suchen*

**Dank** 380, 6–8 Großer Gott, wir loben dich (Du, des Vaters ewger Sohn)
Nach der 6. Strophe könnte der Kommunionvers eingefügt werden:
*Ja, Herr, ich glaube, / dass du der Messias bist, * der in diese Welt kommen soll.* Joh 11, 27 / VI. Ton, vgl. 42(2)

**Schluss** 382, 1, 5 Ein Danklied sei dem Herrn

---

**Notizen**

* Ein mehrmaliges Singen könnte durch Zwischenspiele unterbrochen werden.

## 8. Sonntag im Jahreskreis – Lesejahr B

**Einzug** 629(1) Du führst mich hinaus ins Weite + 629(2), 1–2.4–6.14

**Kyrie** 157 Herr, erbarme dich

**Gloria** 169 Gloria, Ehre sei Gott

**Antwortgesang** 657(3) Dein Erbarmen, o Herr + Kantorale Nr. 440
*oder Wechselgesang:* 402, 1, 6–8, 12 Danket Gott, denn er ist gut
*oder Lied:* 409, 2 Singt dem Herrn ein neues Lied (Täglich neu ist seine Gnad)
*oder Lied:* 435, 2 Herr, ich bin dein Eigentum (Deine Treue wanket nicht)

**Ruf vor dem Evangelium** 322 Halleluja + Vers Kantorale Nr. 440
Durch das Wort der Wahrheit hat uns der Vater das Leben geschenkt

**Credo** 177(1) Credo in unum Deum + 177(2) Ich glaube an Gott

**Fürbittruf** 92 Herr bleibe bei uns, Halleluja

**Gabenbereitung** 143, 1, 3 Mein ganzes Herz erhebet dich

**Sanctus** 200 Heilig, heilig

**Agnus Dei** 206 Lamm Gottes, Lamm Gottes

**Kommunion** 401 Lobet den Herrn, preist + 76(2), 1–2.4.7.9.14

**Dank** 384, 1, 3 Hoch sei gepriesen unser Gott
Zwischen den Strophen könnte der Kommunionvers eingefügt werden:
*Singen will ich dem Herrn, / weil er mir Gutes getan hat, * den Namen des Höchsten will ich preisen.* Ps 13(12), 6 / V. Ton, vgl. 43(2)

**Schluss** 411, 1, 3+4 Erde, singe, dass es klinge

---

**Notizen**

## 9. Sonntag im Jahreskreis – Lesejahr B

**Einzug** 103, 1–3 Dieser Tag ist Christus eigen

**Bußakt / Kyrie** 164 Der in seinem Wort uns hält

**Gloria** 166 Ehre sei Gott in der Höhe

**Antwortgesang** 616(5) Alles, was Odem hat + Kantorale 441
*oder Lied:* 449 Herr, wir hören auf dein Wort

**Ruf vor dem Evangelium** 175(1) Halleluja + Vers Kantorale 441
Dein Wort, o Herr, ist Wahrheit

**Credo** 355 Wir glauben Gott im höchsten Thron

**Fürbittruf** 632(1) Erhöre uns, Herr

**Gabenbereitung** 148, 2+3 Komm her, freu dich mit uns (Komm her, öffne dem Herrn dein Herz)

**Sanctus** 190 Heilig, heilig

**Agnus Dei** 204 Christe, du Lamm Gottes

**Kommunion** 66(1) Das ist der Tag, den der Herr gemacht + 66(2), 14–15.19–24

**Dank** 455, 1+2, 4 Alles meinem Gott zu Ehren
Nach der 2. Strophe könnte der Kommunionvers eingefügt werden:
*So spricht der Herr: Amen, ich sage euch: / Betet und bittet, um was ihr wollt; * glaubt nur, dass ihr es schon erhalten habt, dann wird es euch zuteil.* Mk 11, 23.24 / VIII. Ton, vgl. 52(2)

**Schluss** 385, 3 Nun saget Dank (Hoch tut euch auf, ihr heilgen Tore)

---

**Notizen**

## 10. Sonntag im Jahreskreis – Lesejahr B

**Einzug** 38(1) Der Herr ist mein Licht und mein Heil + 38(2), 1–2.5.4.7–9
*oder Lied:* 455, 1+2 Alles meinem Gott zu Ehren
Zwischen den Strophen könnte der Eröffnungsvers eingefügt werden:
*Der Herr ist mein Licht und mein Heil; * vor wem sollte ich mich fürchten? Der Herr ist die Kraft meines Lebens; / vor wem sollte mir bangen? * Meine Bedränger und Feinde, sie müssen straucheln und fallen.* Ps 27(26), 1–2 / VIII. Ton, vgl. 52(2)

**Kyrie** 108 Kyrie, eleison

**Gloria** 109 Gloria in excelsis Deo

**Antwortgesang** 639(3) Beim Herrn ist Barmherzigkeit + Kantorale Nr. 442
*oder Lied:* 277, 1, 4 Aus tiefer Not schrei ich zu dir

**Ruf vor dem Evangelium** 174(7) Halleluja + Vers Kantorale Nr. 442
So spricht der Herr: Jetzt wird der Herrscher dieser Welt hinausgeworfen

**Credo** 122 Credo in unum Deum

**Fürbittruf** 561*

**Gabenbereitung** 81, 1, 6 Lobet den Herren alle, die ihn ehren

**Sanctus** 110 Sanctus, Sanctus

**Agnus Dei** 111 Agnus Dei

**Kommunion** Musik

**Dank** 456, 1+2, 4 Herr, du bist mein Leben
Nach der 1. Strophe könnte der Kommunionvers eingefügt werden:
*Herr, du bist mein Fels, meine Burg, mein Retter, * mein Gott, meine Zuflucht.* Ps 18(17), 3 / IV. Ton, vgl. 31(2)

**Entlassungsruf** 112 Ite, missa est

**Schluss** 346 Atme in uns, Heiliger Geist**

---

**Notizen**

* Jesus, du Bruder aller Menschen
Antwort: Kyrie, eleison
*oder:* 556(6) Wir bitten dich, erhöre uns
** evtl. nur die Strophen

## 11. Sonntag im Jahreskreis – Lesejahr B

**Einzug** 149 Liebster Jesu, wir sind hier

**Bußakt / Kyrie** 669*

**Gloria** 171 Preis und Ehre

**Antwortgesang** 51(1) Wie große sind deine Werke + Kantorale Nr. 443
*oder Lied:* 411, 4 Erde singe, dass es klinge (Jauchzt und singet, dass es klinget)
*oder Kanon:* 412 Die Herrlichkeit des Herrn bleibe ewiglich

**Ruf vor dem Evangelium** 174(3) Halleluja + Vers Kantorale Nr. 443
Der Samen ist das Wort Gottes

**Credo** 178(1) Amen … wir glauben + 178(2) Ich glaube an Gott

**Fürbittruf** 181(3) Erhöre uns, Christus

**Gabenbereitung** 469, 1–3 Der Erde Schöpfer und ihr Herr

**Sanctus** 135 Heilig, heilig

**Agnus Dei** 207 Lamm Gottes

**Kommunion** 58(1) Lobe den Herrn, meine Seele + 58(2), 1–2.14–18a.22b

**Dank** 468 Gott gab uns Atem

**Schluss** 452, 2 Der Herr wird dich (Gott segne dich mit seinem reichen Segen)

---

**Notizen**

* nach dem Melodiemodell von 163
1. Herr Jesus, du bist das lebendige Wort Gottes
2. Herr Christus, dein Wort ist das Licht auf unseren Wegen
3. Herr Jesus, du hast Worte ewigen Lebens

Die Antwort der Gemeinde kann auch das Kyrie 153, 155 oder 156 (in F) sein.

## 12. Sonntag im Jahreskreis – Lesejahr B

**Einzug** 417, 1–3 Stimme, die Stein zerbricht

**Bußakt / Kyrie** 437, 1–3 Meine engen Grenzen

**Gloria** 383 Ich lobe meinen Gott, der aus der Tiefe mich holt

**Antwortgesang** 444 Danket dem Herrn, denn ewig währt seine Liebe + Kantorale Nr. 444
*oder Lied:* 403, 1–3 Nun danket all und bringet Ehr
*oder Lied:* 405, 1 Nun danket alle Gott

**Ruf vor dem Evangelium** 174(8) Halleluja + Vers Kantorale Nr. 444
Ein großer Prophet trat unter uns auf

**Credo** 180, 1 Credo in unum Deum + 180(2) Wir glauben an den einen Gott

**Fürbittruf** 365 Meine Hoffnung und meine Stärke

**Gabenbereitung** 424, 1+2, 5 Wer nur den lieben Gott lässt walten

**Sanctus** 194 Heilig, heilig

**Agnus Dei** 208 Christe, du Lamm Gottes

**Kommunion** 49(1) Jubelt Gott zu, der unsre Stärke ist
*oder:* 67(1) Der Herr behütet dich vor allem Bösen
*oder:* 72(1) Wie ein gestilltes Kind bei seiner Mutter
jeweils + 45(2), 1.4.6–10 (1 Ton tiefer)
*oder Kanon:* Aller Augen warten auf dich, o Herr*

**Dank** 381, 1+2, 5 Dein Lob, Herr, ruft der Himmel aus
Nach der 2. Strophe könnte der Kommunionvers eingefügt werden:
*Aller Augen warten auf dich, o Herr, * und du gibst ihnen Speise zur rechten Zeit.* Ps 145(144), 15 / VIII. Ton, vgl. 52(2) – von f

**Schluss** 360, 4 Macht weit die Pforten (Wir harren dein, du wirst es tun)

---

**Notizen**

* Ein mehrmaliges Singen könnte durch Zwischenspiele unterbrochen werden.

## 13. Sonntag im Jahreskreis – Lesejahr B

**Einzug** 44(1) Singt unserm Gott, ja singt ihm + 41(2), 1–2.6–7
*oder:* 392 Lobe den Herren, den mächtigen König der Ehren + 53(2)*
*oder:* 411, 1+2 Erde singe
Zwischen den Strophen könnte der Eröffnungsvers eingefügt werden:
*Ihr Völker alle, klatscht in die Hände, * jauchzt Gott zu mit lautem Jubel.* Ps 47 (46), 2 / VI. Ton, vgl. 37(2)

**Bußakt / Kyrie** 163(4)**

**Gloria** 166 Ehre sei Gott in der Höhe

**Antwortgesang** 312(5) Aus der Tiefe zogst du mich empor + Kantorale Nr. 445
*oder Lied:* 326, 3 Wir wollen alle fröhlich sein (Er hat zerstört der Höllen Pfort)
*oder Gesang:* 323 Du hast mein Klagen in Tanzen verwandelt
*oder Lied:* 380, 10 Großer Gott, wir loben dich (Alle Tage wollen wir)

**Ruf vor dem Evangelium** 175(3) Halleluja + Vers Kantorale Nr. 445 Unser Retter Jesus Christus hat dem Tod die Macht genommen

**Credo** 354 Gott ist dreifaltig einer

**Fürbittruf** 586(5) Christus, höre uns

**Gabenbereitung** 472 Manchmal feiern wir mitten am Tag

**Sanctus** 195 Heilig, heilig

**Agnus Dei** 202 O du Lamm Gottes, das getragen

**Kommunion** 498 Das Heil der Welt, Herr Jesu Christ

**Dank** 425, 1+2, 4+5 Solang es Menschen gibt auf Erden
Nach der 2. Strophe könnte der Kommunionvers eingefügt werden:
*Lobe den Herrn, meine Seele! * Alles in mir lobe seinen heiligen Namen.* Ps 103(102), 1 / V. Ton, vgl. 39(2) – von es

**Schluss** 392, 1–3 Lobe den Herren, den mächtigen König der Ehren
Wenn es nicht zum Einzug ausgewählt wurde
*oder:* 403, 1–3 Nun danket all und bringet Ehr

**Notizen**

*

392, 1 Lobe den Herren, den mächtigen König der Ehren
53(2), 1–2 Kommt, lasst uns jubeln
392, 2 Lobe den Herren, der alles so herrlich regieret
53(2), 3.6 Denn der Herr ist ein großer Gott
392, 3 Lobe den Herren, der künstlich und fein dich bereitet
** 2. Herr Jesus, du sagst uns die <u>fro</u>he Botschaft
5. Herr Christus, du schenkst uns <u>neu</u>es Leben
6. Herr Jesus, du lässt uns <u>mit</u> dir auferstehn
Die Antwort der Gemeinde kann auch das Kyrie 153, 155 oder 156 (in F) sein.

## 14. Sonntag im Jahreskreis – Lesejahr B

**Einzug** 400, 1+2 Ich lobe meinen Gott von ganzem Herzen

Zwischen den Strophen könnte der Eröffnungsvers eingefügt werden:
*Deiner Huld, o Herr, gedenken wir in deinem heiligen Tempel. / Wie dein Name, o Gott, so reicht dein Ruhm bis an die Enden der Erde; * deine rechte Hand ist voll von Gerechtigkeit.*

Ps 48(47), 10–11 / I. Ton, vgl. 59(2) – von d

**Bußakt / Kyrie** nach 561*

**Gloria** 173(1) Gloria + 173(2) Ehre sei Gott

**Antwortgesang** 76(1) Der Herr ist nahe allen + Kantorale Nr. 446
*oder Lied:* 347, 2 Der Geist des Herrn erfüllt das All
(Der Geist des Herrn erweckt den Geist)

**Ruf vor dem Evangelium** 174(3) Halleluja + Vers Kantorale Nr. 446
Der Geist des Herrn ruht auf mir

**Credo** 177(1) Credo in unum Deum + 177(2) Ich glaube an Gott

**Fürbittruf** 566(2) Christus, höre uns

**Gabenbereitung** 185 Du hast, o Herr, dein Leben

**Sanctus** 198 Heilig bist du, großer Gott

**Agnus Dei** 204 Christe, du Lamm Gottes

**Kommunion** 79(1) Der Name des Herrn ist erhaben + 79(2), 1–5.7a.12–14

**Dank** 347, 1+2 Der Geist des Herrn erfüllt das All

Wenn es nicht zum Antwortgesang ausgewählt wurde

*oder:* 378 Brot, das die Hoffnung nährt

Nach der 2. Strophe könnte der Kommunionvers eingefügt werden:
*Kommt alle zu mir, die ihr euch plagt und unter Lasten stöhnt! / Ich will euch Ruhe verschaffen * – so spricht der Herr.*

Mt 11, 28 / I. Ton, vgl. 51(2)

*oder:* 409, 1, 3 Singt dem Herrn ein neues Lied

Zwischen den Strophen könnte der Kommunionvers eingefügt werden:
*Kommt alle zu mir, die ihr euch plagt und unter Lasten stöhnt! / Ich will euch Ruhe verschaffen * – so spricht der Herr.*

Mt 11, 28 / I. Ton, vgl. 51(2)

**Notizen**

* 1. Herr Jesus, du unser Heiland
2. Herr Christus, du unsere Hoffnung
3. Herr Jesus, du unser Erlöser
Die Antwort der Gemeinde kann auch das Kyrie 153, 155 oder 156 (in F) sein.

## 15. Sonntag im Jahreskreis – Lesejahr B

**Einzug** 454 Geht in alle Welt, Halleluja (in F) + 76(2), 4–7.11–12.10.22
*oder:* 275, 1+2 Selig, wem Christus auf dem Weg begegnet
Zwischen den Strophen könnte der Eröffnungsvers eingefügt werden:
*Ich will in Gerechtigkeit dein Angesicht schauen, / mich satt sehen an deiner Gestalt, * wenn ich einst erwache.*
Ps 17(16), 15 / V. Ton, vgl. 43(2)

**Kyrie** 155 Kyrie, eleion

**Gloria** 408 Lobet und preiset + 168(2) (nur die Verse)

**Antwortgesang** 624(2) Dem Herrn will ich singen + Kantorale Nr. 447
*oder Lied:* 446, 1, 4 Lass uns in deinem Namen, Herr
*oder Lied:* 491, 3 Ich bin getauft und Gott geweiht (Christus, der Herr, hat mich erwählt)

**Ruf vor dem Evangelium** 175(3) Halleluja + Vers Kantorale Nr. 447
Der Vater unseres Herrn Jesus Christus erleuchte die Augen unseres Herzens

**Credo** 179 Ich glaube an Gott

**Fürbittruf** 181(1) Lasset zum Herrn uns beten

**Gabenbereitung** 546 Christus, du Licht vom wahren Licht

**Sanctus** 132 Heilig, heilig

**Agnus Dei** 133 Lamm Gottes

**Kommunion** 56(1) Freut euch: Wir sind sind Gottes Volk + 649(8)

**Dank** 489 Lasst uns loben, freudig loben
Nach der 1. Strophe könnte der Kommunionvers eingefügt werden:
*Der Sperling findet ein Haus und die Schwalbe ein Nest für ihre Jungen / – deine Altäre, Herr der Heerscharen, mein Gott und mein König! Selig, die wohnen in deinem Haus, die dich allezeit loben.*
Ps 84(83), 4.5 / VI. Ton, vgl. 42(2)

**Schluss** 430, 7 Von guten Mächten treu und still umgeben (Von guten Mächten wunderbar geborgen)

---

**Notizen**

## 16. Sonntag im Jahreskreis – Lesejahr B

**Einzug** 144, 1–3 Nun jauchzt dem Herren, alle Welt

Nach der 2. Strophe könnte der Eröffnungsvers eingefügt werden:

*Gott ist mein Helfer, der Herr beschützt mein Leben, / freudig bringe ich dir mein Opfer dar * und lobe deinen Namen, Herr, denn du bist gütig.* Ps 54(53), 6.8 / VI. Ton, vgl. 42(2) – von c

*oder:* 145, 1, 3+4 Wohin soll ich mich wenden

Nach der 3. Strophe könnte der Eröffnungsvers eingefügt werden:

*Gott ist mein Helfer, der Herr beschützt mein Leben, / freudig bringe ich dir mein Opfer dar * und lobe deinen Namen, Herr, denn du bist gütig.* Ps 54(53), 6.8 / V. Ton, vgl. 47(2)

**Kyrie** 130 Herr, erbarme dich

**Gloria** 131 Ehre sei Gott in der Höhe

**Antwortgesang** 37(1) Der Herr ist mein Hirt + Kantorale Nr. 448

*oder Lied:* 384, 3 Hoch sei gepriesen unser Gott (Hoch sei gepriesen unser Hirt)

**Ruf vor dem Evangelium** 174(7) Halleluja + Vers Kantorale Nr. 448

So spricht der Herr: Meine Schafe hören auf meine Stimme

**Credo** 355 Wir glauben Gott im höchsten Thron

**Fürbittruf** 561*

**Gabenbereitung** 399 Gott loben in der Stille

**Sanctus** 199 Heilig ist Gott in Herrlichkeit

**Agnus Dei** 207 Lamm Gottes

**Kommunion** Musik

**Dank** 421, 1+2, 4 Mein Hirt ist Gott der Herr + 67(2)**

**Schluss** 384, 3 Hoch sei gepriesen unser Gott (Hoch sei gepriesen unser Hirt)

Wenn es nicht zum Antwortgesang ausgewählt wurde

### Notizen

* Jesus, du guter Hirte
Antwort: Kyrie, eleison
*oder:* 556(6) Wir bitten dich, erhöre uns
** 421, 1 Mein Hirt ist Gott der Herr, er will mich immer weiden
67(2), 1–4
421, 2 Er wird die Seele mein mit seiner Kraft erquicken
67(2), 5–8
421, 4 Du hast mein Haupt getränkt, gesalbt mit Freudenöl

## 17. Sonntag im Jahreskreis – Lesejahr B

**Einzug** 148 Komm her, freu dich mit uns, tritt ein

Nach der 1. Strophe könnte der Eröffnungsvers eingefügt werden:

*Gott ist hier, an heiliger Stätte. / Gott versammelt sein Volk in seinem Haus, er schenkt ihm Stärke und Kraft.*

Ps 68(67), 6–7.36 / VI. Ton, vgl. 42(2)

**Bußakt / Kyrie** 163(1) Herr Jesus, Sohn des lebendigen Gottes*

**Gloria** 167 Dir Gott im Himmel

**Antwortgesang** 657(3) Dein Erbarmen, o Herr + Kantorale Nr. 449

*oder Kehrvers:* 87 Aller Augen warten auf dich

*oder Lied:* 393, 1+2 Nun lobet Gott im hohen Thron

*oder Lied:* 389, 2 Dass du mich einstimmen lässt in deinen Jubel, o Herr (Und du reichst mir das Brot)

**Ruf vor dem Evangelium** 322 Halleluja + Vers Kantorale Nr. 449

Ein großer Prophet trat unter uns auf

**Credo** 178(1) Amen … wir glauben + 178(2) Ich glaube an Gott

**Fürbittruf** 182(2) Du sei bei uns … höre du uns, Gott

**Gabenbereitung** 186 Was uns die Erde Gutes spendet

**Sanctus** 193 Heilig, heilig

**Agnus Dei** 136 Lamm Gottes

**Kommunion** 57(1) Meine Seele, preise den Herrn + 57(2), 1–2.6–7.17–18

**Dank** 470 Wenn das Brot, das wir teilen

Nach der 2. bzw. 4. Strophe kann der Kommunionvers eingefügt werden, nach der 2. Strophe:

*Selig, die barmherzig sind;* * denn sie werden Erbarmen finden.

nach der 4. Strophe:

*Selig, die ein reines Herz haben; * denn sie werden Gott schauen.*

Mt 5, 7–8 / V. Ton, vgl. 43(2)

**Notizen**

* Die Antwort der Gemeinde kann auch das Kyrie 153, 155 oder 156 (in F) sein.

## 18. Sonntag im Jahreskreis – Lesejahr B

**Einzug** 215, 1+2 Gott sei gelobet und gebenedeiet

**Kyrie** im Einzugslied

**Gloria** 166 Ehre sei Gott in der Höhe

**Antwortgesang** 214 Dies Brot ist mein Leib + Kantorale Nr. 450
*oder Lied:* 357, 2 Wie schön leuchtet der Morgenstern (Du meine Perl, du werte Kron)
*oder Lied:* 377, 1 O Jesu, all mein Leben bist du

**Ruf vor dem Evangelium** 174(8) Halleluja + Vers Kantorale Nr. 450
Nicht nur von Brot lebt der Mensch

**Credo** 180(1) Credo in unum Deum + 180(2) Wir glauben an den einen Gott

**Fürbittruf** 181(2) Christus, höre uns

**Gabenbereitung** 184, 2+3 Herr, wir bringen in Brot und Wein unsere Welt zu dir (Unsere Hände und Becher sind leer)

**Sanctus** 138 Heilig, heilig

**Agnus Dei** 139 Lamm Gottes

**Kommunion** 39(1) Kostet, kostet und seht + 78(2), 1.5.7.12–14

**Dank** 213, 1–4 O heilge Seelenspeise
Nach der 2. Strophe könnte der Kommunionvers eingefügt werden:
*So spricht der Herr: Ich bin das Brot des Lebens, / wer zu mir kommt, wird nicht mehr hungern, * und wer an mich glaubt, wird nicht mehr Durst haben.* Joh 6, 35 / VI. Ton, vgl. 42(2)

**Schluss** 215, 3 Gott sei gelobet (Gott geb uns allen seiner Gnade Segen)

---

**Notizen**

## 19. Sonntag im Jahreskreis – Lesejahr B

**Einzug** 378 Brot, das die Hoffnung nährt
*oder:* 143, 1–3 Mein ganzes Herz erhebet dich
Nach der 2. Strophe könnte der Eröffnungsvers eingefügt werden:
*Blick hin, o Herr, auf deinen Bund und vergiss das Leben der Armen nicht für immer. / Erhebe dich, Gott, und führe deine Sache. * Vergiss nicht das Rufen derer, die dich suchen.*
Ps 74(73), 20.19.22.23 / V. Ton, vgl. 43(2)

**Bußakt / Kyrie** 582(6) Herr Jesus Christus

**Gloria** 168(1) Gloria, gloria

**Antwortgesang** 651(3) Ich suchte den Herrn + Kantorale Nr. 451
*oder Lied:* 392, 4 Lobe den Herren (Lobe den Herren, der sichtbar dein Leben gesegnet)

**Ruf vor dem Evangelium** 174(3) Halleluja + Vers Kantorale Nr. 451
Ich bin das lebendige Brot

**Credo** 354 Gott ist dreifaltig einer

**Fürbittruf** 561*

**Gabenbereitung** 377 O Jesu, all mein Leben bist du
*oder:* 189 Siehe, wir kommen (als Kehrvers) + 87 Aller Augen warten auf dich

**Sanctus** 192 Heilig, heilig

**Agnus Dei** 203 O Lamm Gottes unschuldig

**Kommunion** 498 Das Heil der Welt, Herr Jesu Christ

**Dank** 497, 1, 5–7 Gottheit tief verborgen
Nach der 5. Strophe könnte der Kommunionvers eingefügt werden:
*So spricht der Herr: Das Brot, das ich geben werde, / ist mein Fleisch; * ich gebe es hin für das Leben der Welt.*
Joh 6, 51 / V. Ton, vgl. 43(2)

**Schluss** 457, 3 Suchen und fragen (Planen und bauen)

---

**Notizen**

* Jesus, du Brot, von dem wir leben
Antwort: Kyrie, eleison
*oder:* 556(6) Wir bitten dich, erhöre uns

## 20. Sonntag im Jahreskreis – Lesejahr B

**Einzug** 653(3) Selig, die bei dir wohnen, Herr + 653(4), 1–2.9–10.12–13
*oder:* 478, 1, 4 Ein Haus voll Glorie schauet
Zwischen den Strophen könnte der Eröffnungsvers eingefügt werden:
*Gott, du unser Beschützer, schau auf das Angesicht deines Gesalbten. / Denn ein einziger Tag in den Vorhöfen deines Heiligtums * ist besser als tausend andere.* Ps 84(83), 10–11 / VIII. Ton, vgl. 52(2) – von d

**Kyrie** 157 Herr, erbarme dich

**Gloria** 169 Gloria, Ehre sei Gott

**Antwortgesang** 53(1) Hört auf die Stimme des Herrn + Kantorale Nr. 452
*oder Lied:* 146, 2 Du rufst uns, Herr, an deinen Tisch (Wir kommen, Herr, zu deinem Mahl)
*oder Lied:* 213, 3 O heilge Seelenspeise (»Kommt alle, die auf Erden«)

**Ruf vor dem Evangelium** 174(7) Halleluja + Vers Kantorale Nr. 452 Wer mein Fleisch isst und mein Blut trinkt

**Credo** 177(1) Credo in unum Deum + 177(2) Ich glaube an Gott

**Fürbittruf** 181(3) Erhöre uns, Christus

**Gabenbereitung** 282 Beim letzten Abendmahle

**Sanctus** 127 Heilig, heilig

**Agnus Dei** 205 Lamm Gottes (mit dem Eingeklammerten)

**Kommunion** 211, 1+2, 4, 6, 8+9 Wir rühmen dich, König der Herrlichkeit

**Dank** 209 Du teilst es aus mit deinen Händen
Nach der 2. Strophe könnte der Kommunionvers eingefügt werden:
*So spricht der Herr: / Ich bin das lebendige Brot, das vom Himmel herabgekommen ist. * Wer von diesem Brot isst, wird leben in Ewigkeit.* Joh 6, 51 / I. Ton, vgl. 59(2) – von c

---

**Notizen**

## 21. Sonntag im Jahreskreis – Lesejahr B

**Einzug** 146, 1+2, 4 Du rufst uns, Herr, an deinen Tisch
Nach der 2. Strophe könnte der Eröffnungsvers eingefügt werden:
*Wende dein Ohr mir zu, / erhöre mich, Herr, * hilf deinem Knecht, der dir vertraut, / sei mir gnädig, o Herr. * Den ganzen Tag rufe ich zu dir.* Ps 86(85), 1–3 / IV. Ton, vgl. 31(2)

**Bußakt / Kyrie** 669*

**Gloria** 168(2) Ehre Gott in der Höhe

**Antwortgesang** 49(1) Jubelt Gott zu, der unsre Stärke ist + Kantorale Nr. 453
*oder Lied:* 381, 4 Dein Lob, Herr, ruft der Himmel aus (Behüt mich vor der stolzen Welt)
*oder Lied:* 382, 1+2 Ein Danklied sei dem Herrn

**Ruf vor dem Evangelium** 584(8) Halleluja + Vers Kantorale Nr. 453 Deine Worte, Herr, sind Geist und Leben

**Credo** 179 Ich glaube an Gott

**Fürbittruf** 92 Herr, bleibe bei uns. Halleluja

**Gabenbereitung** 188, 1, 3+4 Nimm, o Gott, die Gaben, die wir bringen

**Sanctus** 196 Heilig, heilig

**Agnus Dei** 206 Lamm Gottes, Lamm Gottes

**Kommunion** 450 Gottes Wort ist wie Licht in der Nacht**

**Dank** 456, 1+2, 4 Herr, du bist mein Leben
Nach der 2. Strophe könnte der Kommunionvers eingefügt werden:
*So spricht der Herr: Wer mein Fleisch isst und mein Blut trinkt, / hat das ewige Leben, * und ich werde ihn auferwecken am Letzten Tag.*
Joh 6, 54 / IV. Ton, vgl. 31(2)

**Schluss** 436, 2, 4+5 Ach bleib mit deiner Gnade (Ach bleib mit deinem Worte)

**Notizen**

* nach dem Melodiemodell von 163
1. Herr Jesus, du bist das lebendige Wort Gottes
2. Herr Christus, du Licht auf unseren Wegen
3. Herr Jesus, du hast Worte ewigen Lebens
Die Antwort der Gemeinde kann auch das Kyrie 153, 155 oder 156 (in F) sein.
** Ein mehrmaliges Singen könnte durch Zwischenspiele unterbrochen werden oder man singt im Kanon.

## 22. Sonntag im Jahreskreis – Lesejahr B

**Einzug** 140, 1, 4–6 Kommt herbei, singt dem Herrn

**Kyrie** 104 Kyrie, eleison

**Gloria** 105 Gloria in excelsis Deo

**Antwortgesang** 34(1) Herr, wer darf Gast sein + Kantorale Nr. 454
*oder Ruf mit Kanon:* 447(1) Öffne meine Augen + 447(2) Die Gott suchen
*oder Responsorium:* 630(4) Dein Wort ist Licht und Wahrheit

**Ruf vor dem Evangelium** 174(8) Halleluja + Vers Kantorale Nr. 454
Durch das Wort der Wahrheit hat uns der Vater das Leben geschenkt

**Credo** 122 Credo in unum Deum

**Fürbittruf** 586(6) Te rogamus

**Gabenbereitung** 381, 3 Dein Lob, Herr, ruft der Himmel aus (Die Sonne ist des Himmels Ehr)

**Sanctus** 106 Sanctus, Sanctus

**Agnus Dei** 107 Agnus Dei

**Kommunion** 584(4) Herr, du hast Worte ewigen Lebens + 35(2), 8–13

**Dank** 543, 3–5 Wohl denen, die da wandeln (Mein Herz hängt treu und feste)
Nach der 4. Strophe könnte der Kommunionvers eingefügt werden:
*Wie groß ist deine Güte, o Herr, / die du bereithältst für alle, * die dich fürchten und ehren.* Ps 31(30) 20 / VI. Ton, vgl. 42(2)

**Schluss** 399, 4 Gott loben in der Stille

---

**Notizen**

## 23. Sonntag im Jahreskreis – Lesejahr B

**Einzug** 149, 1–3 Liebster Jesu, wir sind hier

Nach der 2. Strophe könnte der Eröffnungsvers eingefügt werden:
*Herr, du bist gerecht / und deine Entscheide sind richtig. * Handle an deinem Knecht nach deiner Huld.*
Ps 119(118), 137.124 / VI. Ton, vgl. 42(2)

**Bußakt / Kyrie** 163(5)*

**Gloria** 170 Allein Gott in der Höh sei Ehr

**Antwortgesang** 401 Lobet den Herrn, preist + Kantorale Nr. 455
*oder Lied:* 221, 4, 3 Kündet allen in der Not (Blinde schaun zum Licht empor)

**Ruf vor dem Evangelium** 175(1) Halleluja + Vers Kantorale Nr. 455 Jesus verkündete das Evangelium vom Reich

**Credo** 180(1) Credo in unum Deum + 180(2) Wir glauben an den einen Gott

**Fürbittruf** 181(1) Lasset zum Herrn uns beten

**Gabenbereitung** 485, 1, 3, 5 O Jesu Christe, wahres Licht

**Sanctus** 200 Heilig, heilig

**Agnus Dei** 202 O du Lamm Gottes, das getragen

**Kommunion** 42(1) Nach Gott, dem Lebendigen + 42(2), 1–3.5–7.15–16

**Dank** 489 Lasst uns loben, freudig loben

Nach der 1. Strophe könnte der Kommunionvers eingefügt werden:
*So spricht der Herr: Ich bin das Licht der Welt. / Wer mir nachfolgt, wird nicht in der Finsternis gehen, * sondern wird das Licht des Lebens haben.* Joh 8, 12 / VI. Ton, vgl. 42(2)

**Schluss** 348, 3 Nun bitten wir den Heiligen Geist (Du stille Macht, du verborgne Kraft)

---

**Notizen**

* 3. Herr Jesus, du rufst alle Menschen zum Leben
4. Herr Christus, du begleitest uns auf unseren Wegen
6. Herr Jesus, du sendest den Geist der Wahrheit
Die Antwort der Gemeinde kann auch das Kyrie 153, 155 oder 156 (in F) sein.

## 24. Sonntag im Jahreskreis – Lesejahr B

**Einzug** 275, 1+2 Selig, wem Christus auf dem Weg begegnet
Zwischen den Strophen könnte der Eröffnungsvers eingefügt werden:
*Herr, gib Frieden denen, die auf dich hoffen, / und erweise deine Propheten als zuverlässig.* Erhöre das Gebet deiner Diener und deines Volkes.* vgl. Sir 36, 18.21–22 / V. Ton, vgl. 43(2)

**Kyrie** 130 Herr, erbarme dich

**Gloria** 131 Ehre sei Gott in der Höhe

**Antwortgesang** 629(3) Ich gehe meinen Weg vor Gott + Kantorale Nr. 456
*oder Lied:* 329, 4 Das ist der Tag, den Gott gemacht (Wir schauen auf zu Jesus Christ)
*oder Lied:* 424, 1, 5 Wer nur den lieben Gott lässt walten

**Ruf vor dem Evangelium** 174(7) Halleluja + Vers Kantorale Nr. 456
Ich will mich allein des Kreuzes unseres Herrn Jesus Christus rühmen

**Credo** 178(1) Amen … wir glauben + 178(2) Ich glaube an Gott

**Fürbittruf** 561*

**Gabenbereitung** 461, 1, 3 »Mir nach«, spricht Christus

**Sanctus** 190 Heilig, heilig

**Agnus Dei** 136 Lamm Gottes

**Kommunion** Musik

**Dank** 362, 1–4 Jesus Christ, you are my Life

---

**Notizen**

* Jesus, du Weg, auf dem wir gehen
Antwort: Kyrie, eleison
*oder:* 556(6) Wir bitten dich, erhöre uns

## 25. Sonntag im Jahreskreis – Lesejahr B

**Einzug** 448, 1+2, 4 Herr, gib uns Mut zum Hören

Nach der 1. Strophe könnte der Eröffnungsvers eingefügt werden:
*Das Heil des Volkes bin ich – so spricht der Herr. / In jeder Not, aus der sie zu mir rufen, will ich sie erhören. * Ich will ihr Herr sein für alle Zeit.* IV. Ton, vgl. 31(2) – von d

**Kyrie** 126 Herr, erbarme dich

**Gloria** 166 Ehre sei Gott in der Höhe

**Antwortgesang** 76(1) Der Herr ist nahe allen + Kantorale Nr. 457
*oder Lied:* 423, 1 Wer unterm Schutz des Höchsten steht
*oder Lied:* 439, 1+2 Erhör, o Gott, mein Flehen

**Ruf vor dem Evangelium** 584(8) Halleluja + Vers Kantorale Nr. 457
Durch das Evangelium hat Gott uns berufen

**Credo** 355 Wir glauben Gott im höchsten Thron

**Fürbittruf** 566(2) Christus, höre uns

**Gabenbereitung** 184, 2+3 Herr, wir bringen in Brot und Wein unsere Welt zu dir (Unsere Hände und Becher sind leer)

**Sanctus** 197 Heilig bist du

**Agnus Dei** 204 Christe, du Lamm Gottes

**Kommunion** 61(1) Selig der Mensch, der gütig + 61(2), 5 – 9

**Dank** 446 Lass uns in deinem Namen, Herr

Nach der 2. Strophe könnte der Kommunionvers eingefügt werden:
*Herr, du hast deine Befehle gegeben, * damit man sie genau beachtet. Wären doch meine Schritte fest darauf gerichtet, * deinen Gesetzen zu folgen.* Ps 119(118), 4–5 / IV. Ton, vgl. 31(2) – von d

**Schluss** 440, 1, 4 Hilf, Herr meines Lebens
*oder:* 93, 5 Der Mond ist aufgegangen (Gott, lass dein Heil uns schauen)

---

**Notizen**

## 26. Sonntag im Jahreskreis – Lesejahr B

**Einzug** 348, 1, 3+4 Nun bitten wir den Heiligen Geist
Nach der 3. Strophe könnte der Eröffnungsvers eingefügt werden:
*Alles, was du getan hast, o Herr, / das hast du nach deiner gerechten Entscheidung getan, * denn wir haben gesündigt, wir haben dein Gesetz übertreten. Verherrliche deinen Namen * und rette uns nach der Fülle deines Erbarmens.* Dan 3, 31.29.30.43.42 / VI. Ton, vgl. 42(2)

**Kyrie** siehe Einzugslied

**Gloria** 169 Gloria, Ehre sei Gott

**Antwortgesang** 584(4) Herr, du hast Worte ewigen Lebens + Kantorale Nr. 458
*oder Lied:* 347, 2, 4 Der Geist des Herrn erfüllt das All (Der Geist des Herrn erweckt den Geist)

**Ruf vor dem Evangelium** 174(3) Halleluja + Vers Kantorale Nr. 458 Dein Wort, o Herr, ist Wahrheit

**Credo** 177(1) Credo in unum Deum + 177(2) Ich glaube an Gott

**Fürbittruf** 182(1) Du sei bei uns … sei du bei uns, Gott

**Gabenbereitung** 387, 1, 3 Gott ist gegenwärtig

**Sanctus** 191 Heilig, heilig

**Agnus Dei** 207 Lamm Gottes

**Kommunion** Musik

**Dank** 375, 1, 3+4 Gelobt seist du, Herr Jesu Christ
Nach der 3. Strophe könnte der Kommunionvers eingefügt werden:
*Herr, denk an das Wort für deinen Knecht, / durch das du mir Hoffnung gabst! * Sie ist mein Trost im Elend.*
Ps 119(118), 49–50 / VI. Ton, vgl. 34(2)

---

**Notizen**

## 27. Sonntag im Jahreskreis – Lesejahr B

**Einzug** 411, 1+2, 4 Erde, singe, dass es klinge

Nach der 2. Strophe könnte der Eröffnungsvers eingefügt werden:
*Deiner Macht ist das All unterworfen, Herr, * und niemand kann sich dir widersetzen; denn du hast Himmel und Erde gemacht / und alles, was wir unter dem Himmel bestaunen. * Du bist der Herr über alles.*

Est 13, 9.10–11(Vulgata) / VI. Ton, vgl. 42(2)

**Bußakt / Kyrie** 163(6)*

**Gloria** 173(1) Gloria + 173(2) Ehre sei Gott

**Antwortgesang** 69(1) Der Herr hat Großes an uns getan + Kantorale Nr. 459
*oder Lied:* 463, 1, 5, 6 Wenn ich, o Schöpfer, deine Macht

**Ruf vor dem Evangelium** 174(5) Halleluja + Vers Kantorale Nr. 459
Wenn wir einander lieben, bleibt Gott in uns

**Credo** 179 Ich glaube an Gott

**Fürbittruf** 585(5) Christus, höre uns

**Gabenbereitung** 459 Selig seid ihr, wenn ihr Wunden heilt

**Sanctus** 194 Heilig, heilig

**Agnus Dei** 208 Christe, du Lamm Gottes

**Kommunion** 305(4) Dies ist mein Gebot + 76(2), 8–10.14–15.18

**Dank** 457 Suchen und fragen

Nach der 2. Strophe könnte der Kommunionvers eingefügt werden:
*Ein Brot ist es, darum sind wir viele ein Leib. * Denn wir alle haben teil an dem einen Brot und dem einen Kelch.*

1 Kor 10, 17 / VI. Ton, vgl. 37(2)

**Schluss** 281, 3 Also sprach beim Abendmahle (Ich bin euer Weg geworden)
*oder:* 458, 2–4 Selig seid ihr (… wenn ihr lieben lernt)

---

**Notizen**

* 2. Herr Jesus, du führst zusammen, was getrennt ist
3. Herr Christus, du bringst uns die Vergebung des Vaters
*oder:* 4. Herr Christus, du sendest den Geist der Einheit
5. Herr Jesus, du zeigst Wege zur Versöhung
Die Antwort der Gemeinde kann auch das Kyrie 153, 155 oder 156 (in F) sein.

## 28. Sonntag im Jahreskreis – Lesejahr B

**Einzug** 477, 1+2 Gott ruft sein Volk zusammen

**Kyrie** 163(3)*

**Gloria** 171 Preis und Ehre

**Antwortgesang** 50(1) Unsere Tage zu zählen + Kantorale Nr. 460
*oder Lied:* 93, 4, 5 Der Mond ist aufgegangen (Wir stolzen Menschenkinder)
*oder Lied:* 434, 1+2 (4) Noch ehe die Sonne am Himmel stand

**Ruf vor dem Evangelium** 174(3) Halleluja + Vers Kantorale Nr. 460 Selig, die arm sind vor Gott

**Credo** 178(1) Amen … wir glauben + 178(2) Ich glaube an Gott

**Fürbittruf** 561**

**Gabenbereitung** 187 Wir weihn der Erde Gaben

**Sanctus** 132 Heilig, heilig

**Agnus Dei** 133 Lamm Gottes

**Kommunion** 77(1) Der Herr ist erhaben, doch er schaut auf die Niedrigen + 77(2), 1.3–7

**Dank** 380, 9–11 Großer Gott, wir loben dich (Sieh dein Volk in Gnaden an)

Nach der 9. Strophe könnte der Kommunionvers eingefügt werden:
*Wenn der Herr offenbar wird, / werden wir ihm ähnlich sein; * denn wir werden ihn sehen, wie er ist.* vgl. 1 Joh 3, 2 / VI. Ton, vgl. 42(2)

---

**Notizen**

* 4. Herr Jesus, du Licht in unserm Dunkel erschienen
5. Herr Christus, du Heiland der Armen und Kranken
6. Herr Jesus, du Retter aus Tod und Sünde
Die Antwort der Gemeinde kann auch das Kyrie 153, 155 oder 156 (in F) sein.
** Jesus, du unsere Hoffnung
Antwort: Kyrie, eleison
*oder:* 556(6)Wir bitten dich, erhöre uns

## 29. Sonntag im Jahreskreis – Lesejahr B

**Einzug** 423, 1+2 Wer unterm Schutz des Höchsten steht

Zwischen den Strophen könnte der Eingangsvers eingefügt werden:

*Ich rufe dich an, denn du, Gott, erhörst mich. * Wende dein Ohr mir zu, vernimm meine Rede! Behüte mich wie den Augapfel, / den Stern des Auges, * birg mich im Schatten deiner Flügel.*

Ps 17(16), 6.8 / VI. Ton, vgl. 42(2) – von c

**Kyrie** 151 Herr, erbarme dich unser

**Gloria** 168(2) Ehre Gott in der Höhe

**Antwortgesang** 60(1) Der Herr hat uns befreit + Kantorale Nr. 461
*oder Lied:* 267, 1 O Mensch, bewein dein Sünde groß
*oder Lied:* 292, 1, 3 Fürwahr, er trug unsre Krankheit

**Ruf vor dem Evangelium** 174(8) Halleluja + Vers Kantorale Nr. 461
Der Menschensohn ist gekommen, um zu dienen

**Credo** 354 Gott ist dreifaltig einer

**Fürbittruf** 632(1) Erhöre uns, Herr

**Gabenbereitung** 210, 1–4 Das Weizenkorn muss sterben

**Sanctus** 195 Heilig, heilig

**Agnus Dei** 205 Lamm Gottes (mit dem Eingeklammerten)

**Kommunion** 639(7) Durch Christi Wunden + 639(8), 1–2.4–5

**Dank** 455, 1+2, 4 Alles meinem Gott zu Ehren

Nach der 1. Strophe könnte der Kommunionvers eingefügt werden:

*Das Auge des Herrn ruht auf allen, die ihn fürchten und ehren, / die nach seiner Güte ausschauen. * Denn er will sie dem Tod entreißen und in der Hungersnot ihr Leben erhalten.*

PS 33(32), 18–19 / VIII. Ton, vgl. 52(2)

**Schluss** 448, 2, 4 Herr, gib uns Mut zum Hören (… zum Dienen)

---

**Notizen**

## 30. Sonntag im Jahreskreis – Lesejahr B

**Einzug** 414 Herr, unser Herr, wie bist du zugegen
Nach der 3. Strophe könnte der Eröffnungsvers eingefügt werden:
*Freuen sollen sich alle, die den Herrn suchen. / Sucht den Herrn und seine Macht, sucht sein Antlitz allezeit.*
Ps 105(104), 3–4 / IV. Ton, vgl. 31(2)

**Bußakt / Kyrie** 162 Mit lauter Stimme ruf ich zum Herrn

**Gloria** 131 Ehre sei Gott in der Höhe

**Antwortgesang** 404 Danket dem Herrn, er hat uns erhöht + Kantorale Nr. 462
*oder Lied:* 549, 1 Es wird sein in den letzten Tagen
*oder Lied:* 553, 1+2 Jerusalem, du hochgebaute Stadt

**Ruf vor dem Evangelium** 174(3) Halleluja + Vers Unser Retter Jesus Christus hat dem Tod die Macht genommen

**Credo** 180(1) Credo in unum Deum + 180(2) Wir glauben an den einen Gott

**Fürbittruf** 373 Du bist Licht

**Gabenbereitung** 485, 1+2, 4 O Jesu Christe, wahres Licht

**Sanctus** 198 Heilig bist du

**Agnus Dei** 203 O Lamm Gottes unschuldig

**Kommunion** 557(1–3) Sei hier zugegen
*oder:* 372 Morgenstern der finstern Nacht

**Dank** 358, 1+2, 5+6 Ich will dich lieben
Nach der 2. Strophe könnte der Kommunionvers eingefügt werden:
*Christus hat uns geliebt / und sich für uns hingegeben * als Gabe und Opfer, das dir gefällt.* Eph 5, 2 / V. Ton, vgl. 43(2)

---

**Notizen**

## 31. Sonntag im Jahreskreis – Lesejahr B

**Einzug** 442 Wo die Güte und die Liebe

**Kyrie** 108 Kyrie, eleison

**Gloria** 109 Gloria in excelsis Deo

**Antwortgesang** 31(1) Selig der Mensch, der seine Freude hat + Kantorale Nr. 463
*oder Lied:* 418, 3 Befiehl du deine Wege (Dein ewge Treu und Gnade)
*oder Kanon:* 447(2) Die Gott suchen, denen wird das Herz aufleben
*oder Responsorium:* 630(4) Dein Wort ist Licht und Wahrheit

**Ruf vor dem Evangelium** 584(8) Halleluja + Vers Kantorale Nr. 463
So spricht der Herr: Wer mich liebt, hält fest an meinem Wort

**Credo** 122 Credo in unum Deum

**Fürbittruf** 586(6) Te rogamus

**Gabenbereitung** 457 Suchen und fragen

**Sanctus** 110 Sanctus, Sanctus

**Agnus Dei** 111 Agnus Dei

**Kommunion** 445 Ubi caritas + 49(2), 1–2.4–5.9–10

**Dank** 487, 1, 3, 5 Nun singe Lob, du Christenheit
Nach der 1. Strophe könnte der Kommunionvers eingefügt werden:
*Wir jubeln über die Hilfe des Herrn. * Wir frohlocken im Namen unseres Gottes.* VI. Ton, vgl. 37(2)

**Entlassungsruf** 112 Ite, missa est

**Schluss** 452, 3, 6 Der Herr wird dich mit seiner Güte segnen (Behüten soll er dich und all die Deinen)

---

**Notizen**

## 32. Sonntag im Jahreskreis – Lesejahr B

**Einzug** 422 Ich steh vor dir mit leeren Händen, Herr*
Nach der 2. Strophe könnte der Eröffnungsvers eingefügt werden:
*Herr, lass mein Gebet zu dir dringen, * wende dein Ohr meinem Flehen zu.* Ps 88(87), 3 / VI. Ton, vgl. 34(2)

**Kyrie** 156 Kyrie, Kyrie

**Gloria** 166 Ehre sei Gott in der Höhe

**Antwortgesang** 401 Lobet den Herrn, preist + Kantorale Nr. 464
*oder Lied:* 382, 1+2 Ein Danklied sei dem Herrn
*oder Lied:* 392, 2, 4 Lobe den Herren (Lobe den Herren, der alles so herrlich regieret)
*oder Lied:* 400, 1 Ich lobe meinen Gott von ganzem Herzen

**Ruf vor dem Evangelium** 174(7) Halleluja + Vers Kantorale Nr. 464 Selig, die arm sind vor Gott

**Credo** 177(1) Credo in unum Deum + 177(2) Ich glaube an Gott

**Fürbittruf** 182(2) Du sei bei uns … höre du uns, Gott

**Gabenbereitung** 186 Was uns die Erde Gutes spendet

**Sanctus** 199 Heilig ist Gott in Herrlichkeit

**Agnus Dei** 206 Lamm Gottes, Lamm Gottes

**Kommunion** 624(5) Die Freude an Gott + 544(2), 1.3 – von fis

**Dank** 395 Den Herren will ich loben
Nach der 2. Strophe könnte der Kommunionvers eingefügt werden:
*Der Herr ist mein Hirte, nichts wird mir fehlen. / Er lässt mich lagern auf grünen Auen * und führt mich zum Ruheplatz am Wasser.*
Ps 23(22), 1–2 / VIII. Ton, vgl. 52(2) – von f

---

**Notizen**

* ein anderer Vorschlag:
Man singt die erste Strophe. Dann folgen Eröffnung, Hinführung zum Bußakt. Als diesen singt die Gemeinde die Strophen 2 und 3. Es folgt die Vergebungsbitte … Kyrie … Gloria.

## 33. Sonntag im Jahreskreis – Lesejahr B

**Einzug** 553, 1+2 Jerusalem, du hochgebaute Stadt
Zwischen den Strophen könnte der Eröffnungsgesang eingefügt werden:
*So spricht der Herr: Ich sinne Gedanken des Friedens und nicht des Unheils. / Wenn ihr mich anruft, so werde ich euch erhören * und euch aus der Gefangenschaft von allen Orten zusammenführen.*
Jer 29, 11.12.14 / V. Ton, vgl. 43(2)

**Bußakt / Kyrie** 164 Der in seinem Wort uns hält

**Gloria** 169 Gloria, Ehre sei Gott

**Antwortgesang** 651(7) Selig, die bei dir wohnen, Herr + Kantorale Nr. 465
*oder Lied:* 552, 3, 5 Herr, mach uns stark im Mut, der dich bekennt (Welch ein Geheimnis wird an uns geschehn)
*oder Lied:* 553, 4+5 Jerusalem, du hochgebaute Stadt (Wenn dann zuletzt ich angelanget bin)
*oder Lied:* 554, 3 »Wachet auf«, ruft uns die Stimme (Gloria sei dir gesungen)

**Ruf vor dem Evangelium** 174(5) Halleluja + Vers Kantorale Nr. 465 Wacht und betet allezeit

**Credo** 355 Wir glauben Gott im höchsten Thron

**Fürbittruf** 181(2) Christus, erhöre uns

**Gabenbereitung** 549, 1, 3 Es wird sein in den letzten Tagen

**Sanctus** 135 Heilig, heilig

**Agnus Dei** 136 Lamm Gottes

**Kommunion** 654(2) Freut euch mit Jerusalem + 78(2), 1–5.7

**Dank** 551 Nun singt ein neues Lied dem Herren
Nach der 1. Strophe könnte der Kommunionvers eingefügt werden:
*Gott nahe zu sein ist mein Glück. * Ich setze mein Vertrauen auf Gott, den Herrn.* Ps 73(72), 28 / VI. Ton, vgl. 37(2)

**Schluss** 543, 5 Wohl denen, die da wandeln (Dein Wort, Herr, nicht vergehet)

---

**Notizen**

## Letzter Sonntag im Jahreskreis / Christkönigssonntag / Hochfest – Lesejahr B

**Einzug** 375, 1+2, 5 Gelobt seist du, Herr Jesu Christ

Nach der 1. Strophe könnte der Eröffnungsvers eingefügt werden:
*Würdig ist das Lamm, das geschlachtet ist, / Macht zu empfangen, Reichtum und Weisheit, Kraft und Ehre. * Ihm sei die Herrlichkeit und die Herrschermacht in Ewigkeit.* Offb 5, 12; 1,6 / VI. Ton, vgl. 34(2)

**Bußakt / Kyrie** 163(2)*

**Gloria** 166 Ehre sei Gott in der Höhe

**Antwortgesang** 52(1) Herr, du bist König + Kantorale Nr. 466
*oder Lied:* 280, 4 Singt dem König Freudenpsalmen (Geister, die im Himmel wohnen)
*oder Lied:* 339, 6 Ihr Christen, hoch erfreuet euch (O zieh uns immerdar zu dir)
*oder Lied:* 385, 4 Nun saget Dank und lobt den Herren (Er, der da kommt in Gottes Namen)

**Ruf vor dem Evangelium** aus 375 Christkönig, Halleluja + Vers Kantorale Nr. 466 Gesegnet sei, der kommt im Namen des Herrn

**Credo** 179 Ich glaube an Gott

**Fürbittruf** 644(6) Christus gestern, Christus heute

**Gabenbereitung** 360, 1, 5 Macht weit die Pforten in der Welt
*oder:* 144, 5+6 Nun jauchzt dem Herren, alle Welt (Dankt unserm Gott, lobsinget ihm)

**Sanctus** 200 Heilig, heilig

**Agnus Dei** 205 Lamm Gottes (mit dem Eingeklammerten)

**Kommunion** 653(7) Würdig ist das Lamm + 76(2), 1–7.11–13

**Dank** 370, 1–5 Christus, der Herrscher Himmels und der Erde

Nach der 2. Strophe könnte der Kommunionvers eingefügt werden:
*Der Herr thront als König in Ewigkeit. * Der Herr segnet sein Volk mit Frieden.* Ps 29(28), 10–11 / VIII. Ton, vgl. 54(2) – von f

**Schluss** 388 Heilig, heilig

**Notizen**

* 1. Herr Jesus, du bist gekommen, um für die Wahrheit Zeugnis abzulegen
2. Herr Christus, jeder, der aus der Wahrheit ist, hört auf deine Stimme
3. Herr Jesus, heilige uns in der Wahrheit
Die Antwort der Gemeinde kann auch das Kyrie 153, 155 oder 156 (in F) sein.

# Lesejahr C

## 1. Adventssonntag – Lesejahr C

**zur Statio** 223, 1 Wir sagen euch an den lieben Advent

**Einzug** 552, 1, 3, 5 Herr, mach uns stark im Mut, der dich bekennt
Nach der 3. Strophe könnte der Eröffnungsvers eingefügt werden:
*Zu dir, Herr, erhebe ich meine Seele. * Mein Gott, dir vertraue ich. Lass mich doch nicht scheitern, / lass meine Feinde nicht über mich triumphieren! * Denn niemand, der auf dich hofft, wird zuschanden.*
Ps 25(24), 1–3 / 6. Ton, vgl. 42(2)

**Bußakt / Kyrie** 163(2) Herr Jesus, du König aller Menschen*

**Antwortgesang** 60(1) Der Herr hat uns befreit + Kantorale Nr. 109
*oder Lied:* 142, 2 Zu dir, o Gott, erheben wir (Herr, zeige uns die Wege dein)
*oder Lied:* 222, 5 Herr, send herab uns deinen Sohn (O Schlüssel Davids, dessen Kraft)

**Ruf vor dem Evangelium** 174(7) Halleluja + Vers Kantorale Nr. 109 Erweise uns, Herr, deine Huld

**Credo** 354 Gott ist dreifaltig einer

**Fürbittruf** 181(1) Lasset zum Herrn uns beten

**Gabenbereitung** 551, 2+3 Nun singt ein neues Lied dem Herren**

**Sanctus** 195 Heilig, heilig

**Agnus Dei** 202 O du Lamm Gottes, das getragen

**Kommunion** 47(1) In den Tagen des Herrn + 47(2), 1–2.3 – 4.7–8.19.21

**Dank** 230, 1, 4 – 6 Gott, heilger Schöpfer aller Stern
Nach der 4. Strophe könnte der Kommunionvers eingefügt werden:
*Der Herr wird seinen Segen spenden, * und unsere Erde bringt ihre Frucht hervor.* Ps 85(84), 13 / V. Ton, vgl. 39(2)

**Schluss** 622(4) Sieh, der Herr kommt in Herrlichkeit***

---

**Notizen**

* Die Antwort der Gemeinde kann auch das Kyrie 153, 155 oder 156 (in F) sein.
** Man könnte überlegen, ob man nicht mit Strophe 3 beginnt … dann die 2.
*** Dieser Kehrvers ist geeignet (nach alter Tradition der Vesperantiphon »Ecce, Dominus veniet« des 1. Adventssonntages), ihn 3x (jeweils einen Ton höher) zu singen, beginnend mit B- über C- bis D-Dur.

## 2. Adventssonntag – Lesejahr C

**Einzug** 223, 2 Wir sagen euch an den lieben Advent (Sehet, die zweite Kerze brennt)
*oder:* 223, 1+2 Wir sagen euch an den lieben Advent
Zwischen den Strophen könnte der Eröffnungsvers eingefügt werden:
*Der Herr wird kommen, um die Welt zu erlösen. / Volk Gottes, mach dich bereit. * Höre auf ihn, und dein Herz wird sich freuen.*
Jes 30, 19.30 / 1. Ton, vgl. 32(2)

**Bußakt** ... nach der Vergebungsbitte: 221, 2 Kündet allen in der Not (Gott naht sich mit neuer Huld)

**Kyrie** 157 *oder* 556(1) Herr, erbarme dich

**Antwortgesang** 404 Danket dem Herrn, er hat uns erhöht + Kantorale Nr. 110
*oder Lied:* 549, 1 Es wird sein in den letzten Tagen
*oder Lied:* 221, 5 Kündet allen in der Not (Gott wird wenden Not und Leid)

**Ruf vor dem Evangelium** 174(8) Halleluja + Vers Kantorale Nr. 102 Bereitet dem Herrn den Weg

**Credo** 180(1) Credo in unum Deum + 180(2) Wir glauben an den einen Gott

**Fürbittruf** 565(2) Christus, höre uns

**Gabenbereitung** 231, 1, 3, 5 O Heiland, reiß die Himmel auf

**Sanctus** 192 Heilig, heilig

**Agnus Dei** 203 O Lamm Gottes unschuldig

**Kommunion** Musik

**Dank** 553, 1–3 Jerusalem, du hochgebaute Stadt
Nach der 1. Strophe könnte der Kommunionvers eingefügt werden:
*Jerusalem, erhebe dich, steig auf den Berg * und schau die Freude, die von deinem Gott zu dir kommt.*
Bar 5, 5; 4, 36 / V. Ton, vgl. 39(2) – von c
*oder:* 218, 1–3 Macht hoch die Tür, die Tor macht weit
Nach der 1. Strophe könnte der Kommunionvers eingefügt werden:
*Jerusalem, erhebe dich, steig auf den Berg * und schau die Freude, die von deinem Gott zu dir kommt.* Bar 5, 5; 4, 36 / VI. Ton, vgl. 45(2)

**Schluss** 221, 1, 5 Kündet allen in der Not

Wenn es nicht zum Antwortgesang ausgewählt wurde

**Notizen**

## 3. Adventssonntag – Lesejahr C

**Einzug** 228, 1, 3 Tochter Zion, freue dich
Zwischen den Strophen könnte der Eröffnungsvers eingefügt werden:
*Freut euch im Herrn zu jeder Zeit! / Noch einmal sage ich: * Freut euch! Denn der Herr ist nahe.* Phil 4, 4–5 / V. Ton, vgl. 47(2)

**Kyrie** 117 Kyrie, eleison

**Antwortgesang** 654(2) Freut euch mit Jerusalem + Kantorale Nr. 111
*oder Lied:* 233, 3 O Herr, wenn du kommst, wird die Welt wieder neu (O Herr, wenn du kommst, jauchzt die Schöpfung dir zu)
*oder Lied:* 551, 3 Nun singt ein neues Lied dem Herren (Es kommt der Herr, der Herr wird kommen)

**Ruf vor dem Evangelium** 174(5) Halleluja + Vers Kantorale Nr. 111 Der Geist des Herrn ruht auf mir

**Credo** 122 Credo in unum Deum

**Fürbittruf** 586(6) Te rogamus

**Gabenbereitung** 446 Lass uns in deinem Namen, Herr

**Sanctus** 118 Sanctus, Sanctus

**Agnus Dei** 119 Agnus Dei

**Kommunion** 622(1) Habt Mut, ihr Verzagten + 622(2), 1–2.3–4.5–6

**Dank** 220, 1+2, 5 Die Nacht ist vorgedrungen
Nach der 2. Strophe könnte der Kommunionvers eingefügt werden:
*Sagt zu den Verzagten: Habt Mut, fürchtet euch nicht! / Seht, hier ist euer Gott! * Er selbst wird kommen und euch erretten.*
Jes 35, 4 / II. Ton, vgl. 57(2)

**Schluss** 222, 9 Herr, send herab uns deinen Sohn (Herr, wir vertrauen deinem Wort)

---

**Notizen**

## 4. Adventssonntag – Lesejahr C

**Einzug** 231, 1, 4+5 O Heiland, reiß die Himmel auf

Nach der 4. Strophe könnte der Eröffnungsvers eingefügt werden:
*Tauet, ihr Himmel, von oben! / Ihr Wolken, regnet herab den Gerechten!*
** Tu dich auf, o Erde, und sprosse den Heiland hervor!*

Jes 45, 8 / IV. Ton, vgl. 31(2) – von d

223, 4 Wir sagen euch an den lieben Advent (Sehet, die vierte Kerze brennt)*

**Kyrie** 151 Herr, erbarme dich unser

**Antwortgesang** 634(3) Richtet euch auf und erhebt euer Haupt + Kantorale Nr. 112
*oder Lied:* 280, 3 Singt dem König Freudenpsalmen (Sieh, Jerusalem, dein König)
*oder Lied:* 526, 1, 3 Alle Tage sing und sage

**Ruf vor dem Evangelium** 584(8) Halleluja + Vers Kantorale Nr. 112
Maria sagte: Siehe, ich bin die Magd des Herrn

**Credo** 178(1) Amen … wir glauben + 178(2) Ich glaube an Gott

**Fürbittruf** 632(1) Erhöre uns, Herr

**Gabenbereitung** 227, 1+2, 4 Komm, du Heiland aller Welt

**Sanctus** 191 Heilig, heilig

**Agnus Dei** 204 Christe, du Lamm Gottes

**Kommunion** 649(7) Gebenedeit bist du + 649(8), 1–3

**Dank** 236, 1–3 Es kommt ein Schiff geladen

Nach der 2. Strophe könnte der Kommunionvers eingefügt werden:
*Seht, die Jungfrau wird empfangen / und einen Sohn gebären. **
*Sein Name ist: Immanuel, Gott mit uns.*

Jes 7, 14 / II. Ton, vgl. 57(2) – von c

**Schluss** 528, 2+3 Ein Bote kommt, der Heil verheißt (Das helle Licht der Ewigkeit)

---

**Notizen**

* Das Lied zum Eingang und der Eröffnungsvers schildern die Not und die Sehnsucht der Menschheit. Dies könnte in der Eröffnung mit den Vokabeln Finsternis und Licht aufgenommen und über eine »Besinnungsstille« zur hoffnungsvollen 4. Strophe von »Wir sagen euch an« geführt werden.

Von Weihnachten bis 6. Januar *siehe Lesejahr A*

## Sonntag nach dem 6. Januar – Taufe des Herrn – Lesejahr C

Alles wie im Lesejahr A.

Da bei den Lesungen sowohl aus dem Alten, wie auch aus dem Neuen Testament Auswahlmöglichkeiten angegeben sind, wird hiermit ein dazu passender Antwortgesang bzw. Ruf vor dem Evangelium angeboten.

Jes 40,1–5.9–11:

58(1) Lobe den Herrn, meine Seele + 58(2), 1–4, nach dem 2. Vers (R)

dann weiter im VIII. Ton

24 *Herr, wie zahlreich sind deine Werke! / Mit Weisheit hast du sie alle gemacht,* die Erde ist voll von deinen Geschöpfen.*
25 *Da ist das Meer, so groß und weit, * darin ein Gewimmel ohne Zahl: kleine und große Tiere. (R)*
27 *Sie alle warten auf dich, * dass du ihnen Speise gibst zur rechten Zeit.*
*28 Gibst du ihnen, dann sammeln sie ein, * öffnest du deine Hand, werden sie satt an Gutem. (R)*
29 *Verbirgst du dein Gesicht, sind sie verstört; / nimmst du ihnen den Atem, so schwinden sie hin * und kehren zurück zum Staub der Erde.*
30 *Sendest du deinen Geist aus, so werden sie alle erschaffen, * und du erneuerst das Angesicht der Erde. (R)*

*oder Lied:* 347, 1 Der Geist des Herrn erfüllt das All

*oder Lied*: 384, 3 Hoch sei gepriesen unser Gott (Hoch sei gepriesen unser Hirt)

Tit 2,11–14; 3,4–7:

175(3) *oder* 175(6) (jeweils 1 Ton höher) Halleluja + Vers

*Johannes sagte: Es kommt einer, der stärker ist als ich. / Mit dem Heiligen Geist und mit Feuer * wird er euch taufen.*

vgl. Lk 3, 16 / VIII. Ton, vgl. 52(2)

Lk 3,15–16.21–22

---

**Notizen**

**Aschermittwoch** *siehe Lesejahr A*

## 1. Fastensonntag – Lesejahr C

**Einzug** 103, 1+2 Dieser Tag ist Christus eigen
Zwischen den Strophen könnte der Eröffnungsvers eingefügt werden:
*Wenn er mich anruft, dann will ich ihn erhören. / Ich bin bei ihm in der Not, befreie ihn und bringe ihn zu Ehren. * Ich sättige ihn mit langem Leben und lasse ihn mein Heil schauen.*
Ps 91(90), 15–16 / VI. Ton, vgl. 34(2)

**Kyrie** 155 Kyrie, eleison

**Antwortgesang** 75(1) Ich schreie zu dir, o Herr + Kantorale Nr. 212
*oder Lied:* 186, 1 Was uns die Erde Gutes spendet
*oder Lied:* 382, 1+2 Ein Danklied sei dem Herrn
*oder Wechselgesang:* 402, 1, 6–8, 12 Danket Gott, denn er ist gut

**Ruf vor dem Evangelium** 584(9) Lob dir, Christus + Vers Kantorale Nr. 212 Nicht nur von Brot lebt der Mensch

**Credo** 179 Ich glaube an Gott

**Fürbittruf** 561*

**Gabenbereitung** 423, 1+2 Wer unterm Schutz des Höchsten steht

**Sanctus** 191 Heilig, heilig

**Agnus Dei** 206 Lamm Gottes, Lamm Gottes

**Kommunion** 664(5) Er befiehlt seinen Engeln + 664(6), 1–2.11–12.15–16

**Dank** 402, 1, 6–8, 12 Danket Gott, denn er ist gut
Wenn er nicht zum Antwortgesang ausgewählt wurde
*oder:* 434, 1, 3 Noch ehe die Sonne am Himmel stand
Zwischen den Strophen könnte der Kommunionvers eingefügt werden:
*Mit seinen Flügeln schirmt dich der Herr, * unter seinen Schwingen findest du Zuflucht.* Ps 91(90), 4 / IV. Ton, vgl. 31(2)

**Schluss** 272, 2 Zeige uns, Herr, deine Allmacht und Güte (Hilf unserm Glauben, wenn mutlos wir werden)

---

**Notizen**

* Jesus, du Bruder der Menschen
Antwort: Kyrie, eleison
*oder:* 556(6) Wir bitten dich, erhöre uns

## 2. Fastensonntag – Lesejahr C

**Einzug** 363 Herr, nimm auch uns zum Tabor mit
Nach der 2. Strophe könnte der Eröffnungsvers eingefügt werden:
*Mein Herz denkt an dein Wort: Sucht mein Angesicht! / Dein Angesicht, Herr, will ich suchen. * Verbirg nicht dein Gesicht vor mir.*
Ps 27(26), 8–9 / IV. Ton, vgl. 31(2) – von d

**Bußakt / Kyrie** 160 Gott des Vaters ewger Sohn

**Antwortgesang** 38(1) Der Herr ist mein Licht und mein Heil + Kantorale Nr. 213
*oder Lied:* 143, 2 Mein ganzes Herz erhebet dich (Dein Name, Herr, ist unser Hort)
*oder Lied:* 384, 2 Hoch sei gepriesen unser Gott (Hoch sei gepriesen unser Herr)

**Ruf vor dem Evangelium** 176(3) Herr Jesus, dir sei + Vers Kantorale Nr. 213 Aus der leuchtenden Wolke rief die Stimme des Vaters

**Credo** 178(1) Amen … wir glauben + 178(2) Ich glaube an Gott

**Fürbittruf** 182(1) Du sei bei uns … sei du bei uns, Gott

**Gabenbereitung** 418, 2, 4 Befiehl du deine Wege (Dem Herren musst du trauen)

**Sanctus** 192 Heilig, heilig

**Agnus Dei** 133 Lamm Gottes

**Kommunion** 629(1) Du führst mich hinaus ins Weite + 629(2), 1–2.8–11.13–14
*oder:* 209 Du teilst es aus mit deinen Händen

**Dank** 381, 1, 4+5 Dein Lob, Herr, ruft der Himmel aus
*oder:* 364, 1–3, 5 Schönster Herr Jesu
Nach der 3. Strophe könnte der Kommunionvers eingefügt werden:
*Das ist mein geliebter Sohn, / an dem ich Gefallen gefunden habe: * Auf ihn sollt ihr hören.* Mt 17, 5 / IV. Ton, vgl. 31(2)

---

**Notizen**

## 3. Fastensonntag – Lesejahr C

**Einzug** 272, 1, 3 Zeige uns, Herr, deine Allmacht und Güte
Zwischen den Strophen könnte der Eröffnungsvers eingefügt werden:
*Meine Augen schauen stets auf den Herrn; * denn er befreit meine Füße aus dem Netz. Wende dich zu mir und sei mir gnädig, * denn ich bin einsam und gebeugt.* Ps 25(24), 15–16 / IV. Ton, vgl. 31(2)

**Bußakt / Kyrie** 162 Mit lauter Stimme ruf ich zum Herrn

**Antwortgesang** 623(2) Um deines Namens willen, Herr + Kantorale Nr. 214
*oder Lied:* 387, 1, 6 Gott ist gegenwärtig
*oder Lied:* 388 Heilig, heilig, heilig
*oder Lied:* 464, 1–3 Gott liebt diese Welt

**Ruf vor dem Evangelium** 584(9) Lob dir, Christus + Vers Kantorale Nr. 214 So spricht der Herr: Kehrt um!

**Credo** 354 Gott ist dreifaltig einer

**Fürbittruf** 181(3) Erhöre uns, Christus

**Gabenbereitung** 417 Stimme, die Stein zerbricht

**Sanctus** 194 Heilig, heilig

**Agnus Dei** 208 Christe, du Lamm Gottes

**Kommunion** 414 Herr, unser Herr, wie bist du zugegen

**Dank** 269, 2+3 Du Sonne der Gerechtigkeit (Du schenkst uns diese Gnadenzeit)
Zwischen den Strophen könnte der Kommunionvers eingefügt werden:
*Wer von dem Wasser trinkt, / das ich ihm geben werde, * wird niemals mehr Durst haben.*
*Es wird in ihm zur Quelle, * deren Wasser ins ewige Leben sprudelt.*
Joh 4, 13–14 / IV. Ton, vgl. 31(2)

---

**Notizen**

## 4. Fastensonntag – Lesejahr C

**Einzug** 654(2) Freut euch mit Jerusalem + 78(2), 1–3.5
*oder:* 427 Herr deine Güt ist unbegrenzt
Zwischen den Strophen könnte der Eröffnungsvers eingefügt werden:
*Freue dich, Stadt Jerusalem! / Seid fröhlich zusammen mit ihr, alle, die ihr traurig wart. * Freut euch und trinkt euch satt an der Quelle göttlicher Tröstung.* Jes 66, 10–11 / VI. Ton, vgl. 42(2) – von c

**Bußakt – Lied:** 273, 1, 3+4 O Herr, nimm unsre Schuld

**Antwortgesang** 657(3) Dein Erbarmen, o Herr + Kantorale Nr. 215
*oder Lied:* 463, 1, 3 Wenn ich, o Schöpfer, deine Macht

**Ruf vor dem Evangelium** 176(4) Ruhm und Preis + Vers Kantorale Nr. 215 Ich will zu meinem Vater

**Credo** 180(1) Credo in unum Deum + 180(2) Wir glauben an den einen Gott

**Fürbittruf** 561*

**Gabenbereitung** 271, 1, 3+4 O Herr, aus tiefer Klage

**Sanctus** 197 Heilig, heilig

**Agnus Dei** 207 Lamm Gottes

**Kommunion** 517 Der Herr vergibt die Schuld**
*oder:* 498 Das Heil der Welt, Herr Jesu Christ

**Dank** 384, 1+2 Hoch sei gepriesen unser Gott
Zwischen den Strophen könnte der Kommunionvers eingefügt werden:
*Freue dich, mein Sohn, / denn dein Bruder war tot und lebt wieder: * er war verloren und wurde wieder gefunden.*
Lk 15, 32 / V. Ton, vgl. 43(2)

**Schluss** 291, 2, 4 Holz auf Jesu Schulter (Wollen wir Gott bitten)
*oder:* 272, 3 Zeige uns, Herr (Ruf uns zur Umkehr)

---

**Notizen**

* Jesus, du Freund der Sünder
Antwort: Kyrie, eleison
*oder:* 556(6) Wir bitten dich, erhöre uns
** Ein mehrmaliges Singen könnte durch Zwischenspiele unterbrochen werden.

## 5. Fastensonntag – Lesejahr C

**Einzug** 268, 1–3 Erbarme dich, erbarm dich mein
Nach der 2. Strophe könnte der Eröffnungsvers eingefügt werden:
*Verschaff mir Recht, o Gott, und führe meine Sache gegen ein treuloses Volk! / Rette mich vor bösen und tückischen Menschen, * denn du bist mein starker Gott!* Ps 43(42), 1–2 / IV. Ton, vgl. 31(2)

**Bußakt / Kyrie** 283 Aus der Tiefe + 154 Kyrie, Kyrie*

**Antwortgesang** 404 Danket dem Herrn, er hat uns erhöht + Kantorale Nr. 216
*oder Gesang:* 386 Laudate omnes gentes
*oder Lied:* 489, 1 Lasst uns loben, freudig loben

**Ruf vor dem Evangelium** 584(9) Lob dir, Christus + Vers Kantorale Nr. 216 Kehrt um zum Herrn von ganzem Herzen

**Credo** 177(1) Credo in unum Deum + 177(2) Ich glaube an Gott

**Fürbittruf** 181(1) Lasset zum Herrn uns beten

**Gabenbereitung** 277, 1+2 Aus tiefer Not**

**Sanctus** 132 Heilig, heilig

**Agnus Dei** 204 Lamm Gottes

**Kommunion** 639(3) Beim Herrn ist Barmherzigkeit + 639(4), 1–9

**Dank** 368, 1, 3–5 O lieber Jesu, denk ich dein
Nach der 4. Strophe könnte der Kommunionvers eingefügt werden:
*Amen, Amen, ich sage euch: Wenn das Weizenkorn nicht in die Erde fällt und stirbt, / bleibt es allein. * Wenn es aber stirbt, bringt es reiche Frucht.* Joh 12, 24–25 / IV. Ton, vgl. 31(2)

**Schluss** 422, 3 Ich steh vor dir mit leeren Händen, Herr (Sprich du das Wort, das tröstet und befreit)

---

**Notizen**

* Das Kyrie soll jeweils gleich an die Strophe des Liedes »angeschlossen« werden.

** Am heutigen 5. Fastensonntag findet die Kollekte des Bischöflichen Werkes »Misereor« statt. Daher wären zur Gabenbereitung auch Lieder wie Wenn das Brot, das wir teilen (470) oder Hilf, Herr meines Lebens (440) passend.

Von Palmsonntag bis Ostermontag *siehe Lesejahr A*

## 2. Sonntag der Osterzeit – Weißer Sonntag C

**Einzug** 334, 2+3 O Licht der wunderbaren Nacht (O Licht der lichten Ewigkeit)
Zwischen den Strophen könnte der Eröffnungsvers eingefügt werden:
*Freut euch und dankt Gott, der euch zu sich gerufen hat. / Ihr seid Kinder Gottes und Erben seiner Herrlichkeit. * Halleluja.*
Esr 2, 36–37 / V. Ton, vgl. 47(2)

**Kyrie** 130 Herr, erbarme dich

**Gloria** 131 Ehre sei Gott in der Höhe

**Antwortgesang** 335 Das ist der Tag, den der Herr gemacht + Kantorale Nr. 231
*oder Lied:* 385, 2+3 Nun saget Dank und lobt den Herren (Nicht sterben werd ich, sondern leben)
*oder Lied:* 389, 1, 6 Dass du mich einstimmen lässt in deinen Jubel, o Herr
*oder Kanon:* 406 Danket, danket dem Herrn

**Ruf vor dem Evangelium** 175(2) Halleluja + Vers Kantorale Nr. 231
So spricht der Herr: Weil du mich gesehen hast, Thomas, glaubst du

**Gesang nach dem Evangelium** 322, 11+12 Ihr Christen, singet *

**Credo** 178(1) Amen … wir glauben + 178(2) Ich glaube an Gott

**Fürbittruf** 92 Herr, bleibe bei uns, Halleluja

**Gabenbereitung** 370, 1–3 Christus, du Herrscher Himmels und der Erde

**Sanctus** 194 Heilig, heilig

**Agnus Dei** 208 Christe, du Lamm Gottes
*oder:* 497, 4 Gottheit tief verborgen (Kann ich nicht wie Thomas)

**Kommunion** 175(5) Halleluja + 649(8) Verse 1–4
*oder:* 639(7) Durch Christi Wunden + 41(2), 1.3–5.7(13–15).19–20

**Dank** 331, 1, 3, 6 Ist das der Leib, Herr Jesu Christ

Nach der 1. Strophe könnte der Kommunionvers eingefügt werden:
*So spricht der Herr: / Selig, die nicht sehen * und doch glauben. Halleluja.* Joh 20, 29 / VI. Ton, vgl. 42(2) – von g

**Schluss** 326, 1, 6 Wir wollen alle fröhlich sein

---

**Notizen**

## 3. Sonntag der Osterzeit – Lesejahr C

**Einzug** 488 Die ihr auf Christus getauft seid

Nach der 1. Strophe könnte der Eröffnungsvers eingefügt werden:
*Jauchzt vor Gott alle Menschen der Erde! / Spielt zum Ruhm seines Namens! * Verherrlicht ihn mit Lobpreis. Halleluja.*
Ps 66(65), 1–2 / VII. Ton, vgl. 79(2) – von a

**Kyrie** 137 Herr, erbarme dich unser

**Gloria** 168(2) Ehre Gott in der Höhe

**Antwortgesang** 312(5) Aus der Tiefe zogst du mich + Kantorale Nr. 240
*oder Lied:* 275, 3 Selig, wem Christus auf dem Weg begegnet (Durch seine Jünger spricht zu uns der Meister)
*oder Lied:* 439, 1, 3 Erhör, o Gott, mein Flehen
*oder Lied:* 468, 3 Gott gab uns Atem, damit wir leben (Gott gab uns Hände, damit wir handeln)
*oder Lied:* 546, 1, 3 Christus, du Licht vom wahren Licht

**Ruf vor dem Evangelium** 175(2) Halleluja + Vers Kantorale Nr. 240 Christus ist auferstanden. Er, der Schöpfer des Alls

**Gesang nach dem Evangelium** 483, 4 Halleluja … Liebet einander, wie euch der Herr geliebt

**Credo** 177(1) Credo in unum Deum + 177(2) Ich glaube an Gott

**Fürbittruf** 561*

**Gabenbereitung** 325, 2+3 Bleibe bei uns, du Wandrer durch die Zeit (Weit war der Weg, wir flohen fort vom Kreuz)

**Sanctus** 138 Heilig, heilig

**Agnus Dei** 139 Lamm Gottes

**Kommunion** 498 Das Heil der Welt, Herr Jesu Christ

Nach der 2. Strophe könnte der Kommunionvers eingefügt werden:
*Die Jünger erkannten den Herrn Jesus, * als er das Brot brach. Halleluja.*
VI. Ton, vgl. 37(2) – von g

**Dank** 328, 1, 3+4 Gelobt sei Gott im höchsten Thron

---

**Notizen**

* Jesus, du Brot, von dem wir leben
Antwort: Kyrie, eleison
*oder:* 556(6) Wir bitten dich, erhöre uns

## 4. Sonntag der Osterzeit – Lesejahr C

**Einzug** 558(2–4) Danket dem Herrn, denn er ist gütig*
*oder:* 409, 1+2 Singt dem Herrn ein neues Lied
Zwischen den Strophen könnte der Eröffnungsvers eingefügt werden:
*Die Erde ist voll von der Huld des Herrn. * Durch das Wort des Herrn wurden die Himmel geschaffen. Halleluja.*
Ps 33(32), 5–6 / VI. Ton, vgl. 42(2)

**Kyrie** 163(5)**

**Gloria** 171 Preis und Ehre

**Antwortgesang** 56(1) Freut euch: Wir sind Gottes Volk + Kantorale Nr. 241
*oder Lied:* 144, 1, 3, 6 Nun jauchzt dem Herren, alle Welt
*oder Lied:* 393, 1+2 Nun lobet Gott im hohen Thron
*oder Responsorium:* 652(1) Du hast uns erlöst mit deinem Blut

**Ruf vor dem Evangelium** 175(2) Halleluja + Vers Kantorale Nr. 241
So spricht der Herr: Ich bin der gute Hirt. Ich kenne die Meinen

**Credo** 179 Ich glaube an Gott

**Fürbittruf** 561***

**Gabenbereitung** 366, 1, 3 Jesus Christus, guter Hirte

**Sanctus** 190 Heilig, heilig

**Agnus Dei** 208 Christe, du Lamm Gottes

**Kommunion** 37(1) Der Herr ist mein Hirt + 653(8)

**Dank** 368, 1, 4–6 O lieber Jesu, denk ich dein
Nach der 5. Strophe könnte der Kommunionvers eingefügt werden:
*Auferstanden ist der Gute Hirt. / Er gab sein Leben für seine Schafe. * Er ist für seine Herde gestorben. Halleluja.* IV. Ton, vgl. 31(2)

**Schluss** 144, 3, 6 Nun jauchzt dem Herren, alle Welt (Wie reich hat uns der Herr bedacht)
Wenn es nicht zum Antwortgesang ausgewählt wurde

**Notizen**

* Die Anrufungen für diesen Gesang, dem der Eröffnungsvers des 4. Sonntages der Osterzeit zu Grunde liegt, sollten aus den Abschnitten 2 – 4 zusammen gestellt werden.
** 1. Herr Jesus, auferstanden von den Toten
3. Herr Christus, du rufst alle Menschen zum Leben
4. Herr Jesus, du begleitest uns auf unseren Wegen
*** Jesus, du guter Hirte
Antwort: Kyrie, eleison
*oder:* 556(6) Wir bitten dich, erhöre uns

## 5. Sonntag der Osterzeit – Lesejahr C

**Einzug** 140, 1, 3, 6 Kommt herbei, singt dem Herrn
Nach der 3. Strophe könnte der Eröffnungsvers eingefügt werden:
*Singt dem Herrn ein neues Lied, / denn er hat wunderbare Taten vollbracht * und sein gerechtes Wirken enthüllt vor den Augen der Völker. Halleluja.* Ps 98(97), 1–2 / IV. Ton, vgl. 31(2)

**Kyrie** 113 Kyrie, eleison

**Gloria** 114 Gloria in excelsis Deo

**Antwortgesang** 624(2) Dem Herrn will ich singen + Kantorale Nr. 242
*oder Lied:* 546, 1+2 Christus, du Licht vom wahren Licht
*oder Lied:* 551, 2+3 Nun singt ein neues Lied dem Herren (Frohlockt dem Herrn, ihr Lande alle)
*oder Responsorium:* 652(1) Du hast uns erlöst mit deinem Blut

**Ruf vor dem Evangelium** 175(2) Halleluja + Vers Kantorale Nr. 242
So spricht der Herr: Ein neues Gebot gebe ich euch

**Credo** 122 Credo in unum Deum

**Fürbittruf** 586(6) Te rogamus

**Gabenbereitung** 281, 2, 4 Also sprach beim Abendmahle (Seht, wie ich, der Herr, euch liebe)

**Sanctus** 115 Sanctus, Sanctus

**Agnus Dei** 116 Agnus Dei

**Kommunion** 323 Du hast mein Klagen in Tanzen verwandelt*

**Dank** 337, 1+2, 4 Freu dich, erlöste Christenheit
Nach der 2. Strophe könnte der Kommunionvers eingefügt werden:
*So spricht der Herr: / Ich bin der wahre Weinstock, * ihr seid die Rebzweige. Wer in mir bleibt / und in wem ich bleibe, * der bringt reiche Frucht. Halleluja.* Joh 15, 1.5 / VIII. Ton, vgl. 52(2) – von f

**Schluss** 533 Lasst uns erfreuen herzlich sehr

---

**Notizen**

* Ein mehrmaliges Singen könnte durch Zwischenspiele unterbrochen werden.

## 6. Sonntag der Osterzeit – Lesejahr C

**Einzug** 146 Du rufst uns, Herr, an deinen Tisch

Nach der 2. Strophe könnte der Eröffnungsvers eingefügt werden:
*Verkündet es jauchzend, damit man es hört! / Ruft es hinaus bis an das Ende der Erde! * Ruft: Der Herr hat sein Volk befreit. Halleluja.*

Jes 48, 20 / IV. Ton, vgl. 31(2)

**Bußakt / Kyrie** 163(6)*

**Gloria** 131 Ehre sei Gott in der Höhe

**Antwortgesang** 60(1) Der Herr hat uns befreit + Kantorale Nr. 245
*oder Lied:* 382, 1+2 Ein Danklied sei dem Herrn
*oder Lied:* 452, 2, 4 Der Herr wird dich mit seiner Güte segnen (Gott segne dich mit seinem reichen Segen)

**Ruf vor dem Evangelium** 175(2) Halleluja + Vers Kantorale Nr. 245
So spricht der Herr: Wer mich liebt, hält fest an meinem Wort

**Credo** 354 Gott ist dreifaltig einer

**Fürbittruf** 586(5) Christus, höre uns

**Gabenbereitung** 338, 1, 4 Jerusalem, du neue Stadt

**Sanctus** 191 Heilig, heilig

**Agnus Dei** 206 Lamm Gottes, Lamm Gottes

**Kommunion** 644(3) Auferstanden ist der Herr + 633(6)
*oder* (7), 8–10.13

**Dank** 387, 2, 7+8 Gott ist gegenwärtig (… dem die Kerubinen)

Nach der 2. Strophe könnte der Kommunionvers eingefügt werden:
*So spricht der Herr: Wenn ihr mich liebt, werdet ihr meine Gebote halten. / Ich werde den Vater bitten, und er wird euch einen anderen Beistand geben, * damit er immer bei euch bleibt. Halleluja.*

Joh 14, 15–16 / I. Ton, vgl. 51(2)

*oder:* 216 Im Frieden dein, o Herre mein

**Schluss** 451, 3+4 Komm, Herr, segne uns (Frieden gabst du schon)

---

**Notizen**

* 1. Herr Jesus, du bist unser Friede
4. Herr Christus, du sendest den Geist der Einheit
6. Herr Jesus, du rufst alle Menschen, dir zu folgen
Die Antwort der Gemeinde kann auch das Kyrie 153, 155 oder 156 (in F) sein.

Hochfest Christi Himmelfahrt *siehe Lesejahr A*

## 7. Sonntag der Osterzeit – Lesejahr C

**Einzug** 482 Die Kirche steht gegründet
*oder:* 429, 1, 4 Gott wohnt in einem Lichte
Zwischen den Strophen könnte der Eröffnungsvers eingefügt werden:
*Vernimm, o Herr, mein lautes Rufen; * sei mir gnädig und erhöre mich! Mein Herz denkt an dein Wort: »Sucht mein Angesicht!« / Dein Angesicht, Herr, will ich suchen. * Verbirg nicht dein Gesicht vor mir. Halleluja.* Ps 27(26), 7–9 / IV. Ton, vgl. 31(2) – von d

**Kyrie** 565(10) Du Geist der Wahrheit

**Gloria** 167 Dir Gott im Himmel

**Antwortgesang** 52(1) Herr, du bist König über alle Welt + Kantorale Nr. 247
*oder Lied:* 336, 2+3 Jesus lebt, mit ihm auch ich (Jesus lebt! Ihm ist das Reich)
*oder Lied:* 337, 1, 6 Freu dich, erlöste Christenheit
*oder Lied:* 358, 7 Ich will dich lieben, meine Stärke (Ich will dich lieben, meine Krone)
*oder Responsorium:* 658(1) In manus tuas, Domine
*oder Responsorium:* 665 Herr, auf dich vertraue ich

**Ruf vor dem Evangelium** 175(2) Halleluja + Vers Nr. 247 So spricht der Herr: Ich lasse euch nicht als Waisen zurück

**Credo** 178(1) Amen … wir glauben + 178(2) Ich glaube an Gott

**Fürbittruf** 181(1) Lasset zum Herrn uns beten

**Gabenbereitung** 487, 1+2, 4 Nun singe Lob, du Christenheit

**Sanctus** 194 Heilig, heilig

**Agnus Dei** 204 Christe, du Lamm Gottes

**Kommunion** 444 Danket dem Herrn, denn ewig währt seine Liebe + 649(8)*

**Dank** 484, 1, 3–5 Dank sei dir, Vater, für das ewge Leben
Nach der 4. Strophe könnte der Kommunionvers eingefügt werden:
*So spricht der Herr: Ich bitte dich, Vater, / lass sie eins sein, * wie wir eins sind. Halleluja.* Joh 17, 22 / I. Ton, vgl. 50(2) – von es

**Schluss** 347, 3 Der Geist des Herrn erfüllt das All (Der Geist des Herrn treibt Gottes Sohn)

---

**Notizen**

* Je nach Dauer der Kommunionausteilung können alle Verse gesungen werden.

Pfingstsonntag *siehe Lesejahr A*

## Pfingstmontag – Lesejahr C

**Einzug** 491 Ich bin getauft und Gott geweiht
Nach der 1. Strophe könnte der Eröffnungsvers eingefügt werden:
*Christus liebt uns und hat uns durch sein Blut befreit von unseren Sünden; / er hat uns die Würde von Königen gegeben * und uns zu Priestern gemacht für den Dienst vor seinem Gott und Vater. Halleluja.*
Offb 1, 5–6 / V. Ton, vgl. 43(2)

**Kyrie** 565(8) Geist, der die Herzen wandelt

**Gloria** 172 Gott in der Höh

**Antwortgesang** 645(5) Alle wurden erfüllt vom Heiligen Geist + Kantorale Nr. 250
*oder Lied:* 483(1) Halleluja … Ihr seid das Volk, das der Herr sich ausersehn
*oder Lied:* 488 Die ihr auf Christus getauft seid
*oder Responsorium:* 646(1) Der Geist des Herrn erfüllt den Erdkreis

**Sequenz** siehe Pfingsten Lesejahr A*

**Ruf vor dem Evangelium** 176(1) Halleluja + Vers Kantorale Nr. 250 Komm, Heiliger Geist

**Credo** fakultativ

**Fürbittruf** 345(2) Veni, Sancte Spiritus

**Gabenbereitung** 346 Atme in uns, Heiliger Geist

**Sanctus** 198 Heilig bist du, großer Gott

**Agnus Dei** 205 Lamm Gottes (ohne das Eingeklammerte)

**Kommunion** 557(10), 56–60(11) Sei hier zugegen (Send deinen Geist aus)
*oder* (und) Musik

**Dank** 565(12) Komm, Heiliger Geist (alle Anrufungen unter 12)

**Schluss** 345(1) Veni Sancte Spiritus

---

**Notizen**

* Bei der Sequenz könnte man auch noch einmal die »verschiedenen Sprachen« aufnehmen, indem man die Verse abwechselnd in lateinischer (Vorsänger) und deutscher Sprache vorträgt, die Nummern 343, 1, 3, 5, 7, 9 und 344, 2, 4, 6, 8, 10 »verkuppelt«.

## Sonntag nach Pfingsten / Dreifaltigkeitssonntag – Lesejahr C

**Einzug** Eingangsvers:
*Gepriesen sei der dreieinige Gott: / der Vater und der Sohn und der Heilige Geist; * denn er hat uns sein Erbarmen geschenkt.*
IV. Ton, vgl. 31(2) – von c
dann folgt: 355 Wir glauben Gott im höchsten Thron

**Kyrie** 556(3) Gott Vater im Himmel*

**Gloria** 166 Ehre sei Gott

**Antwortgesang** 51(1) Wie groß sind deine Werke, o Herr + Kantorale Nr. 303
*oder Lied:* 380, 1, 3 Großer Gott, wir loben dich
*oder Lied:* 411, 1+2 Erde, singe, dass es klinge

**Ruf vor dem Evangelium** 174(5) Halleluja + Vers Kantorale Nr. 303
Ehre sei dem Vater

**Credo** 180(1) Credo in unum Deum + 180(2) Wir glauben an den einen Gott

**Fürbittruf** 556(3)**

**Gabenbereitung** 419, 1–4 Tief im Schoß meiner Mutter gewoben

**Sanctus** 192 Heilig, heilig

**Agnus Dei** 133 Lamm Gottes

**Kommunion** 650(3) Meine Seele, preise den Herrn – von g
+ 657(2), 1–5.12–18

**Dank** 353 Erhabene Dreifaltigkeit, in einem Licht der Gottheit eins
Nach der 3. Strophe könnte der Kommunionvers eingefügt werden:
*Weil ihr Söhne seid, / sandte Gott den Geist seines Sohnes in eure Herzen, * den Geist, der ruft: Abba, Vater.*
Gal 4, 6 / VII. Ton, vgl. 77(2)

**Schluss** 405 Nun danket alle Gott

**Notizen**

* Hier wäre auch die Erweiterung zu einer »Litanei« denkbar: 556(1), 2 und 3 Die Anrufungen würden so von deutsch und griechisch »eingerahmt« werden.
** Nur die Anrufung: »Heilige Dreifaltigkeit, ein Einiger Gott«
Auf die Töne von »erbarme dich unser« ließe sich auch »Wir bitten dich, erhöre uns« singen.

## Donnerstag der zweiten Woche nach Pfingsten / Hochfest des Leibes und Blutes Christi / Fronleichnam – Lesejahr C

**Einzug** 213, 1–3 O heilge Seelenspeise
Nach der 1. Strophe könnte der Eröffnungsvers eingefügt werden:
*Er hat uns mit bestem Weizen genährt * und mit Honig aus dem Felsen gesättigt.* Ps 81(80), 17 / VI. Ton, vgl. 37(2)

**Bußakt / Kyrie** 211, 1, 4–6 (ohne Wiederholung) + 154 Kyrie, Kyrie eleison*

**Gloria** 169 Gloria, Ehre sei Gott

**Antwortgesang** 52(1) Herr, du bist König + Kantorale Nr. 306
*oder Lied:* 143, 1 Mein ganzes Herz erhebet dich
*oder Lied:* 186, 1 Was uns die Erde Gutes spendet
**

**Ruf vor dem Evangelium** 174(3) Halleluja
*oder:* 175(4) Halleluja – jeweils mit Vers Kantorale Nr. 306
So spricht der Herr: Ich bin das lebendige Brot, das vom Himmel gekommen ist

**Credo** 177(1) Credo in unum Deum + 177(2) Ich glaube an Gott

**Fürbittruf** 556(6)***

**Gabenbereitung** 210 Das Weizenkorn muss sterben
*oder:* 59(1) Du bist Priester auf ewig + 59(2), 1–3.5–7

**Sanctus** 193 Heilig, heilig

**Agnus Dei** 203 O Lamm Gottes unschuldig

**Kommunion** 214 Dies Brot ist mein Leib + 76(2), 1–5.7.16–17****
*oder:* 87 Aller Augen warten auf dich

**Dank** 216 Im Frieden dein
Nach der 2. Strophe könnte der Kommuniongesang eingefügt werden:
*So spricht der Herr: / Wer mein Fleisch isst und mein Blut trinkt, * der bleibt in mir und ich bleibe in ihm.* Joh 6, 56 / VI. Ton, vgl. 42(2)

**Schluss** 470 Wenn das Brot, das wir teilen

**Notizen**

* Auf die »Anrufungen« aus 211 antwortet die Gemeinde mit dem Kyrie (154).
** Will man eine »Art« Sequenz, die das Hochfest vorsieht, singen, so sei, da der Stammteil des »Gotteslob« diese nicht vorsieht, verwiesen auf die Nummer 493 1–3 Preise, Zunge, das Geheimnis
*** Jesus, der du uns mit dem Brot des Himmels sättigst: Wir bitten dich, erhöre uns
**** Die Nr. 76(2) – von d

## Freitag der dritten Woche nach Pfingsten / Heiligstes Herz Jesu – Lesejahr C

**Einzug** 266, 4 Bekehre uns, vergib die Sünde (Ihr seid gefunden wie verlorne Schafe)

**Kyrie** 156 Kyrie, Kyrie

**Gloria** 168(1) Gloria, gloria

**Antwortgesang** 37(1) Der Herr ist mein Hirt + Kantorale Nr. 309
*oder Lied:* 421, 2 Mein Hirt ist Gott der Herr (Er wird die Seele mein mit seiner Kraft erquicken)

**Ruf vor dem Evangelium** 322 Halleluja + Vers Kantorale Nr. 309 So spricht der Herr: Ich bin der gute Hirt. Ich kenne die Meinen
*oder:* 174(7) Halleluja + Vers Kantorale Nr. 487 So spricht der Herr: Nehmt mein Joch auf euch und lernt von mir

**Credo** 179 Ich glaube an Gott

**Fürbittruf** 561*

**Gabenbereitung** 371 Herz Jesu, Gottes Opferbrand

**Sanctus** 199 Heilig ist Gott in Herrlichkeit

**Agnus Dei** 205 Lamm Gottes (mit dem Eingeklammerten)

**Kommunion** 421 Mein Hirt ist Gott der Herr
Wenn es nicht zum Antwortgesang ausgewählt wurde, andernfalls entfällt die zweite Strophe

**Dank** 60(1) Der Herr hat uns befreit + 560(4–6)
*oder:* 366 Jesus Christus, guter Hirte
Nach der 2. Strophe könnte der Kommunionvers eingefügt werden:
*Wer Durst hat, komme zu mir, / und es trinke, wer an mich glaubt! **
*Die Schrift sagt: Aus seinem Innern werden Ströme von lebendigem Wasser fließen.* Joh 7, 37–38 / IV. Ton, vgl 31(2)

**Schluss** 144, 3, 6 Nun jauchzt dem Herren, alle Welt (Wie reich hat uns der Herr bedacht)

---

**Notizen**

* Jesus, du guter Hirte
Antwort: Kyrie, eleison
*oder:* 556(6) Wir bitten dich, erhöre uns

## 2. Sonntag im Jahreskreis – Lesejahr C

**Einzug** 144, 1, 4–6 Nun jauchzt dem Herren, alle Welt
Nach der 4. Strophe könnte der Eröffnungsvers eingefügt werden:
*Alle Welt bete dich an, o Gott, * sie lobsinge deinem Namen, du Allerhöchster.* Ps 66(65), 4 / V. Ton, vgl. 43(2)

**Kyrie** 160 Gott des Vaters ewger Sohn

**Gloria** 166 Ehre sei Gott in der Höhe

**Antwortgesang** 54(1) Singt dem Herrn alle Länder der Erde + Kantorale Nr. 467
*oder Lied:* 551, 1+2 Nun singt ein neues Lied dem Herren

**Ruf vor dem Evangelium** 175(3) Halleluja + Vers Kantorale Nr. 467
Durch das Evangelium hat Gott uns berufen

**Credo** 355 Wir glauben Gott im höchsten Thron

**Fürbittruf** 556(8) Christus, höre uns

**Gabenbereitung** 329, 1, 5 Das ist der Tag, den Gott gemacht

**Sanctus** 190 Heilig, heilig

**Agnus Dei** 208 Christe, du Lamm Gottes

**Kommunion** 87 Aller Augen warten auf dich + 76(2), 1–2.4–5.16–17

**Dank** 409, 1, 3 Singt dem Herrn ein neues Lied
Zwischen den Strophen könnte der Kommunionvers eingefügt werden:
*Herr, du deckst mir den Tisch vor den Augen meiner Feinde. * Du füllst mir reichlich den Becher.* Ps 23(22), 5 / VI. Ton, vgl. 37(2)

**Schluss** 389, 1–4 Dass du mich einstimmen lässt in deinen Jubel, o Herr
*oder:* 400 Ich lobe meinen Gott von ganzem Herzen

---

**Notizen**

## 3. Sonntag im Jahreskreis – Lesejahr C

**Einzug** 54(1) Singt dem Herrn alle Länder der Erde + 54(2), 1–3.7–8
*oder:* 551, 1+2 Nun singt ein neues Lied dem Herren
Zwischen den Strophen könnte der Eröffnungsvers eingefügt werden:
*Singet dem Herrn ein neues Lied, * singt dem Herrn, alle Lande! Hoheit und Pracht sind vor seinem Angesicht, * Macht und Glanz in seinem Heiligtum!* Ps 96(95), 1.6 / VI. Ton, vgl. 37(2)

**Kyrie** 165 Send uns deines Geistes Kraft

**Gloria** 171 Preis und Ehre

**Antwortgesang** 31(1) Selig der Mensch, der seine Freude hat + Kantorale Nr. 468
*oder Lied:* 357, 4 Wie schön leuchtet der Morgenstern (Von Gott kommt mir ein Freudenschein)
*oder Lied:* 543, 2+3 Wohl denen, die da wandeln (Von Herzensgrund ich spreche)
*oder Responsorium:* 630(4) Dein Wort ist Licht und Wahrheit

**Ruf vor dem Evangelium** 174(5) Halleluja + Vers Kantorale Nr. 468 Der Herr hat mich gesandt, den Armen die Frohe Botschaft zu bringen

**Credo** 177(1) Credo in unum Deum + 177(2) Ich glaube an Gott

**Fürbittruf** 182(1) Du sei bei uns … sei du bei uns, Gott

**Gabenbereitung** 185 Du hast, o Herr, dein Leben

**Sanctus** 127 Heilig, heilig

**Agnus Dei** 136 Lamm Gottes

**Kommunion** 484, 1, 3–5 Dank sei dir, Vater, für das ewge Leben
*oder Kehrvers:* 624(5) Die Freude an Gott ist unsere Kraft*

**Dank** 347, 1, 3+4 Der Geist des Herrn erfüllt das All

---

**Notizen**

* Ein mehrmaliges Singen könnte durch Zwischenspiele unterbrochen werden.

## 4. Sonntag im Jahreskreis – Lesejahr C

**Einzug** 393 Nun lobet im hohen Thron
Nach der 1. Strophe könnte der Eröffnungsvers eingefügt werden:
*Hilf uns, Herr, unser Gott, führe uns aus den Völkern zusammen. / Wir wollen deinen Namen preisen, * uns rühmen, weil wir dich loben dürfen.* Ps 106(105), 47 / IV. Ton, vgl. 31(2) – von d

**Kyrie** 155 Kyrie, eleison

**Gloria** 168(2) Ehre Gott in der Höhe

**Antwortgesang** 229 Herr, erhebe dich + Kantorale Nr. 469
*oder Lied:* 419, 1+2, 4+5 Tief im Schoß meiner Mutter gewoben

**Ruf vor dem Evangelium** 174(3) Halleluja + Vers Kantorale Nr. 469
Der Herr hat mich gesandt, den Armen die Frohe Botschaft zu bringen

**Credo** 178(1) Amen … wir glauben + 178(2) Ich glaube an Gott

**Fürbittruf** 181(1) Lasset zum Herrn uns beten

**Gabenbereitung** 461, 2 »Mir nach«, spricht Christus (»Ich bin das Licht. Ich leucht euch für«)

**Sanctus** 191 Heilig, heilig

**Agnus Dei** 133 Lamm Gottes

**Kommunion** Musik

**Dank** 361, 1, 3 Mein schönste Zier und Kleinod bist
Zwischen den Strophen könnte der Kommunionvers eingefügt werden:
*Lass dein Angesicht leuchten über deinem Knecht, / hilf mir in deiner Güte. * Herr, lass mich nicht scheitern, denn ich rufe zu dir.*
Ps 31(30), 17–18 / VI. Ton, vgl. 42(2)

**Notizen**

## 5. Sonntag im Jahreskreis – Lesejahr C

**Einzug** 546, 1+2, 4 Christus, du Licht vom wahren Licht
Nach der 2. Strophe könnte der Eröffnungsvers eingefügt werden:
*Kommt, lasst uns niederfallen, / uns verneigen vor dem Herrn, unserem Schöpfer! * Denn er ist unser Gott.*
Ps 95(94), 6–7 / VIII. Ton, vgl. 52(2)

**Kyrie** 163(7)*

**Gloria** 167 Dir Gott im Himmel

**Antwortgesang** 444 Danket dem Herrn, denn ewig währt seine Liebe + Kantorale Nr. 470
*oder Lied:* 269, 3 Du Sonne der Gerechtigkeit (Es kommt der Tag, dein Tag erscheint)
*oder Lied:* 366, 3 Jesus Christus, guter Hirte (Wort des Vaters, offne Türe)
*oder Lied:* 389, 4+5 Dass du mich einstimmen lässt in deinen Jubel, o Herr (Und nun zeig mir den Weg, und nun führ mich die Bahn)

**Ruf vor dem Evangelium** 174(8) Halleluja + Vers Kantorale Nr. 470
So spricht der Herr: Folgt mir nach

**Credo** 180(1) Credo in unum Deum + 180(2) Wir glauben an den einen Gott

**Fürbittruf** 566(2) Christus, höre uns

**Gabenbereitung** 457, 1, 3 Suchen und fragen

**Sanctus** 192 Heilig, heilig

**Agnus Dei** 204 Christe, du Lamm Gottes

**Kommunion** 454 Geht in alle Welt, Halleluja + 76(2), 4–7.11–12

**Dank** 468 Gott gab uns Atem, damit wir leben
Nach der 1. Strophe könnte der Kommunionvers eingefügt werden:
*Wir wollen dem Herrn danken für seine Huld, / für sein wunderbares Tun an den Menschen, * weil er die hungernde Seele mit seinen Gaben erfüllt hat.* Ps 107(106), 8–9 / VI. Ton, vgl. 45(2)

**Schluss** 453, 1, 4 Bewahre uns Gott

---

**Notizen**

* Die ersten drei Anrufungen

## 6. Sonntag im Jahreskreis – Lesejahr C

**Einzug** 477, 1+2 Gott ruft sein Volk zusammen
Zwischen den Strophe könnte der Eröffnungsvers eingefügt werden:
*Sei mir ein schützender Fels, eine feste Burg, die mich rettet. / Denn du bist mein Fels und meine Burg; * um deines Namens willen wirst du mich führen und leiten.* Ps 31(30), 3–4 / I. Ton, vgl. 32(2)

**Kyrie** 130 Herr, erbarme dich

**Gloria** 131 Ehre sei Gott in der Höhe

**Antwortgesang** 43(1) Gott hat dich gesegnet auf ewig + Kantorale Nr. 471
*oder Lied:* 366, 2+3 Jesus Christus, guter Hirte (Baum des Lebens, Strom des Heiles)
*oder Lied:* 384, 2 Hoch sei gepriesen unser Gott (Hoch sei gepriesen unser Herr)
*oder Lied:* 399, 3+4 Gott loben in der Stille (Gott leben alle Tage)

**Ruf vor dem Evangelium** 175(1) Halleluja + Vers Kantorale Nr. 471
So spricht der Herr: Freut euch und jubelt

**Credo** 179 Ich glaube an Gott

**Fürbittruf** 619(5+6) Kyrie, eleison

**Gabenbereitung** 624(5) Die Freude an Gott ist unsere Kraft + 651(8), 1–2.4

**Sanctus** 193 Heilig, heilig

**Agnus Dei** 136 Lamm Gottes

**Kommunion** 390 Magnificat + 644(4), 1–9*

**Dank** 281, 1+2 Also sprach beim Abendmahle
Zwischen den Strophen könnte der Kommunionvers eingefügt werden:
*Gott hat die Welt so geliebt, dass er seinen einzigen Sohn hingab, / damit jeder, der an ihn glaubt, nicht zugrunde geht, * sondern das ewige Leben hat.* Joh 3, 16 / VI. Ton, vgl. 42(2)

**Schluss** 143, 1, 3 Mein ganzes Herz erhebet dich

**Notizen**

* Der Magnifikat-Kehrvers könnte zu Beginn, nach dem 3., 6. und 9. Vers (dann evtl. als Kanon) gesungen werden.

## 7. Sonntag im Jahreskreis – Lesejahr C

**Einzug** 148 Komm her, freu dich mit uns, tritt ein
Nach der 1. Strophe könnte der Eröffnungsvers eingefügt werden:
*Herr, ich baue auf deine Huld, / mein Herz soll über deine Hilfe frohlocken. * Singen will ich dem Herrn, weil er mir Gutes getan hat.*
Ps 13(12), 6 / VI. Ton, vgl. 42(2)

**Kyrie** 437, 1+2, 4 Meine engen Grenzen

**Gloria** 169 Gloria, Ehre sei Gott

**Antwortgesang** 517 Der Herr vergibt die Schuld + Kantorale Nr. 472
*oder Lied:* 268, 4+5 Erbarme dich, erbarm dich mein (Herr, nimm von mir nicht deinen Geist)
*oder Lied:* 269, 3 Du Sonne der Gerechtigkeit (Es kommt der Tag, dein Tag erscheint)
*oder Lied:* 409, 2 Singt dem Herrn ein neues Lied (Täglich neu ist seine Gnad)

**Ruf vor dem Evangelium** 174(8) Halleluja + Vers Kantorale Nr. 472
So spricht der Herr: Ein neues Gebot gebe ich euch

**Credo** 354 Gott ist dreifaltig einer

**Fürbittruf** 561*

**Gabenbereitung** 434, 2+3 Noch ehe die Sonne am Himmel stand (Der du allem Leben den Atem schenkst)

**Sanctus** 195 Heilig, heilig

**Agnus Dei** 207 Lamm Gottes

**Kommunion** 442 Wo die Güte und die Liebe

**Dank** 384, 1+2 Hoch sei gepriesen unser Gott
Zwischen den Strophen könnte der Kommunionvers eingefügt werden:
*Herr, verkünden will ich all deine Wunder. / Ich will jauchzen und an dir mich freuen, * für dich, du Höchster, will ich singen und spielen.*
Ps 9, 2–3 / VII. Ton, vgl. 77(2)

**Schluss** 452, 3, 6+7 Der Herr wir dich mit seiner Güte segnen (Behüten soll er dich und die Deinen)

### Notizen

* Jesus, du Bruder der Menschen
Antwort: Kyrie, eleison
*oder:* 556(6) Wir bitten dich, erhöre uns

## 8. Sonntag im Jahreskreis – Lesejahr C

**Einzug** 142, 1+2 Zu dir, o Gott, erheben wir*
Zwischen den Strophen könnte der Eröffnungsvers eingefügt werden:
*Der Herr wurde mein Halt. / Er führte mich hinaus ins Weite, **
*er befreite mich, denn er hatte an mir Gefallen.*
Ps 18(17), 19.20 / VI. Ton, vgl. 42(2)

**Kyrie** 151 Herr, erbarme dich unser

**Gloria** 173(1) Gloria + 173(2) Ehre sei Gott

**Antwortgesang** 51(1) Wie groß sind deine Werke, o Herr + Kantorale Nr. 473
*oder Lied:* 387, 7 Gott ist gegenwärtig (Mache mich einfältig)
*oder Lied:* 487, 1, 3 Nun singe Lob, du Christenheit

**Ruf vor dem Evangelium** 174(3) Halleluja + Vers Kantorale Nr. 473 Haltet fest am Wort Christi

**Credo** 178(1) Amen … wir glauben + 178(2) Ich glaube an Gott

**Fürbittruf** 561**

**Gabenbereitung** 266, 2+3 Bekehre uns, vergib die Sünde (Bekehrt euch alle, denn das Reich ist nahe)

**Sanctus** 196 Heilig, heilig

**Agnus Dei** 202 O du Lamm Gottes

**Kommunion** 34(1) Herr, wer darf Gast sein in deinem Zelt + 34(2), 1–7

**Dank** 440, 1, 3–5 Hilf, Herr meines Lebens
Nach der 1. Strophe könnte der Kommunionvers eingefügt werden:
*Ich bin bei euch alle Tage / bis zum Ende der Welt * – so spricht der Herr.* Mt 28, 20 / I. Ton, vgl. 51(2)

**Schluss** 456, 3 Herr, du bist mein Leben (Du bist meine Freiheit)

**Notizen**

* Die 1. Strophe könnte zum Einzug gesungen werden. Da sie schon zur »Bitte um Erbarmen« hinführt, könnte dieser Faden aufgenommen und die 2. Strophe als Bußakt angefügt werden. Nach der Vergebungsbitte folgt das Kyrie.
** Jesus, du Freund der Sünder
Antwort: Kyrie, eleison
*oder:* 556(6) Wir bitten dich, erhöre uns

## 9. Sonntag im Jahreskreis – Lesejahr C

**Einzug** 422, 1, 3 Ich steh vor dir mit leeren Händen, Herr
Zwischen den Strophen könnte der Eröffnungsvers eingefügt werden:
*Herr, wende dich mir zu und sei mir gnädig, / denn ich bin einsam und gebeugt. * Sieh meine Not und meine Plage an und vergib mir all meine Sünden.* Ps 25(24), 16.18 / VI. Ton, vgl. 45(2)

**Kyrie** 104 Kyrie, eleison

**Gloria** 105 Gloria in excelsis Deo

**Antwortgesang** 554 Geht in alle Welt, Halleluja + Kantorale Nr. 474
*oder Lied:* 360, 5 Macht weit die Pforten in der Welt (Die ihr von Christi Hause seid)
*oder Lied:* 374, 4 Volk Gottes, zünde Lichter an (Herr, öffne du auch uns den Sinn)
*oder Lied:* 393, 1+2 Nun lobet Gott im hohen Thron

**Ruf vor dem Evangelium** 176(1) Halleluja + Vers Kantorale Nr. 474
So sehr hat Gott die Welt geliebt

**Credo** 122 Credo in unum Deum

**Fürbittruf** 586(6) Te rogamus

**Gabenbereitung** 439, 1, 4 Erhör, o Gott, mein Flehen

**Sanctus** 106 Sanctus, Sanctus

**Agnus Dei** 107 Agnus Dei

**Kommunion** 431 Herr, du bist ein Schild für mich + 41(2), 1–4.7–8.19–20

**Dank** 425, 1, 4+5 Solang es Menschen gibt auf Erden
Nach der 4. Strophe könnte der Kommunionvers eingefügt werden:
*So spricht der Herr: Amen, ich sage euch: / Betet und bittet, um was ihr wollt; * glaubt nur, dass ihr es schon erhalten habt, dann wird es euch zuteil.* Mk 11, 23.24 / VI. Ton, vgl. 45(2)

**Entlassungsruf** 123 Ite, missa est

---

**Notizen**

## 10. Sonntag im Jahreskreis – Lesejahr C

**Einzug** 416, 1–3 Was Gott tut, das ist wohlgetan
Zwischen den Strophen könnte der Eröffnungsvers eingefügt werden, nach der 1. Strophe: *Der Herr ist mein Licht und mein Heil; * vor wem sollte ich mich fürchten?*
nach der 2. Strophe: *Der Herr ist die Kraft meines Lebens; / vor wem sollte mir bangen? * Meine Bedränger und Feinde, sie müssen straucheln und fallen.* Ps 27(26), 1 / Ps 27(26), 2 / VI. Ton, vgl. 34(2)

**Kyrie** 163(5)*

**Gloria** 383 Ich lobe meinen Gott, der aus der Tiefe mich holt

**Antwortgesang** 312(5) Aus der Tiefe zogst du mich empor + Kantorale Nr. 475
*oder Lied:* 416, 4 Was Gott tut, das ist wohlgetan (… dabei will ich verbleiben)
*oder Lied:* 465, 4 Das Jahr steht auf der Höhe (Du wächst und bleibst für immer)
*oder Lied:* 470, 5 Wenn das Brot, das wir teilen (Wenn das Leid, das wir tragen)

**Ruf vor dem Evangelium** 175(3) Halleluja + Vers Kantorale Nr. 475 Ein großer Prophet trat unter uns auf

**Credo** 177(1) Credo in unum Deum + 177(2) Ich glaube an Gott

**Fürbittruf** 182(2) Herr sei bei uns … höre du uns Gott

**Gabenbereitung** 657(6) Misericordias Domini + 657(7), 1–7
*oder:* 434, 1, 4 Noch ehe die Sonne am Himmel stand

**Sanctus** 197 Heilig, heilig

**Agnus Dei** 205 Lamm Gottes (ohne das Eingeklammerte)

**Kommunion** 443 Im Jubel ernten, die mit Tränen säen + 66(2), 5–8.14–17

**Dank** 430, 1–4, 7 Von guten Mächten treu und still umgeben
Nach der 4. Strophe könnte der Kommunionvers eingefügt werden:
*Herr, du bist mein Fels, meine Burg, mein Retter, * mein Gott, meine Zuflucht.* Ps 18(17), 3 / VI. Ton, vgl. 42(2) – auf d

**Schluss** 457, 2 Suchen und fragen (Klagende hören)

**Notizen**

* 1. Herr Jesus, auferstanden <u>von</u> den Toten
2. Herr Christus, dein Kreuz ist un<u>se</u>re Hoffnung
3. Herr Jesus, du rufst alle Men<u>schen</u> zum Leben

## 11. Sonntag im Jahreskreis – Lesejahr C

**Einzug** 145, 1, 3 Wohin soll ich mich wenden

Zwischen den Strophen könnte der Eröffnungsvers eingefügt werden:

*Vernimm, o Herr, mein lautes Rufen, * sei mir gnädig und erhöre mich. Du bist meine Hilfe: / Verstoß mich nicht, verlass mich nicht, * du Gott meines Heiles.* Ps 27(26), 7.9 / V. Ton, vgl. 47(2)

**Kyrie** 162 Mit lauter Stimme ruf ich zum Herrn

**Gloria** 172 Gott in der Höh

**Antwortgesang** 517 Der Herr vergibt die Schuld + Kantorale Nr. 476

*oder Lied:* 268, 1, 3 Erbarme dich, erbarm dich mein

*oder Lied:* 268, 4+5 Erbarme dich, erbarm dich mein (Herr, nimm von mir nicht deinen Geist)

*oder Lied:* 409, 2 Singt dem Herrn ein neues Lied (Täglich neu ist seine Gnad)

**Ruf vor dem Evangelium** 584(8) Halleluja + Vers Kantorale Nr. 476 Gott hat uns geliebt und seinen Sohn gesandt

**Credo** 180(1) Credo in unum Deum + 180(2) Wir glauben an den einen Gott

**Fürbittruf** 561*

**Gabenbereitung** 268, 4–6 Erbarme dich (Herr, nimm von mir nicht deinen Geist)

Wenn es nicht zum Antwortgesang ausgewählt wurde

*oder:* 188, 1–3 Nimm, o Gott, die Gaben, die wir bringen

**Sanctus** 194 Heilig, heilig

**Agnus Dei** 208 Christe, du Lamm Gottes

**Kommunion** 38(1) Der Herr ist mein Licht und mein Heil + 38(2), 7–9.13.15.18.21–22

**Dank** 358, 1, 3+4, 6 Ich will dich lieben

Nach der 4. Strophe könnte der Kommunionvers eingefügt werden:

*Nur eines erbitte ich mir vom Herrn, / danach verlangt mich: * im Haus des Herrn zu wohnen alle Tage meines Lebens.*

Ps 27(26), 4 / V. Ton, vgl. 43(2)

**Schluss** 361, 2 Mein schönste Zier und Kleinod bist (Dein Lieb und Treu vor allem geht)

**Notizen**

* Jesus, du Freund der Sünder
Antwort: Kyrie, eleison
*oder:* 556(6) Wir bitten dich, erhöre uns

## 12. Sonntag im Jahreskreis – Lesejahr C

**Einzug** 275, 1+2, 4 Selig, wem Christus auf dem Weg begegnet
Nach der 2. Strophe könnte der Eröffnungsvers eingefügt werden:
*Der Herr ist die Stärke seines Volkes, * er ist Schutz und Heil für seinen Gesalbten. Herr, hilf deinem Volk / und segne dein Erbe, * führe und trage es in Ewigkeit.* Ps 28(27), 8–9 / V. Ton, vgl. 43(2)

**Kyrie** 163(1)*

**Gloria** 166 Ehre sei Gott in der Höhe

**Antwortgesang** 420 Meine Seele dürstet nach dir + Kantorale Nr. 477
*oder Lied:* 272, 3 Zeige uns, Herr, deine Allmacht und Güte (Ruf uns zur Umkehr, sooft wir versagen)
*oder Lied:* 422, 2+3 Ich steh vor dir mit leeren Händen, Herr (Von Zweifeln ist mein Leben übermannt)

**Ruf vor dem Evangelium** aus 322 Halleluja + Vers Kantorale Nr. 477
So spricht der Herr: Meine Schafe hören auf meine Stimme

**Credo** 179 Ich glaube an Gott

**Fürbittruf** 181(3) Erhöre uns, Christus**

**Gabenbereitung** 460 Wer leben will wie Gott auf dieser Erde

**Sanctus** 138 Heilig, heilig

**Agnus Dei** 139 Lamm Gottes

**Kommunion** 211, 1–3, 5+6, 9 Wir rühmen dich, König der Herrlichkeit

**Dank** 209 Du teilst es aus mit deinen Händen
Nach der 2. Strophe könnte der Kommunionvers eingefügt werden:
*Ich bin der gute Hirt, / ich gebe mein Leben für meine Schafe * – so spricht der Herr.*
Ps 145(144), 15 o. Joh 19, 11.15 / I. Ton, vgl. 40(2) – von c

**Schluss** 461, 1, 3+4 »Mir nach«, spricht Christus

---

**Notizen**

* 1. Herr Jesus, Sohn des lebendigen Gottes
3. Herr Christus, du hast für uns getragen Kreuz und Leiden
4. Herr Jesus, du bist für uns auferstanden von den Toten
Die Antwort der Gemeinde kann auch das Kyrie 153, 155 oder 156 (in F) sein.
** Fürbittenvorschlag: 563(1) Im Kreuz ist Heil + (6)

## 13. Sonntag im Jahreskreis – Lesejahr C

**Einzug** 81, 1, 6 Lobet den Herren alle, die ihn ehren
Zwischen den Strophen könnte der Eröffnungsvers eingefügt werden:
*Ihr Völker alle, klatscht in die Hände; * jauchzt Gott zu mit lautem Jubel.* Ps 47(46), 2 / VIII. Ton, vgl. 52(2) – von f

**Kyrie** 153 Herr, erbarme dich

**Gloria** 168(2) Ehre Gott in der Höhe

**Antwortgesang** 649(5) Mein Herz ist bereit, o Gott + Kantorale Nr. 478
*oder Lied:* 449, 1+2 Herr, wir hören auf dein Wort

**Ruf vor dem Evangelium** 176(1) Halleluja + Vers Kantorale Nr. 478
Rede, Herr, dein Diener hört

**Credo** 355 Wir glauben Gott im höchsten Thron

**Fürbittruf** 561*

**Gabenbereitung** 387, 1, 3, 7 Gott ist gegenwärtig
*oder:* 362, 1, 3 Jesus Christus, you are my life

**Sanctus** 198 Heilig bist du

**Agnus Dei** 204 Christe, du Lamm Gottes

**Kommunion** 431 Herr, du bist ein Schild für mich + 41(2), 7–14

**Dank** 455, 1+2, 4 Alles meinem Gott zu Ehren
Nach der 2. Strophe könnte der Kommunionvers eingefügt werden:
*Lobe den Herrn, meine Seele! * Alles in mir lobe seinen heiligen Namen.* Ps 103(102), 1 / VIII. Ton, vgl. 52(2)

**Notizen**

* Jesus, du Weg, auf dem wir gehen
Antwort: Kyrie, eleison
*oder:* 556(6) Wir bitten dich, erhöre uns

## 14. Sonntag im Jahreskreis – Lesejahr C

**Einzug** 384, 1+2 Hoch sei gepriesen unser Gott
Zwischen den Strophen könnte der Eröffnungsvers eingefügt werden:
*Deiner Huld, o Herr, gedenken wir in deinem heiligen Tempel. / Wie dein Name, o Gott, so reicht dein Ruhm bis an die Enden der Erde; * deine rechte Hand ist voll von Gerechtigkeit.*
Ps 48(47), 10–11 / V. Ton, vgl. 43(2)

**Kyrie** 165 Send uns deines Geistes Kraft

**Gloria** 169 Gloria, Ehre sei Gott

**Antwortgesang** 376 Singt dem Herrn alle Länder der Erde + Kantorale Nr. 479
*oder Lied:* 143, 2 Mein ganzes Herz erhebet dich
(Dein Name, Herr, ist unser Hort)
*oder Lied:* 421, 1 Mein Hirt ist Gott der Herr
*oder Lied*: 553, 1, 3 Jerusalem, du hochgebaute Stadt

**Ruf vor dem Evangelium** 175(3) Halleluja + Vers Kantorale Nr. 479
So spricht der Herr: Meine Schafe hören auf meine Stimme

**Credo** 178(1) Amen … wir glauben + 178(2) Ich glaube an Gott

**Fürbittruf** 617(4) Herr, sende uns deinen Geist

**Gabenbereitung** 468, 1, 3 Gott gab uns Atem, damit wir leben

**Sanctus** 199 Heilig ist Gott in Herrlichkeit

**Agnus Dei** 206 Lamm Gottes, Lamm Gottes

**Kommunion** 68(1) Friede sei in deinen Mauern + 68(2), 5–8

**Dank** 491 Ich bin getauft und Gott geweiht
Nach der 2. Strophe könnte der Kommunionvers eingefügt werden:
*Kostet und seht, wie gütig der Herr ist. * Selig der Mensch, der bei ihm seine Zuflucht nimmt.* Ps 34(33), 9 / V. Ton, vgl. 43(2)

**Schluss** 451, 1, 3 Komm, Herr, segne uns

---

**Notizen**

## 15. Sonntag im Jahreskreis – Lesejahr C

**Einzug** 470, 2–4 Wenn das Brot, das wir teilen (Wenn das Leid jedes Armen)
Nach der 2. Strophe könnte der Eröffnungsvers eingefügt werden:
*Ich will in Gerechtigkeit dein Angesicht schauen, / mich satt sehen an deiner Gestalt, * wenn ich einst erwache.*
Ps 17(16), 15 / VI. Ton, vgl. 42(2) – von c

**Kyrie** 154 Kyrie, Kyrie, eleison

**Gloria** 173(1) Gloria + 173(2) Ehre sei Gott

**Antwortgesang** 584(4) Herr, du hast Worte ewigen Lebens + Kantorale Nr. 480
*oder Lied:* 142, 2 Zu dir, o Gott, erheben wir (Herr, zeige uns die Wege dein)
*oder Lied:* 440, 4 Hilf, Herr meines Lebens (Hilf, Herr meiner Seele)
*oder Lied:* 543, 4 Wohl denen, die da wandeln (Lehr mich den Weg zum Leben)

**Ruf vor dem Evangelium** 584(8) Halleluja + Vers Kantorale Nr. 480 Deine Worte, Herr, sind Geist und Leben

**Credo** 177(1) Credo in unum Deum + 177(2) Ich glaube an Gott

**Fürbittruf** 632(1) Erhöre uns, Herr

**Gabenbereitung** 459 Selig seid ihr, wenn ihr Wunden heilt

**Sanctus** 200 Heilig, heilig

**Agnus Dei** 207 Lamm Gottes

**Kommunion** 77(1) Der Herr ist erhaben, doch er schaut auf die Niedrigen + 77(2), 5–8.10

**Dank** 395 Den Herren will ich loben
Nach der 1. Strophe könnte der Kommunionvers eingefügt werden:
*Der Sperling findet ein Haus und die Schwalbe ein Nest für ihre Jungen / – deine Altäre, Herr der Heere, * mein Gott und mein König! Selig, die wohnen in deinem Haus, * die dich allezeit loben.*
Ps 84(83), 4–5 / VIII. Ton, vgl. 52(2) – von f

**Schluss** 453, 1+2, 4 Bewahre uns, Gott

---

**Notizen**

## 16. Sonntag im Jahreskreis – Lesejahr C

**Einzug** 361, 1–3 Mein schönste Zier und Kleinod bist

Nach der 2. Strophe könnte der Eröffnungsvers eingefügt werden:
*Gott ist mein Helfer, der Herr beschützt mein Leben, / freudig bringe ich dir mein Opfer dar * und lobe deinen Namen, Herr, denn du bist gütig.* Ps 54(53), 6.8 / VI. Ton, vgl. 42(2)

**Kyrie** 164 Der in seinem Wort uns hält

**Gloria** 170 Allein Gott in der Höh sei Ehr

**Antwortgesang** 34(1) Herr, wer darf Gast sein in deinem Zelt + Kantorale Nr. 481
*oder Lied:* 149, 1 Liebster Jesu, wir sind hier
*oder Lied:* 384, 2 Hoch sei gepriesen unser Gott (Hoch sei gepriesen unser Herr)
*oder Lied:* 395, 1 Den Herren will ich loben

**Ruf vor dem Evangelium** 174(7) Halleluja + Vers Kantorale Nr. 481 Selig, die das Wort mit aufrichtigem Herzen hören

**Credo** 180(1) Credo in unum Deum + 180(2) Wir glauben an den einen Gott

**Fürbittruf** 181(1) Du sei bei uns … sei du bei uns, Gott

**Gabenbereitung** 357, 1+2, 4 Wie schön leuchtet der Morgenstern

**Sanctus** 190 Heilig, heilig

**Agnus Dei** 203 O Lamm Gottes unschuldig

**Kommunion** 368, 1, 4+5 O lieber Jesu, denk ich dein

**Dank** 358, 1, 5–7 Ich will dich lieben, meine Stärke

Nach der 5. Strophe könnte der Kommunionvers eingefügt werden:
*So spricht der Herr: Ich stehe an der Tür und klopfe. / Wenn einer meine Stimme hört und die Tür öffnet, * werde ich bei ihm eintreten und mit ihm Mahl halten, und er mit mir.* Offb 3, 20 / V. Ton, vgl. 47(2)

---

**Notizen**

## 17. Sonntag im Jahreskreis – Lesejahr C

**Einzug** 348, 1, 3 Nun bitten wir den Heiligen Geist
Zwischen den Strophen könnte der Eröffnungsvers eingefügt werden:
*Gott ist hier, an heiliger Stätte. / Gott versammelt sein Volk in seinem Haus, * er schenkt ihm Stärke und Kraft.*
Ps 68(67), 6–7.36 / VI. Ton, vgl. 42(2)

**Kyrie** siehe Einzugslied

**Gloria** 131 Ehre sei Gott in der Höhe

**Antwortgesang** 444 Danket dem Herrn, denn ewig währt seine Liebe + Kantorale Nr. 482
*oder Lied:* 393, 2 Nun lobet Gott im hohen Thron (Denn sein Erbarmen, seine Gnad)
*oder Lied:* 427, 1 Herr, deine Güt ist unbegrenzt
*oder Lied:* 436, 2, 5 Ach bleib mit deiner Gnade (Ach bleib mit deiner Treue)
*oder Gesang:* 657(6) Misericordias Domini

**Ruf vor dem Evangelium** 174(8) Halleluja + Vers Kantorale Nr. 482
Ihr habt den Geist empfangen, der euch zu Söhnen macht

**Credo** 354 Gott ist dreifaltig einer

**Fürbittruf** 181(1) Lasset zum Herrn uns beten

**Gabenbereitung** 143, 1+2 Mein ganzes Herz erhebet dich
*oder:* 381, 4+5 Dein Lob, Herr, ruft der Himmel aus (Behüt mich vor der stolzen Welt)

**Sanctus** 135 Heilig, heilig

**Agnus Dei** 136 Lamm Gottes

**Kommunion** 661(2) Wie Weihrauch steige mein Gebet + 661(3), 1–4.6a–8.10
*oder:* 98 Herr, mein Beten steige auf wie Weihrauch*

**Dank** 96, 2–4 Du lässt den Tag, o Gott, nun enden (Die Erde kreist dem Licht entgegen)
Nach der 3. Strophe könnte der Kommunionvers eingefügt werden:
*Lobe den Herrn, meine Seele, * und vergiss nicht, was er dir Gutes getan hat.* Ps 103(102), 1 / VI. Ton, vgl. 42(2)

*oder:* 439, 1–4 Erhör, o Gott, mein Flehen

Nach der 2. Strophe könnte der Kommunionvers eingefügt werden:

*Lobe den Herrn, meine Seele, * und vergiss nicht, was er dir Gutes getan hat.* Ps 103(102), 1 / VII. Ton, vgl. 77(2)

**Schluss** 275, 4 Selig, wem Christus auf dem Weg begegnet (Vater im Himmel, heilig ist dein Name)

---

**Notizen**

* Ein mehrmaliges Singen könnte durch Zwischenspiele unterbrochen werden.

## 18. Sonntag im Jahreskreis – Lesejahr C

**Einzug** 434, 1, 3+4 Noch ehe die Sonne am Himmel stand
Nach der 3. Strophe könnte der Eröffnungsvers eingefügt werden:
*Gott, komm mir zu Hilfe; / Herr, eile, mir zu helfen. * Meine Hilfe und mein Retter bist du, Herr, säume nicht.*
Ps 70(69), 2.6 / IV. Ton, vgl. 31(2) – von d

**Kyrie** 108 Kyrie, eleison

**Gloria** 109 Gloria in excelsis Deo

**Antwortgesang** 50(1) Unsere Tage zu zählen, lehre uns + Kantorale Nr. 483
*oder Lied:* 93, 5 Der Mond ist aufgegangen (Gott, lass dein Heil uns schauen)
*oder Lied:* 381, 4 Dein Lob, Herr, ruft der Himmel aus (Behüt mich vor der stolzen Welt)
*oder Lied:* 387, 1, 5 Gott ist gegenwärtig

**Ruf vor dem Evangelium** 584(8) Halleluja + Vers Kantorale Nr. 483 Selig, die arm sind vor Gott

**Credo** 122 Credo in unum Deum

**Fürbittruf** 586(6) Te rogamus

**Gabenbereitung** 435, 1, 3+4 Herr, ich bin dein Eigentum

**Sanctus** 110 Sanctus, Sanctus

**Agnus Dei** 111 Agnus Dei

**Kommunion** 64(1) Die ihr ihn fürchtet, vertraut auf den Herrn + 57(2), 8.9.11–18 – von d

**Dank** 465, 1–3 Das Jahr steht auf der Höhe
Nach der 2. Strophe könnte der Kommunionvers eingefügt werden:
*So spricht der Herr: Ich bin das Brot des Lebens, / wer zu mir kommt, wird nicht mehr hungern, * und wer an mich glaubt, wird nicht mehr Durst haben.* Joh 6, 35 / VI. Ton, vgl. 42, 2 – von g

**Entlassungsruf** 112 Ite, missa est

**Schluss** 430, 7 Von guten Mächten treu und still umgeben (Von guten Mächten wunderbar geborgen)

**Notizen**

## 19. Sonntag im Jahreskreis – Lesejahr C

**Einzug** 621, 1, 3+4 Hört, eine helle Stimme ruft
Nach der 1. Strophe könnte der Eröffnungsvers eingefügt werden:
*Blick hin, o Herr, auf deinen Bund * und vergiss das Leben deiner Armen nicht für immer. Erhebe dich, Gott, / und führe deine Sache. * Vergiss nicht das Rufen derer, die dich suchen.*
Ps 74(73), 20.19.22.23 / IV. Ton, vgl. 31(2)

**Kyrie** 157 Herr, erbarme dich

**Gloria** 166 Ehre sei Gott in der Höhe

**Antwortgesang** 56(1) Freut euch: Wir sind Gottes Volk + Kantorale Nr. 484
*oder Lied:* 392, 1+2 Lobe den Herren, den mächtigen König der Ehren
*oder Gesang:* 394 Laudate Dominum
*oder Wechselgesang:* 402, 1+2, 6–8, 12

**Ruf vor dem Evangelium** 174(5) Halleluja + Vers Kantorale Nr. 484 Seid wachsam und haltet euch bereit

**Credo** 178(1) Amen … wir glauben + 178(2) Ich glaube an Gott

**Fürbittruf** 566(2) Christus, höre uns

**Gabenbereitung** 554, 1+2 »Wachet auf«, ruft uns die Stimme
*oder:* 186, 1, 3 Was uns die Erde Gutes spendet

**Sanctus** 127 Heilig, heilig

**Agnus Dei** 205 Lamm Gottes (ohne das Eingeklammerte)

**Kommunion** Musik

**Dank** 233, 2, 4 O Herr, wenn du kommst (O Herr, wenn du kommst, wird es Nacht um uns sein)

**Schluss** 435, 4 Herr, ich bin dein Eigentum (Gib auch, dass ich wachend sei)

---

**Notizen**

## 20. Sonntag im Jahreskreis – Lesejahr C

**Einzug** 349, 1, 3+4 Komm, o Tröster, Heilger Geist
*oder:* 272, 1+2 Zeige uns, Herr, deine Allmacht und Güte

**Kyrie** 165 Send uns deines Geistes Kraft

**Gloria** 168(2) Ehre Gott in der Höhe

**Antwortgesang** 307(5) Meine Hilfe und mein Retter bist du + Kantorale Nr. 485
*oder Lied:* 380, 10, 11 Großer Gott, wir loben dich
(Alle Tage wollen wir)
*oder Lied:* 418, 1, 3 Befiehl du deine Wege
*oder Lied:* 430, 4 Von guten Mächten treu und still umgeben
(Doch willst du uns noch einmal Freude schenken)
*oder Lied:* 439, 3+4 Erhör, o Gott, mein Flehen
(Mein Bitten hast erhöret)

**Ruf vor dem Evangelium** 322 Halleluja + Vers Kantorale Nr. 485
So spricht der Herr: Meine Schafe hören auf meine Stimme

**Credo** 179 Ich glaube an Gott

**Fürbittruf** 617(4) Herr, sende uns deinen Geist*

**Gabenbereitung** 188, 1, 3 Nimm, o Gott, die Gaben, die wir bringen
*oder:* 346 Atme in uns, Heiliger Geist

**Sanctus** 132 Heilig, heilig

**Agnus Dei** 133 Lamm Gottes

**Kommunion** 625(2) Mein Herz ist voll Freude über den Herrn
+ Vers 1 + 625(4), 2.6.8–9 + 625(2)

**Dank** 474, 1–3 Wenn wir das Leben teilen wie das täglich Brot
Nach der 1. Strophe könnte der Kommunionvers eingefügt werden:
*So spricht der Herr: Ich bin das lebendige Brot, / das vom Himmel herabgekommen ist. * Wer von diesem Brot isst, wird leben in Ewigkeit.* Joh 6, 51 / IV. Ton, vgl. 31(2)

**Schluss** 452, 4, 7 Der Herr wird dich mit seiner Güte segnen
(Sein Angesicht soll brüderlich dir leuchten)

**Notizen**

* Als Fürbitten könnte man an diesem Tag, da es um Feuer=Gericht=Gottes Geist geht, auch aus der Heilig-Geist-Litanei den gesamten Abschnitt 12 wählen.

## 21. Sonntag im Jahreskreis – Lesejahr C

**Einzug** 146, 1+2, 4 Du rufst uns Herr, an deinen Tisch
Nach der 2. Strophe könnte der Eröffnungsvers eingefügt werden:
*Wende dein Ohr mir zu, erhöre mich, Herr, * hilf deinem Knecht, der dir vertraut, sei mir gnädig, o Herr. * Den ganzen Tag rufe ich zu dir.*
Ps 86(85), 1–3 / IV. Ton, vgl. 31(2)

**Kyrie** 160 Gott des Vaters ewger Sohn

**Gloria** 169 Gloria, Ehre sei Gott

**Antwortgesang** 454 Geht in alle Welt, Halleluja + Kantorale Nr. 486
*oder Lied:* 275, 1, 3 Selig, wem Christus auf dem Weg begegnet
*oder Lied:* 393, 1+2 Nun lobet Gott im hohen Thron
*oder Responsorium:* 652(1) Du hast uns erlöst mit deinem Blut

**Ruf vor dem Evangelium** 176(1) Halleluja + Vers Kantorale Nr. 486
So spricht der Herr: Ich bin der Weg und die Wahrheit

**Credo** 177(1) Credo in unum Deum + 177(2) Ich glaube an Gott

**Fürbittruf** 181(2) Christus, erhöre uns

**Gabenbereitung** 184, 3 Herr, wir bringen in Brot und Wein unsere Welt zu dir (Was er uns gibt, das gibt er für alle)

**Sanctus** 191 Heilig, heilig

**Agnus Dei** 202 O du Lamm Gottes

**Kommunion** 42(1) Nach Gott, dem Lebendigen + 37(2), 1–8

**Dank** 357, 5–7 Wie schön leuchtet der Morgenstern (Herr Gott Vater, mein starker Held)
Nach der 6. Strophe könnte der Kommunionvers eingefügt werden:
*So spricht der Herr: Wer mein Fleisch isst und mein Blut trinkt, / hat das ewige Leben, * und ich werde ihn auferwecken am Letzten Tag.*
Joh 6, 54 / I. Ton, vgl. 50(2) – von d

**Schluss** 549, 1 Es wird sein in den letzten Tagen

---

**Notizen**

## 22. Sonntag im Jahreskreis – Lesejahr C

**Einzug** 424, 1, 3+4 Wer nur den lieben Gott lässt walten

Nach der 3. Strophe könnte der Eröffnungsvers eingefügt werden:
*Sei mir gnädig, o Herr. / Den ganzen Tag rufe ich zu dir. * Herr, du bist gütig und bereit, zu verzeihen; für alle, die zu dir rufen, * reich an Gnade.* Ps 86(85), 3.5 / VII. Ton, vgl. 77(2)

**Kyrie** 154 Kyrie, Kyrie

**Gloria** 173(1) Gloria + 173(2) Ehre sei Gott

**Antwortgesang** 77(1) Der Herr ist erhaben, doch er schaut auf die Niedrigen + Kantorale Nr. 487
*oder Lied:* 149, 3 Liebster Jesu, wir sind hier (O du Glanz der Herrlichkeit)
*oder Lied:* 366, 3 Jesus Christus, guter Hirte (Wort des Vaters, offne Türe)
*oder Lied:* 449 Herr, wir hören auf dein Wort

**Ruf vor dem Evangelium** 174(7) Halleluja + Vers Kantorale Nr. 487
So spricht der Herr: Nehmt mein Joch auf euch und lernt von mir

**Credo** 180(1) Credo in unum Deum + 180(2) Wir glauben an den einen Gott

**Fürbittruf** 556(8) Christus, höre uns

**Gabenbereitung** 460, 1+2, 4 Wer leben will wie Gott auf dieser Erde

**Sanctus** 193 Heilig, heilig

**Agnus Dei** 206 Lamm Gottes, Lamm Gottes

**Kommunion** 43(1) Gott hat dich gesegnet + 62(2), 1–8 – von c

**Dank** 395 Den Herren will ich loben

Nach der 2. Strophe könnte der Kommunionvers eingefügt werden:
*Wie groß ist deine Güte, o Herr, / die du bereithältst für alle, * die dich fürchten und ehren.* Ps 31(30), 20 / Ton, vgl. 52(2) – von f

---

**Notizen**

## 23. Sonntag im Jahreskreis – Lesejahr C

**Einzug** 275, 1, 4 Selig, wem Christus auf dem Weg begegnet

Zwischen den Strophen könnte der Eröffnungsvers eingefügt werden:
*Herr, du bist gerecht, und deine Entscheide sind richtig. * Handle an deinem Knecht nach deiner Huld.*
Ps 119(118), 137.124 / V. Ton, vgl. 43(2)

**Kyrie** 155 Kyrie, eleison

**Gloria** 171 Preis und Ehre

**Antwortgesang** 50(1) Unsere Tage zu zählen, lehre uns + Kantorale Nr. 488
*oder Lied:* 144, 2, 6 Nun jauchzt dem Herren, alle Welt (Erkennt, dass Gott ist unser Herr)
*oder Lied:* 419 Tief im Schoß meiner Mutter gewoben
*oder Lied:* 428, 1, 4 Herr, dir ist nichts verborgen

**Ruf vor dem Evangelium** 584(8) Halleluja + Vers Kantorale Nr. 488 Lass dein Angesicht leuchten

**Credo** 177(1) Credo in unum Deum + 177(2) Ich glaube an Gott

**Fürbittruf** 182(2) Herr sei bei uns … höre du uns, Gott

**Gabenbereitung** 458 Selig seid ihr
*oder:* 470, 1–3 Wenn das Brot, das wir teilen
*oder:* 474, 1+2, 4 Wenn wir das Leben teilen

**Sanctus** 192 Heilig, heilig

**Agnus Dei** 204 Christe, du Lamm Gottes

**Kommunion** 71(1) Selig, wer Gott fürchtet + 651(8)

**Dank** 461, 1–3 »Mir nach«, spricht Christus

Nach der 2. Strophe könnte der Kommunionvers eingefügt werden:
*So spricht der Herr: Ich bin das Licht der Welt. / Wer mir nachfolgt, wird nicht in der Finsternis gehen, * sondern wird das Licht des Lebens haben.* Joh 8, 12 / V. Ton, vgl. 43(2)

---

**Notizen**

## 24. Sonntag im Jahreskreis – Lesejahr C

**Einzug** 266, 1+2, 4, 7 Bekehre uns, vergib die Sünde
*oder:* 145, 1, 3 Wohin soll ich mich wenden
*oder:* 380, 9, 11 Großer Gott, wir loben dich
(Sieh dein Volk in Gnaden an)
Zwischen den Strophen könnte der Eröffnungsvers eingefügt werden:
*Herr, gib Frieden denen, die auf dich hoffen, / und erweise deine Propheten als zuverlässig. * Erhöre das Gebet deiner Diener und deines Volkes.*
vgl. Sir 36, 18.21–22 / VI. Ton, vgl. 42(2) – von d – bei 380 von f

**Kyrie** 582(6) Herr Jesus Christus

**Gloria** 166 Ehre sei Gott in der Höhe

**Antwortgesang** 639(1) Erbarme dich meiner, o Gott + Kantorale Nr. 489
*oder Lied:* 147, 1 Herr Jesu Christ, dich zu uns wend
*oder Lied:* 268, 1, 3, 5 Erbarme dich, erbarm dich mein
*oder Lied:* 274 1, 3 Und suchst du meine Sünde

**Ruf vor dem Evangelium** 322 Halleluja + Vers Kantorale Nr. 489 Gott hat in Christus die Welt mit sich versöhnt

**Credo** 355 Wir glauben Gott im höchsten Thron

**Fürbittruf** 561*

**Gabenbereitung** 272, 1–3 Zeige uns, Herr, deine Allmacht und Güte

**Sanctus** 194 Heilig, heilig

**Agnus Dei** 139 Lamm Gottes

**Kommunion** 432 Der Herr hat Großes an uns getan + 45(2), 1–6 – von e

**Dank** 384 Hoch sei gepriesen unser Gott
Nach der 1. Strophe könnte der Kommunionvers eingefügt werden:
*Gott, wie köstlich ist deine Huld. * Die Menschen bergen sich im Schatten deiner Flügel.* Ps 36(35), 8 / V. Ton, vgl. 43(2)

**Schluss** 277, 4 Aus tiefer Not schrei ich zu dir (Ob bei uns ist der Sünden viel)

**Notizen**

* Jesus, du Freund der Sünder
Antwort: Kyrie, eleison
*oder:* 556(6) Wir bitten dich, erhöre uns

## 25. Sonntag im Jahreskreis – Lesejahr C

**Einzug** 423, 1, 3 Wer unterm Schutz des Höchsten steht
Zwischen den Strophen könnte der Eröffnungsvers eingefügt werden:
*Das Heil des Volkes bin ich – so spricht der Herr. / In jeder Not, aus der sie zu mir rufen, will ich sie erhören. * Ich will ihr Herr sein für alle Zeit.* VI. Ton, vgl. 42(2) – von c

**Kyrie** 153 Herr, erbarme dich

**Gloria** 168(2) Ehre Gott in der Höhe

**Antwortgesang** 49(1) Jubelt Gott zu, der unsre Stärke ist + Kantorale Nr. 490
*oder Lied:* 384, 2 Hoch sei gepriesen unser Gott (Hoch sei gepriesen unser Herr)
*oder Lied:* 395, 2 Den Herren will ich loben (Barmherzig ist er allen, die ihm in Ehrfurcht nahn)
*oder Lied:* 483, 3 Halleluja … Gehet nicht auf in den Sorgen dieser Welt

**Ruf vor dem Evangelium** 174(8) Halleluja + Vers Kantorale Nr. 490 Jesus Christus, der reich war, wurde aus Liebe arm

**Credo** 179 Ich glaube an Gott

**Fürbittruf** 181(3) Erhöre uns, Christus

**Gabenbereitung** 440, 1+2, 4 Hilf, Herr meines Lebens

**Sanctus** 195 Heilig, heilig

**Agnus Dei** 207 Lamm Gottes

**Kommunion** 71(1) Selig, wer Gott fürchtet + 625(4), 2.4.6–8

**Dank** 455, 1+2 Alles meinem Gott zu Ehren
Zwischen den Strophen könnte der Kommunionvers eingefügt werden:
*Herr, du hast deine Befehle gegeben, * damit man sie genau beachtet. Wären doch meine Schritte fest darauf gerichtet, * deinen Gesetzen zu folgen.* Ps 119 (118), 4–5 / VIII. Ton, vgl. 52(2)

**Schluss** 467, 1, 5+6 Erfreue dich, Himmel

---

**Notizen**

## 26. Sonntag im Jahreskreis – Lesejahr C

**Einzug** 147, 1–3 Herr Jesu Christ, dich zu uns wend
Nach der 2. Strophe könnte der Eröffnungsvers eingefügt werden:
*Alles, was du getan hast, o Herr, / das hast du nach deiner gerechten Entscheidung getan, * denn wir haben gesündigt, wir haben dein Gesetz übertreten. Verherrliche deinen Namen * und rette uns nach der Fülle deines Erbarmens.* Dan 3, 31.29.30.43.42 / VI. Ton, vgl. 42(2)

**Kyrie** 163(4)*

**Gloria** 131 Ehre sei Gott in der Höhe

**Antwortgesang** 401 Lobet den Herrn, preist seine Huld + Kantorale Nr. 491
*oder Kanon:* 85 Ausgang und Eingang, Anfang und Ende
*oder Lied:* 86, 3+4 Aus meines Herzens Grunde (Gott will ich lassen raten)
*oder Lied:* 443 Im Jubel ernten, die mit Tränen säen

**Ruf vor dem Evangelium** 176(1) Halleluja + Vers Kantorale Nr. 491 Jesus Christus, der reich war, wurde aus Liebe arm

**Credo** 177(1) Credo in unum Deum + 177(2) Ich glaube an Gott

**Fürbittruf** 556(8) Christus höre uns

**Gabenbereitung** 434, 2–4 Noch ehe die Sonne am Himmel stand (Der du allem Leben den Atem schenkst)

**Sanctus** 198 Heilig bist du

**Agnus Dei** 203 O Lamm Gottes unschuldig

**Kommunion** 657(3) Dein Erbarmen, o Herr + 75(2), 1–2.6–11

**Dank** 216 Im Frieden dein, o Herre mein
Nach der 1. Strophe könnte der Kommunionvers eingefügt werden:
*Herr, denk an das Wort für deinen Knecht, / durch das du mir Hoffnung gabst! * Sie ist mein Trost im Elend.*
Ps 119(118), 49–50 / VI. Ton, vgl. 42(2)

**Notizen**

* 1. Herr Jesus, du rufst die Menschen zur Umkehr
3. Herr Christus, du wendest dich uns Sündern zu
4. Herr Jesus, du bringst uns die Vergebung des Vaters
Die Antwort der Gemeinde kann auch das Kyrie 153, 155 oder 156 (in F) sein.

## 27. Sonntag im Jahreskreis – Lesejahr C

**Einzug** 380, 1, 3 Großer Gott, wir loben dich

Zwischen den Strophen könnte der Eröffnungsvers eingefügt werden:

*Deiner Macht ist das All unterworfen, Herr, * und niemand kann sich dir widersetzen; denn du hast Himmel und Erde gemacht / und alles, was wir unter dem Himmel bestaunen. * Du bist der Herr über alles.*

Est 13, 9.10–11 (Vulgata) / VI. Ton, vgl. 42(2)

**Kyrie** 113 (104) Kyrie, eleison

**Gloria** 114 (105) Gloria in excelsis Deo

**Antwortgesang** 53(1) Hört auf die Stimme des Herrn + Kantorale Nr. 492

*oder Lied:* 140, 1, 3+4, 6 Kommt herbei, singt dem Herrn

*oder Lied:* 471, 2 O ewger Gott, wir bitten dich (O gütger Gott, wir bitten dich)

*oder Lied:* 481, 2 Sonne der Gerechtigkeit (Weck die tote Christenheit)

**Ruf vor dem Evangelium** 174(7) Halleluja + Vers Kantorale Nr. 492 Das Wort des Herrn bleibt in Ewigkeit

**Credo** 122 Credo in unum Deum

**Fürbittruf** 561*

**Gabenbereitung** 277, 2+3 Aus tiefer Not schrei ich zu dir (Darum auf Gott will hoffen ich)

**Sanctus** 115 (106) Sanctus, Sanctus

**Agnus Dei** 116 (107) Agnus Dei

**Kommunion** 41(1) Ich bin arm und gebeugt + 41(2), 1.3–5.7–8.20–22

**Dank** 457 Suchen und fragen

Nach der 2. Strophe könnte der Kommunionvers eingefügt werden:

*Ein Brot ist es, darum sind wir viele ein Leib. * Denn wir alle haben teil an dem einen Brot und dem einen Kelch.*

vgl. 1 Kor 10, 17 / VI. Ton, vgl. 37(2)

**Entlassungsruf** 112 Ite, missa est

**Schluss** 380, 11 Großer Gott, wir loben dich (Herr, erbarm, erbarme dich)

## Notizen

* Jesus, du Bru<u>der</u> der Menschen
Antwort: Kyrie, eleison
*oder:* 556(6) Wir bitten dich, erhöre uns

## 28. Sonntag im Jahreskreis – Lesejahr C

**Einzug** 434, 1+2 Noch ehe die Sonne am Himmel stand
Zwischen den Strophen könnte der Eröffnungsvers eingefügt werden:
*Würdest du, Herr, unsere Sünden beachten, / Herr, wer könnte bestehen?*
** Doch bei dir ist Vergebung, Gott Israels.*
Ps 130(129), 3–4 / IV. Ton, vgl. 31(2) – von d

**Kyrie** 126 Herr, erbarme dich

**Gloria** 169 Gloria, Ehre sei Gott

**Antwortgesang** 56(1) Freut euch: Wir sind Gottes Volk + Kantorale Nr. 493
*oder Lied:* 551, 1 Nun singt ein neues Lied dem Herren

**Ruf vor dem Evangelium** 175(1) Halleluja + Vers Kantorale Nr. 493
Dankt für alles; denn das will Gott von euch

**Credo** 180(1) Credo in unum Deum + 180(2) Wir glauben an den einen Gott

**Fürbittruf** 561*

**Gabenbereitung** 88(2) Dank dir, Vater, für die Gaben**

**Sanctus** 196 Heilig, heilig

**Agnus Dei** 205 Lamm Gottes (ohne das Eingeklammerte)

**Kommunion** 558(1) Danket dem Herrn, denn er ist gütig + 558(3)

**Dank** 393 Nun lobet Gott im hohen Thron***
Nach der 2. Strophe könnte der Kommunionvers eingefügt werden:
*Reiche müssen darben und hungern. / Wer aber den Herrn sucht, **
*braucht kein Gut zu entbehren.*
Ps 43(33), 11 / IV. Ton, vgl. 31(2) – von d
*oder:* 403, 1–3 Nun danket all und bringet Ehr
Nach der 2. Strophe könnte der Kommunionvers eingefügt werden:
*Reiche müssen darben und hungern. / Wer aber den Herrn sucht, **
*braucht kein Gut zu entbehren.* Ps 34(33), 11 / VI. Ton, vgl. 42(2)

**Schluss** 404 Danket, danket dem Herrn

**Notizen**

* Jesus, du Hilf<u>e</u> der Kranken
Antwort: Kyrie, eleison
*oder:* 556(6) Wir bitten dich, erhöre uns

** Wäre 3x als kurzer 2stg. Kanon zu singen, dazwischen spricht der Priester die Gebete über Brot und Wein.

*** Denkbar auch, zwischen den Strophen jeweils den Satz »Laudate Dominum«, 394, zu singen.

## 29. Sonntag im Jahreskreis – Lesejahr C

**Einzug** 471, 1, 4+5 O ewger Gott, wir bitten dich

Nach der 1. Strophe könnte der Eröffnungsvers eingefügt werden:

*Ich rufe dich an, denn du, Gott, erhörst mich. * Wende dein Ohr mir zu, vernimm meine Rede! Behüte mich wie den Augapfel, / den Stern des Auges, * birg mich im Schatten deiner Flügel.*

Ps 17(16), 6.8 / IV. Ton, vgl. 31(2)

**Kyrie** 130 Herr, erbarme dich

**Gloria** 173(1) Gloria + 173(2) Ehre sei Gott

**Antwortgesang** 67(1) Der Herr behütet dich vor allem Bösen + Kantorale Nr. 494

*oder Kanon:* 85 Ausgang und Eingang, Anfang und Ende

*oder Lied:* 418, 1+2 Befiehl du deine Wege

*oder Lied:* 423, 1, 3 Wer unterm Schutz des Höchsten steht

**Ruf vor dem Evangelium** 174(7) Halleluja + Vers Kantorale Nr. 494 Lebendig ist das Wort Gottes und kraftvoll

**Credo** 354 Gott ist dreifaltig einer

**Fürbittruf** 632(1) Erhöre uns, Herr

**Gabenbereitung** 188, 1–3 Nimm, o Gott, die Gaben, die wir bringen

*oder:* 457 Suchen und fragen

**Sanctus** 197 Heilig, heilig

**Agnus Dei** 202 O du Lamm Gottes

**Kommunion** 76(1) Der Herr ist nahe allen + 76(2), 14–15.18–20

**Dank** 377 O Jesu, all mein Leben bist

Zwischen den Strophen könnte der Kommunionvers eingefügt werden:

*Das Auge des Herrn ruht auf allen, die ihn fürchten und ehren, * die nach seiner Güte ausschauen. Denn er will sie dem Tod entreißen * und in der Hungersnot ihr Leben erhalten.*

Ps 33(32), 18–19 / IX. Ton, vgl. 63(2) – von es

**Schluss** 386 Laudate omnes gentes

---

**Notizen**

## 30. Sonntag im Jahreskreis – Lesejahr C

**Einzug** 86, 1–3 Aus meines Herzens Grunde*

Nach der 2. bzw. 3. Strophe könnte der Eröffnungsvers eingefügt werden: *Freuen sollen sich alle, die den Herrn suchen. / Sucht den Herrn und seine Macht, * sucht sein Antlitz allezeit.*

Ps 105(104), 3–4 / VI. Ton, vgl. 42(2)

**Kyrie** 163(4)**

**Gloria** 167 Dir Gott im Himmel

**Antwortgesang** 41(1) Ich bin arm und gebeugt + Kantorale Nr. 495
*oder Lied:* 429, 1+2 Gott wohnt in einem Lichte
*oder Lied:* 477, 2 Gott ruft sein Volk zusammen
(In göttlichem Erbarmen liebt Christus alle gleich)

**Ruf vor dem Evangelium** 584(8) Halleluja + Vers Kantorale Nr. 495 Gott hat in Christus die Welt mit sich versöhnt

**Credo** 177(1) Credo in unum Deum + 177(2) Ich glaube an Gott

**Fürbittruf** 181(1) Lasset zum Herrn uns beten

**Gabenbereitung** 93, 4+5 Der Mond ist aufgegangen (Wir stolzen Menschenkinder)
*oder:* 187 Wir weihn der Erde Gaben

**Sanctus** 199 Heilig ist Gott in Herrlichkeit

**Agnus Dei** 206 Lamm Gottes, Lamm Gottes

**Kommunion** 69, 1 Der Herr hat Großes an uns getan + 41(2), 11–15.19–21 – von d

**Dank** 143, 1, 3 Mein ganzes Herz erhebet dich

Zwischen den Strophen könnte der Kommunionvers eingefügt werden: *Wir wollen jubeln über die Hilfe des Herrn. * Wir frohlocken im Namen unseres Gottes.* Ps 20(19), 6 / V. Ton, vgl. 43(2)

**Schluss** 447(2) Die Gott suchen, denen wird das Herz aufleben

**Notizen**

* Beginnt der Gottesdienst erst zu »späterer« Stunde, sollte man die 3. und 4. Strophe des Liedes singen.

** 3. Herr Jesus, du wendest dich uns Sündern zu
4. Herr Christus, du bringst uns die Vergebung des Vaters
5. Herr Jesus, du schenkst uns neues Leben

Die Antwort der Gemeinde kann auch das Kyrie 153, 155 oder 156 (in F) sein.

## 31. Sonntag im Jahreskreis – Lesejahr C

**Einzug** 272, 1, 3 Zeige uns, Herr, deine Allmacht und Güte
Zwischen den Strophen könnte der Eröffnungsvers eingefügt werden:
*Herr, verlass mich nicht, bleib mir nicht fern, mein Gott! * Eile mir zu Hilfe, Herr, du mein Gott.* Ps 38(37), 22–23 / IV. Ton, vgl. 31(2)

**Kyrie** 161 Du rufst uns, Herr, trotz unsrer Schuld

**Gloria** 168(1) Gloria, gloria

**Antwortgesang** 624(2) Dem Herrn will ich singen + Kantorale Nr. 496
*oder Lied:* 434, 2 Noch ehe die Sonne am Himmel stand (Der du allem Leben den Atem schenkst)
*oder Lied:* 435, 2 Herr, ich bin dein Eigentum (Deine Treue wanket nicht)
*oder Lied:* 463, 1, 3 Wenn ich, o Schöpfer, deine Macht

**Ruf vor dem Evangelium** 175(3) Halleluja + Vers Kantorale Nr. 496
So sehr hat Gott die Welt geliebt

**Credo** 179 Ich glaube an Gott

**Fürbittruf** 561*

**Gabenbereitung** 368, 1, 3, 5 O lieber Jesu, denk ich dein

**Sanctus** 200 Heilig, heilig

**Agnus Dei** 208 Christe, du Lamm Gottes

**Kommunion** 533(8) Dankt dem Vater mit Freude + 533(9), 1–2.6–7

**Dank** 380, 6–8 Großer Gott, wir loben dich (Du, des Vaters ewger Sohn)
Nach der 7. Strophe könnte der Kommunionvers eingefügt werden:
*Herr, du zeigst mir den Pfad zum Leben; * vor deinem Angesicht herrscht Freude in Fülle.* Ps 16(15), 11 / VI. Ton, vgl. 37(2)

**Schluss** 427, 1 Herr, deine Güt ist unbegrenzt

---

**Notizen**

* Jesus, du Freund der Sünder
Antwort: Kyrie, eleison
*oder:* 556(6) Wir bitten dich, erhöre uns

## 32. Sonntag im Jahreskreis – Lesejahr C

**Einzug** 336, 1–3 Jesus lebt, mit ihm auch ich
Nach der 1. Strophe könnte der Eröffnungsvers eingefügt werden:
*Herr, lass mein Gebet zu dir dringen, * wende dein Ohr meinem Flehen zu.* Ps 88(87), 3 / VIII. Ton, vgl. 52(2) – von f

**Kyrie** 163(8) Herr Jesus, auferstanden von den Toten

**Gloria** 168(2) Ehre Gott in der Höhe

**Antwortgesang** 46(1) Lass dein Angesicht über uns leuchten + Kantorale Nr. 497
*oder Lied:* 430, 5, 7 Von guten Mächten treu und still umgeben (Lass warm und still die Kerzen heute flammen)
*oder Lied:* 434, 4 Noch ehe die Sonne am Himmel stand (Der du deine Kinder sterben lässt)
*oder Lied:* 455, 4 Alles meinem Gott zu Ehren (… der dem Himmel uns geweiht)
*oder Lied:* 552, 1, 6 Herr, mach uns stark im Mut, der dich bekennt

**Ruf vor dem Evangelium** 176(1) Halleluja + Vers Kantorale Nr. 497 Jesus Christus ist der Erstgeborene der Toten

**Credo** 180(1) Credo in unum Deum + 180(2) Wir glauben an den einen Gott

**Fürbittruf** 182(1) Du sei bei uns … sei du bei uns, Gott

**Gabenbereitung** 186, 1, 3 Was uns die Erde Gutes spendet

**Sanctus** 135 Heilig, heilig

**Agnus Dei** 136 Lamm Gottes

**Kommunion** 498 Das Heil der Welt, Herr Jesu Christ
*oder Litanei:* 557(3–6) Sei hier zugegen (… mit deinem Leben)

**Dank** 42(1) Nach Gott, dem Lebendigen
*oder* 629(1) Du führst mich hinaus ins Weite
jeweils + 629(2), 1–6.10–14

*oder Lied:* 337, 1, 5, 7 Freu dich, erlöste Christenheit

Nach der 5. Strophe könnte der Kommunionvers eingefügt werden:

*Der Herr ist mein Hirte, nichts wird mir fehlen. / Er lässt mich lagern auf grünen Auen * und führt mich zum Ruheplatz am Wasser.*

Ps 23(22), 1–2 / VIII. Ton, vgl. 52(2) – von f

**Schluss** 337, 1, 5, 7 Freu dich, erlöste Christenheit

Wenn es nicht als Lied zum Dank ausgewählt wurde

*oder:* 367 Jesus, dir leb ich

**Notizen**

## 33. Sonntag im Jahreskreis – Lesejahr C

**Einzug** 481, 1+2, 6 Sonne der Gerechtigkeit
Nach der 2. Strophe könnte der Eröffnungsgesang eingefügt werden:
*So spricht der Herr: Ich sinne Gedanken des Friedens und nicht des Unheils. / Wenn ihr mich anruft, so werde ich euch erhören * und euch aus der Gefangenschaft von allen Orten zusammenführen.*
Jer 29, 11.12.14 / V. Ton, vgl. 43(2)
*oder:* 360, 1, 3 Macht weit die Pforten in der Welt
Zwischen den Strophen könnte der Eröffnungsgesang eingefügt werden: siehe oben
*oder:* 473 Da pacem, Domine

**Kyrie** siehe Einzugslied
*oder:* 130 Herr, erbarme dich

**Gloria** 131 Ehre sei Gott in der Höhe

**Antwortgesang** 229 Herr, erhebe dich + Kantorale Nr. 498
*oder Lied:* 551, 2+3 Nun singt ein neues Lied dem Herren (Frohlockt dem Herrn, ihr Lande alle)
*oder Lied:* 552, 1, 4 Herr, mach uns stark im Mut, der dich bekennt

**Ruf vor dem Evangelium** 484(8) Halleluja + Vers Kantorale Nr. 498 Richtet euch auf, und erhebt euer Haupt

**Credo** 177(1) Credo in unum Deum + 177(2) Ich glaube an Gott

**Fürbittruf** 556(8) Christus, höre uns

**Gabenbereitung** 339, 5+6 Ihr Christen, hoch erfreuet euch (Beschirmer deiner Christenheit)
*oder:* 552, 1, 4 Herr, mach uns stark im Mut, der dich bekennt
Wenn es nicht zum Antwortgesang ausgewählt wurde

**Sanctus** 132 Heilig, heilig

**Agnus Dei** 133 Lamm Gottes

**Kommunion** 649(5) Mein Herz ist bereit, o Gott + 649(6), 1–4.8–14

**Dank** 380, 1, 7+8 Großer Gott, wir loben dich

Nach der 7. Strophe könnte der Kommunionvers eingefügt werden:
*Gott nahe zu sein ist mein Glück. * Ich setze mein Vertrauen auf Gott, den Herrn.* Ps 73(72), 28 / VI. Ton, vgl. 37(2)

**Schluss** 453 Bewahre uns, Gott, behüte uns, Gott

**Notizen**

## Letzter Sonntag im Jahreskreis / Christkönigssonntag / Hochfest – Lesejahr C

**Einzug** 375, 1, 4 Gelobt seist du, Herr Jesu Christ

Zwischen den Strophen könnte der Eröffnungsvers eingefügt werden:
*Würdig ist das Lamm, das geschlachtet ist, / Macht zu empfangen, Reichtum und Weisheit, Kraft und Ehre. * Ihm sei die Herrlichkeit und die Herrschermacht in Ewigkeit.* Offb 5, 12; 1,6 / I. Ton, vgl. 40(2)

*oder:* 362 Jesus Christ, you are my life

*oder:* 630(2) Das Heil und die Herrlichkeit*

**Kyrie** 155 Kyrie, eleison**

**Gloria** 166 Ehre sei Gott in der Höhe

**Antwortgesang** 68(1) Friede sei in deinen Mauern + Kantorale Nr. 499

*oder Lied:* 233, 1, 4 O Herr, wenn du kommst, wird die Welt wieder neu

*oder Lied:* 549 Es wird sein in den letzten Tagen

**Ruf vor dem Evangelium** 375 Halleluja + Vers Kantorale Nr. 499 Gesegnet sei, der kommt im Namen des Herrn

**Credo** 178(1) Amen … wir glauben + 178(2) Ich glaube an Gott

**Fürbittruf** 561***

**Gabenbereitung** 370, 1–3 Christus, du Herrscher Himmels und der Erde

**Sanctus** 192 Heilig, heilig

**Agnus Dei** 203 O Lamm Gottes unschuldig

*oder:* 497, 3 Gottheit tief verborgen (Einst am Kreuz verhüllte sich der Gottheit Glanz)

**Kommunion** 52(1) Herr, du bist König über alle Welt – von f
+ 633(9) Dankt dem Vater mit Freude – von f

**Dank** 357, 1, 6+7 Wie schön leuchtet der Morgenstern

Nach der 6. Strophe könnte der Kommunionvers eingefügt werden:
*Der Herr thront als König in Ewigkeit. * Der Herr segnet sein Volk mit Frieden.* Ps 29(28), 10–11 / V. Ton, vgl. 39(2) – von c

**Schluss** 388 Heilig, heilig

## Notizen

* Dazu als »Rahmenvers« den Refrain von 375 Gelobet seist du, Jesu Christ (Christkönig, Halleluja) in D-Dur (nicht das Halleluja von 630(1))
** Kyrie, eleison (als Huldigung an den Kyrios und »König«) wiederholen
*** Herr Jesus, du König <u>al</u>ler Menschen
Antwort: Kyrie, eleison
*oder:* 556(6) Wir bitten dich, erhöre uns

# Feste des Herrn und der Heiligen

## 2. Februar – Darstellung des Herrn – Fest

**Eröffnungsgesang zur Kerzenweihe** 374 Volk Gottes, zünde Lichter an

Nach der 3. Strophe könnte der Gesang zur Kerzenweihe eingefügt werden:

*Seht, Christus, der Herr, kommt in Macht und Herrlichkeit, * er wird die Augen seiner Diener erleuchten.* VI. Ton, vgl. 42(2)

**Zur Prozession** 617(1) Licht aus der Höhe + 617(2) Gepriesen sei der Herr

*oder:* 260 Werde licht, Jerusalem, Halleluja + 623(7) Gepriesen sei der Herr

*oder:* 252, 1, 4, 6 Gelobet seist, du Jesu Christ*

Nach der 4. Strophe könnte der Eröffnungsgesang – Ps 48(47), 10–11 – eingefügt werden:

*Wir haben dein Heil empfangen, o Gott, inmitten deines Tempels. / Wie dein Name, o Gott, so reicht dein Ruhm bis an die Enden der Erde; * deine rechte Hand ist voll von Majestät.*

Ps 48(47), 10–11 / VIII. Ton, vgl. 52(2) – von f

**Bußakt / Kyrie** 163**

**Gloria** 172 Gott in der Höh sei Preis und Ehr

**Antwortgesang** 55(1) Jubelt, ihr Lande, dem Herrn + Kantorale Nr. 501

*oder Lied:* 360, 1, 5 Macht weit die Pforten in der Welt

*oder Lied:* 357, 4 Wie schön leuchtet der Morgenstern (Von Gott kommt mir ein Freudenschein)

**Ruf vor dem Evangelium** 175(1) Halleluja + Vers Kantorale Nr. 501 Ein Licht, das die Heiden erleuchtet

**Fürbittruf** 373 Du bist Licht und du bist Leben

**Gabenbereitung** 372 Morgenstern der finstern Nacht

**Sanctus** 132 Heilig, heilig

**Agnus Dei** 133 Lamm Gottes

**Kommunion** 43(1) Gott hat dich gesegnet auf ewig + 43(2), 1.2.6.7.10.11.17

**Dank** 364, 1+2, 5 Schönster Herr Jesu

Nach der 1. Strophe könnte der Kommunionvers eingefügt werden:

*Meine Augen haben das Heil gesehen, * das du vor allen Völkern bereitet hast.* Lk 2, 30–31 / IV. Ton, vgl. 31(2)

**Schluss** 500 Nun lässest du, o Herr
*oder:* 535 Segne du, Maria

---

**Notizen**

* Wählt man diese Möglichkeit, entfällt die Kyrielitanei (Bußakt Form C) und man spricht Bußakt A oder B.
** 1. Ein Licht, das die Heiden erleuchtet, und Herrlichkeit für dein Volk Israel: …
2. Nun lässt du, Herr, deinen Knecht, wie du gesagt hast, in Frieden scheiden: …
3. Meine Augen haben das Heil gesehen, das du vor allen Völkern bereitet hast: …
Die Antwort der Gemeinde kann auch das Kyrie 153, 155 oder 156 (in F) sein.

## 19. März – Heiliger Josef, Bräutigam der Gottesmutter Maria – Hochfest

**Einzug** 60(1) Der Herr hat uns befreit + 60(2), 1.4–6.9–10
*oder Lied:* 424, 1, 3, 5 Wer nur den lieben Gott lässt walten
Nach der 3. Strophe könnte der Eröffnungsvers eingefügt werden:
*Seht, das ist der treue und kluge Hausvater, / dem der Herr seine Familie anvertraut, * damit er für sie sorge.*
vgl. Lk 12, 42 / VII. Ton, vgl. 77(2)

**Bußakt / Kyrie** 437, 1–3 Meine engen Grenzen

**Gloria** 166 Ehre sei Gott in der Höhe

**Antwortgesang** 404 Danket dem Herrn, er hat uns erhöht + Kantorale Nr. 502
*oder Lied:* 143, 2 Mein ganzes Herz erhebet dich (Dein Name, Herr, ist unser Hort)
*oder Lied:* 395, 1 Den Herren will ich loben

**Ruf vor dem Evangelium**
In der österlichen Bußzeit: 584(9) Lob dir, Christus
Bei einer Verlegung in die Osterzeit: 174(8) Halleluja
jeweils + Vers Kantorale Nr. 502 Selig, die in deinem Hause wohnen

**Credo** 180(1) Credo in unum Deum + 180(2) Wir glauben an den einen Gott

**Fürbittruf** 561*

**Gabenbereitung** 399, 1–4 Gott loben in der Stille

**Sanctus** 190 Heilig, heilig

**Agnus Dei** 139 Lamm Gottes

**Kommunion** 49(1) Jubelt Gott zu, der unsere Stärke ist + 48(2), 1–4.15–16.18–20

**Dank** 384 Hoch sei gepriesen unser Gott
Nach der 2. Strophe könnte der Kommunionvers eingefügt werden:
*So spricht der Herr: / Komm, du guter und getreuer Knecht; * nimm teil am Festmahl deines Herrn.* Mt 25, 21 / V. Ton, vgl. 43(2)

**Schluss** 400 Ich lobe meinen Gott von ganzem Herzen (nur in der Osterzeit)

---

**Notizen**

V Jesus, du unsere Hoffnung
Antwort: Kyrie, eleison
*oder:* 556(6) Wir bitten dich, erhöre uns

## 25. März – Verkündigung des Herrn – Hochfest

**Einzug** 523 O Maria, sei gegrüßt
*oder:* 236, 1–3 Es kommt ein Schiff geladen
jeweils nach der 2. Strophe könnte der Eröffnungsvers eingefügt werden:
*Als Christus in diese Welt eintrat, / sprach er zu seinem Vater: * Siehe, ich komme, um deinen Willen zu erfüllen.*
Hebr 10, 5.7 / IV. Ton, vgl. 31(2) – von d

**Bußakt / Kyrie** 163(3) Herr Jesus, du Sohn des lebendigen Gottes*

**Gloria** 169 Gloria, Ehre sei Gott

**Antwortgesang** 649(5) Mein Herz ist bereit, o Gott + Kantorale Nr. 503
*oder Lied:* 228, 1 Tochter Zion, freue dich
*oder Lied:* 230, 1, 4+5 Gott, heilger Schöpfer aller Stern

**Ruf vor dem Evangelium**
In der österlichen Bußzeit: 176(4) Ruhm und Preis
Bei einer Verlegung in die Osterzeit: 174(5) Halleluja
jeweils + Vers Kantorale Nr. 503 Das Wort ist Fleisch geworden

**Credo** 177(1) Credo in unum Deum + 177(2) Ich glaube an Gott**

**Fürbittruf** 561***

**Gabenbereitung** 528 Ein Bote kommt, der Heil verheißt

**Sanctus** 192 Heilig, heilig

**Agnus Dei** 203 O Lamm Gottes unschuldig

**Kommunion** 537 »Ave Maria, gratia plena!«****

**Dank** 251, 1, 3+4 Jauchzet, ihr Himmel
Nach der 3. Strophe könnte der Kommunionvers eingefügt werden:
*Seht, die Jungfrau wird empfangen / und einen Sohn gebären. * Sein Name ist: Immanuel – Gott mit uns.*
Jes 7, 14 / VI. Ton, vgl. 42(2)

**Schluss** 666(2) Ave Regina caelorum
*oder:* 521, 1+2, 6 Maria, dich lieben

**Notizen**

* Die Antwort der Gemeinde kann auch das Kyrie 153, 155 oder 156 (in F) sein.
** Zu den Worten *empfangen durch den Heiligen Geist* knien alle nieder.
*** Herr Jesus, du Kind der Jungfrau Maria
Antwort: 556(6) Wir bitten dich, erhöre uns
**** Wenn möglich sollten die ersten fünf Strophen als »Sololied« mit verteilten Rollen; die 6. Strophe gemeinsam gesungen werden.

## 24. Juni – Geburt des Heiligen Johannes des Täufers – Hochfest

**Einzug** 428, 1, 4 Herr, dir ist nichts verborgen

Zwischen den Strophen könnte der Eröffnungsvers (vom Vorabend) eingefügt werden:

*Johannes wird groß sein vor Gott, / und schon im Mutterleib wird er vom Heiligen Geist erfüllt sein; * viele werden über seine Geburt sich freuen.* Lk 1, 15.14 / IV. Ton, vgl. 31(2)

*oder:* 543, 1, 3 Ihr Freunde Gottes allzugleich

Zwischen den Strophen könnte der Eröffnungsvers (am Tag) eingefügt werden:

*Ein Mensch trat auf, der von Gott gesandt war; * sein Name war Johannes. Er kam als Zeuge, / um Zeugnis abzulegen für das Licht * und das Volk für den Herrn zu bereiten.*

Joh 1, 6–7; Lk 1, 17 / VI. Ton, vgl. 40(2)

**Kyrie** 137 Herr, erbarme dich unser

**Gloria** 168(2) Ehre Gott in der Höhe

**Antwortgesang** 76(1) Der Herr ist nahe allen, die ihn rufen + Kantorale Nr. 504

*oder Lied:* 463, 1, 6 Wenn ich, o Schöpfer, deine Macht

*oder Lied:* 483, 2 Halleluja … Ihr seid das Licht in der Dunkelheit der Welt

*oder Lied:* 542, 3 Ihr Freunde Gottes allzugleich (Ihr Patriarchen hochgeborn und ihr Propheten auserkorn)

Wenn es nicht zum Einzug ausgewählt wurde.

**Ruf vor dem Evangelium** 174(8) Halleluja + Vers Kantorale Nr. 504 Du wirst Prophet des Höchsten heißen

**Credo** 178(1) Amen … wir glauben + 178(2) Ich glaube an Gott

**Fürbittruf** 181(3) Erhöre uns, Christus

**Gabenbereitung** 256, 2+3 Ich steh an deiner Krippe hier (Da ich noch nicht geboren war)

**Sanctus** 138 Heilig, heilig

**Agnus Dei** 139 Lamm Gottes

**Kommunion** 51(1) Wie groß sind deine Werke, o Herr + 623(7)

**Dank** 384 Hoch sei gepriesen unser Gott

Nach der 2. Strophe könnte der Kommunionvers eingefügt werden:
*Durch die barmherzige Liebe unseres Gottes * hat uns besucht das aufstrahlende Licht aus der Höhe.*

Lk 1, 78 / VIII. Ton, vgl. 52(2) – von g

**Schluss** 489 Lasst uns loben, freudig loben

---

**Notizen**

## 29. Juni – Heiliger Petrus und Heiliger Paulus – Hochfest

**Einzug** 542, 1, 4, 6 Ihr Freunde Gottes allzugleich
Nach der 4. Strophe könnte der Eöffnungsvers eingefügt werden:
*Die Apostel Petrus und Paulus haben die Kirche begründet; / sie haben den Kelch des Herrn getrunken, * nun sind sie Freunde Gottes.*
VI. Ton, vgl. 40(2)

**Bußakt / Kyrie** 163(7) Herr Jesus, du rufst die Menschen, dir zu folgen*

**Gloria** 105 Gloria in excelsis Deo

**Am Vorabend**
**Antwortgesang** 454 Geht in alle Welt, Halleluja + Kantorale Nr. 505
*oder Lied:* 381, 1+2 Dein Lob, Herr, ruft der Himmel aus

**Ruf vor dem Evangelium** 176(1) Halleluja + Vers Kantorale Nr. 505 Herr, du weißt alles

**Am Tag**
**Antwortgesang** 651(3) Ich suchte den Herrn + Kantorale Nr. 451
*oder Lied:* 382, 1+2 Ein Danklied sei dem Herrn
*oder Lied:* 392, 2 Lobe den Herren (… der alles so herrlich regieret)

**Ruf vor dem Evangelium** 176(2) Halleluja + Vers Kantorale Nr. 420 So spricht der Herr: Du bist Petrus – der Fels
*oder:* 175(4) oder (5) Halleluja + Vers Tu es Petrus (»Gotteslob« Nr. 486)

**Credo** 122 Credo in unum Deum

**Fürbittruf** 182(1) Du sei bei uns … sei du bei uns, Gott

**Gabenbereitung** 546, 1–3 Christus, du Licht vom wahren Licht

**Sanctus** 106 Sanctus, Sanctus

**Agnus Dei** 107 Agnus Dei

**Kommunion** Musik

**Dank** 478, 3, 2, 5 Ein Haus voll Glorie schauet (Die Kirche ist erbauet)

Zwischen den Strophen könnte der Kommunionvers eingefügt werden,
nach der 3. Strophe:
*Petrus sagte zu Jesus: / Du bist der Messias, * der Sohn des lebendigen Gottes.*
nach der 2. Strophe:
*Jesus erwiderte ihm: / Du bist Petrus, * und auf diesen Felsen werde ich meine Kirche bauen.*

Mt 16, 16.18 / jeweils VIII. Ton, vgl. 52(2) – von d

**Entlassungsruf** 120 Ite, missa est

**Schluss** 380, 1, 4, 9 Großer Gott, wir loben dich

---

**Notizen**

* Die Antwort der Gemeinde kann auch das Kyrie 153, 155 oder 156 (in F) sein.

## 6. August – Verklärung des Herrn – Fest

**Einzug** 84, 1–4 Morgenglanz der Ewigkeit*
Nach der 3. Strophe könnte der Eröffnungsvers eingefügt werden:
*Aus einer leuchtenden Wolke kam die Stimme des Vaters: / Dies ist mein geliebter Sohn, an dem ich Gefallen gefunden habe: * Auf ihn sollt ihr hören.* vgl. Mt 17, 5 / V. Ton, vgl. 43(2)

**Bußakt / Kyrie** 160 Gott des Vaters ewger Sohn

**Gloria** 173(1) Gloria + 173(2) Ehre sei Gott
*oder:* 172 Gott in der Höh

**Antwortgesang** 52(1) Herr, du bist König über alle Welt + Kantorale Nr. 506

*oder Lied:* 360, 1, 3 Macht weit die Pforten in der Welt
*oder Lied:* 370, 1, 3+4 Christus, der Herrscher Himmels und der Erde

**Ruf vor dem Evangelium** 175(1) Halleluja + Vers Kantorale Nr. 506
Aus der leuchtenden Wolke rief die Stimme des Vaters

**Fürbittruf** 373 Du bist Licht und du bist Leben

**Gabenbereitung** 363 Herr, nimm auch uns zum Tabor mit

**Sanctus** 195 Heilig, heilig

**Agnus Dei** 202 O Lamm Gottes, das getragen

**Kommunion** 95 Du Licht vom Lichte**

**Dank** 336, 1, 3 Jesus lebt, mit ihm auch ich
Zwischen den Strophen könnte der Kommunionvers eingefügt werden:
*Wenn der Herr offenbar wird, / werden wir ihm ähnlich sein, * denn wir werden ihn sehen, wie er ist.*
1 Joh 3, 2 / VIII. Ton, vgl. 54(2) – von f

**Schluss** 372, 1, 3+4 Morgenstern der finstern Nacht

---

**Notizen**

* Eventuell müsste bei einem »späteren« Gottesdienst die 1. Strophe entfallen.
** Ein mehrmaliges Singen könnte durch Zwischenspiele unterbrochen werden.

## 15. August – Mariä Aufnahme in den Himmel – Am Tag – Hochfest

**Einzug** 522 Maria aufgenommen ist
Nach der 2. Strophe könnte der Eröffnungsvers eingefügt werden:
*Ein großes Zeichen erschien am Himmel: / Eine Frau, umgeben von der Sonne, den Mond unter ihren Füßen, * und einen Kranz von zwölf Sternen auf ihrem Haupt.* Offb 12, 1 / V. Ton, vgl. 43(2)

**Bußakt / Kyrie** 163(3)*

**Gloria** 166 Ehre sei Gott in der Höhe

**Antwortgesang** 649(5) Mein Herz ist bereit, o Gott + Kantorale Nr. 507
*oder Lied:* 531 Sagt an, wer ist doch diese

**Ruf vor dem Evangelium** 174(5) Halleluja + Vers Kantorale Nr. 507
Aufgenommen in den Himmel ist die Jungfrau Maria

**Credo** 179 Ich glaube an Gott

**Fürbittruf** 181(3) Erhöre uns, Christus

**Gabenbereitung** 395 Den Herren will ich loben

**Sanctus** 197 Heilig, heilig

**Agnus Dei** 207 Lamm Gottes

**Kommunion** 43(1) Gott hat dich gesegnet auf ewig + 43(2), 1ab.2.10–11.13–15.17

**Dank** 357, 1+2, 7 Wie schön leuchtet der Morgenstern
Nach der 2. Strophe könnte der Kommunionvers eingefügt werden:
*Von nun an preisen mich selig alle Geschlechter. * Denn der Mächtige hat Großes an mir getan.* Lk 1, 48–49 / VI. Ton, vgl. 37(2) – von d

**Schluss** 526, 1, 4 Alle Tage sing und sage Lob der Himmelskönigin
*oder:* 521, 5, 6 Maria, dich lieben (Du Mutter der Gnaden)

---

**Notizen**

*1. Herr Jesus, du Sohn des ewigen Vaters
2. Herr Christus, du Kind der Jungfrau Maria
4. Herr Jesus, du Licht, in unserm Dunkel erschienen
Die Antwort der Gemeinde kann auch das Kyrie 153, 155 oder 156 (in F) sein.

## 14. September – Kreuzerhöhung – Fest

**Einzug** 305, 1 Wir rühmen uns im Kreuz unseres Herrn Jesus Christus*
*oder:* 291, 1, 3+4 Holz auf Jesu Schulter
Nach der 3. Strophe könnte der Eröffnungsvers eingefügt werden:
*Wir rühmen uns des Kreuzes unseres Herrn Jesus Christus. / In ihm ist uns Heil geworden und Auferstehung und Leben. * Durch ihn sind wir erlöst und befreit.* vgl. Gal 6, 14 / II. Ton, vgl. 57(2) – von es

**Bußakt / Kyrie** 163(5)**

**Gloria** 105 Gloria in excelsis Deo
*oder:* 131 Ehre sei Gott in der Höhe

**Antwortgesang** 48(1) Biete deine Macht auf, Herr, unser Gott + Kantorale Nr. 508
*oder Lied:* 270 Kreuz, auf das ich schaue
***

**Ruf vor dem Evangelium:** 174(3) Halleluja + Vers Kantorale Nr. 508
Wir beten dich an, Herr Jesus Christus, und preisen dich

**Fürbittruf** 310(8) Du hast uns erlöst durch dein Kreuz und dein Blut

**Gabenbereitung** 299, 1, 3, 5, (6) Der König siegt, sein Banner glänzt

**Sanctus** 106 Sanctus, Sanctus
*oder:* 135 Heilig, heilig

**Agnus Dei** 107 Agnus Dei
*oder:* 136 Lamm Gottes

**Kommunion** 640(2) So sehr hat Gott die Welt geliebt + 36(4), 23–24.27–28.32–33

**Dank** 464, 1, 4–6 Gott liebt diese Welt
Nach der 5. Strophe könnte der Kommuniongesang eingefügt werden:
*So spricht der Herr: Wenn ich von der Erde erhöht bin, * werde ich alle an mich ziehen.* Joh 12, 32 / IV. Ton, vgl. 31(2)

**evtl. Entlassungsruf** 112 Ite, missa est

**Notizen**

* Dieses Invitatorium – von der Gemeinde gesungen – könnte den Rahmen bilden, dessen Inhalt mit den Strophen 1 und 9 des Liedes »O du hochheilig Kreuze« – 294 (kleine Terz tiefer, C-Dur) gefüllt werden kann.

** 3. Herr Jesus, du rufst alle Menschen zum Leben

2. Dein Kreuz ist unsere Hoffnung

5. Du bist erhöht zur Rechten des Vaters

Die Antwort der Gemeinde kann auch das Kyrie 153, 155 oder 156 (in F) sein. Singt man Lied 291, wählt man Bußakt A oder B.

*** Gesungene 2. Lesung: 629(5) Christus Sieger oder 657(5) Christus war für uns gehorsam bis zum Tod jeweils + 629(6) Christus Jesus war Gott gleich

## 2. Oktober – Heilige Schutzengel – Gedenktag

**Einzug** 539, 1+2, 5, 7 Gott, aller Schöpfung heilger Herr
Nach der 2. Strophe könnte der Eröffnungsvers eingefügt werden:
*Preist den Herrn, ihr Engel des Herrn; * lobt und rühmt ihn in Ewigkeit.*
Dan 3, 59 / VI. Ton, vgl. 37(2)

**Kyrie** 155 Kyrie, eleison

**Antwortgesang** 664(5) Er befiehlt seinen Engeln + 664(6), 1–6.10–11
*oder Lied:* 423, 1+2 Wer unterm Schutz des Höchsten steht
*oder Lied:* 430, 1, 7 Von guten Mächten treu und still umgeben

**Ruf vor dem Evangelium** 322 (Kehrvers) Halleluja + Vers
*Lobt den Herrn, all seine Scharen, * seine Diener, die seinen Willen vollziehen!* II. Ton, vgl. 57(2)

**Fürbittruf** 556(6)*

**Gabenbereitung** 540, 1–3 Den Engel lasst uns preisen

**Sanctus** 192 Heilig, heilig

**Agnus Dei** 203 O Lamm Gottes unschuldig

**Kommunion** 467 (Refrain »Auf Erden, hier unten«) + 57(2), 1–2.20–22
(einen halben Ton höher – mit f beginnend)

**Dank** 380, 1–3 Großer Gott, wir loben dich
Nach der 2. Strophe könnte der Kommunionvers eingefügt werden:
*Herr, mein Gott, vor den Engeln * will ich dir singen und spielen.*
Ps 138(137), 1 / VI. Ton, vgl. 37(2)

**Schluss** 413 »Ehre, Ehre sei Gott in der Höhe«
*oder:* 467, 1, 6 Erfreue dich, Himmel

---

**Notizen**

* Jesus, dem die Engel dienen: Wir bitten dich, erhöre uns

## 1. November – Allerheiligen – Hochfest

**Einzug** 542, 1, 3–6 Ihr Freunde Gottes allzugleich
Nach der 4. Strophe könnte der Eröffnungsvers eingefügt werden:
*Freut euch alle im Herrn am Fest aller Heiligen; / mit uns freuen sich die Engel * und loben Gottes Sohn.* VI. Ton, vgl. 34(2)

**Bußakt / Kyrie** 163(7) Herr Jesus, du rufst die Menschen*

**Gloria** 169 Gloria, Ehre sei Gott
*oder:* 170 Allein Gott in der Höh sei Ehr

**Antwortgesang** 651(7) Selig, die bei dir wohnen, Herr
*oder:* 652(1) Du hast uns erlöst mit deinem Blut
(nur Kehrvers – in D –)
jeweils + Kantorale Nr. 510
*oder Lied:* 553, 2+3 Jerusalem, du hochgebaute Stadt
(Was für ein Volk, was für ein edle Schar)
*oder Responsorium:* 652(1) Du hast uns erlöst mit deinem Blut

**Ruf vor dem Evangelium** 174(8) Halleluja + Vers Kantorale Nr. 510
So spricht der Herr: Kommt alle zu mir

**Credo** 178(1) Amen … wir glauben + 178(2) Ich glaube an Gott

**Fürbittruf** nach 556(6)**

**Gabenbereitung** 458 Selig seid ihr, wenn ihr einfach lebt
*oder:* 459 Selig seid ihr, wenn ihr Wunden heilt

**Sanctus** 196 Heilig, heilig

**Agnus Dei** 208 Christe, du Lamm Gottes

**Kommunion** 38(1) Der Herr ist mein Licht und mein Heil + 651(4), 1–3.7–9
*oder:* 323 Du hast mein Klagen in Tanzen verwandelt***

**Dank** 548 Für alle Heiligen in der Herrlichkeit
Zwischen den Strophen könnte der Kommunnionvers eingefügt werden, nach der 2. Strophe:
*Selig, die ein reines Herz haben; * denn sie werden Gott schauen.*
nach der 3. Strophe:
*Selig, die Frieden stiften; * denn sie werden Kinder Gottes genannt werden.*

nach der 4. Strophe:
*Selig, die um der Gerechtigkeit willen verfolgt werden; * denn ihnen gehört das Himmelreich.* Mt 5, 8–10 / jeweils VI. Ton, vgl. 37(2)

**Schluss** 554, 3 »Wachet auf«, ruft uns die Stimme (Gloria sei dir gesungen)

**Notizen**

* Die Antwort der Gemeinde kann auch das Kyrie 153, 155 oder 156 (in F) sein.
** Jesus, verherrlicht in deinen Heiligen: Wir bitten dich, erhöre uns
*** Ein mehrmaliges Singen könnte durch Zwischenspiele unterbrochen werden.

## 2. November – Allerseelen – Gedenktag

**Einzug** 500 Nun lässest du, o Herr

Nach der 1. Strophe könnte dieser Eröffnungsgesang eingefügt werden:
*Herr, gib den Verstorbenen die ewige Ruhe, / lass sie wohnen in deinem Reich * und leuchten im Glanz deiner Herrlichkeit.* IV. Ton, vgl. 31(2)

*oder:* 510 O Welt, ich muss dich lassen

Nach der 2. Strophe könnte dieser Eröffnungsvers eingefügt werden:
*Der Herr tue das Tor zum Paradies auf, / zur Heimkehr in das Land, wo kein Tod mehr ist, * in das Land der ewigen Freude.*
VI. Ton, vgl. 42(2)

*oder:* 503 Mitten wir im Leben sind mit dem Tod umfangen*

*oder:* 318 Christ ist erstanden *

Zwischen den »Strophen« könnte der Eröffnungsvers eingefügt werden, nach der 1. »Strophe«:
*Wie Jesus gestorben und auferstanden ist, * so wird Gott auch die in Jesus Entschlafenen mit ihm vereinen.*
nach der 2. »Strophe«:
*Denn wie in Adam alle sterben, * so werden in Christus einst alle lebendig gemacht.*
1 Thess 4, 14 / 1 Kor 15, 22 / jeweils I. Ton, vgl. 48(2)

**Bußakt / Kyrie** 163(8) Herr Jesus, auferstanden von den Toten**

**Antwortgesang** 37(1) Der Herr ist mein Hirt + Kantorale Nr. 511
*oder Lied:* 421 Mein Hirt ist Gott der Herr

**Ruf vor dem Evangelium** 175(2) Halleluja + Vers Kantorale Nr. 515:
So spricht der Herr: Es ist der Wille meines Vaters

**Fürbittruf** 561***

**Gabenbereitung** 552, 2+3 Herr, mach uns stark im Mut, der dich bekennt (Tief liegt des Todes Schatten auf der Welt)
*oder:* 553, 1, 4+5 Jerusalem, du hochgebaute Stadt
*oder:* 325 Bleibe bei uns, du Wandrer durch die Zeit

**Sanctus** 118 Sanctus, Sanctus

**Agnus Dei** 119 Agnus Dei

**Kommunion** 42(1) Nach Gott, dem Lebendigen
+ 42(2), 1–4.6–7.10–11.15–16

**Dank** 329, 2–4 Das ist der Tag, den Gott gemacht (Verklärt ist alles Leid der Welt)

Nach der 3. Strophe könnte der Kommunionvers eingefügt werden:

*So spricht der Herr: / Ich bin die Auferstehung und das Leben; * wer an mich glaubt, wird leben, auch wenn er stirbt, und jeder, der lebt und an mich glaubt, * wird in Ewigkeit nicht sterben.*

Joh 11, 25–26 / V. Ton, vgl. 43(2)

*oder:* 336, 1–4 Jesus lebt, mit ihm auch ich

Nach der 2. Strophe könnte der Kommunionvers eingefügt werden:

*So spricht der Herr: / Ich bin die Auferstehung und das Leben; * wer an mich glaubt, wird leben, auch wenn er stirbt, und jeder, der lebt und an mich glaubt, * wird in Ewigkeit nicht sterben.*

Joh 11, 25–26 / VIII. Ton, vgl. 52(2) – von f

*oder:* 337, 1, 5–7 Freu dich, erlöste Christenheit

Nach der 5. Strophe könnte der Kommunionvers eingefügt werden:

siehe oben Joh 11, 25–26 / VIII. Ton, vgl. 52(2) – von f

**Schluss** 536, 1, 5+6 Gegrüßet seist du, Königin

*oder:* 540, 1, 4 Den Engel lasst uns preisen

*oder:* 666(4) Salve regina

**Notizen**

* Beginnt man mit diesen Liedern, entfällt das Kyrie.

** Die Antwort der Gemeinde kann auch das Kyrie 153, 155 oder 156 (in F) sein.

*** Jesus, du unsere Hoffnung

Antwort: Kyrie, eleison

*oder:* 556(6) Wir bitten dich, erhöre uns

## 9. November – Weihetag der Lateranbasilika – Fest

**Einzug** 477 Gott ruft sein Volk zusammen

Nach der 1. Strophe könnte ein Eröffnungsvers eingefügt werden:

*Gott in seinem Heiligtum ist voll Majestät, Israels Gott; / seinem Volk verleiht er Stärke und Kraft. * Gepriesen sei Gott.*

Offb 21, 2 / IV. Ton, vgl. 31(2) – von d

**Kyrie** 108 Kyrie, eleison

**Gloria** 109 Gloria in excelsis Deo

**Antwortgesang** 312(6) Freudig lasst uns schöpfen

*oder:* 654(2) Freut euch mit Jerusalem, der heiligen Stadt jeweils + 653(6), 1–2.5–6.8–9

*oder Lied:* 374, 1, 4 Volk Gottes, zünde Lichter an

*oder Lied:* 479 Eine große Stadt ersteht

*oder Antiphon:* 550 Ströme lebendigen Wassers erquicken die Gottesstadt

*oder Responsorium:* 654(1) Ihr seid der Tempel Gottes

**Ruf vor dem Evangelium** 174(8) Halleluja + Vers Kantorale Nr. 513: So spricht der Herr: Ich habe dieses Haus erwählt und geheiligt

**Credo** 122 Credo in unum Deum

**Fürbittruf** 586(6) Te rogamus

**Gabenbereitung** 482 Die Kirche steht gegründet allein auf Jesus Christ

**Sanctus** 110 Sanctus, Sanctus

**Agnus Dei** 111 Agnus Dei

**Kommunion** 616(5) Alles, was Odem hat + 616(6), 1–6

**Dank** 478 Ein Haus voll Glorie schauet

Nach der 1. Strophe könnte ein Kommunionvers eingefügt werden:

*Mein Haus ist ein Haus des Gebetes. Hier empfängt jeder, der bittet; / wer sucht, der findet; * wer anklopft, dem wird aufgetan – so spricht der Herr.* vgl. Mt 21, 13; Lk 11, 10 / VI. Ton, vgl. 42(2) – von g

**Entlassungsruf** 112 Ite, missa est

**Schluss** 489 Lasst uns loben, freudig loben

---

**Notizen**

## 8. Dezember – Hochfest der ohne Erbsünde empfangenen Jungfrau und Gottesmutter Maria

**Einzug** 531 Sagt an, wer ist doch diese

Zwischen den Strophen könnte der Eröffnungsvers eingefügt werden, nach der 1. Strophe:

*Von Herzen will ich mich freuen über den Herrn. * Meine Seele soll jubeln über meinen Gott.*

nach der 2. Strophe:

*Denn er kleidet mich in Gewänder des Heils, / er hüllt mich in den Mantel der Rettung * und schmückt mich köstlich wie eine Braut.*

Jes 61, 10 / jeweils I. Ton, vgl. 51(2) – von c

**Bußakt / Kyrie** 158 Tau aus Himmelshöhn
*oder:* 163(3)*

**Gloria** 168(2) Ehre Gott in der Höhe

**Antwortgesang** 624(2) Dem Herrn will ich singen + Kantorale Nr. 512
*oder Lied:* 452, 1 Der Herr wird dich mit seiner Güte segnen
*oder Lied:* 463, 1, 5 Wenn ich, o Schöpfer, deine Macht
*oder Lied:* 551, 1 Nun singt ein neues Lied dem Herren

**Ruf vor dem Evangelium** 175(3) Halleluja + Vers Kantorale Nr. 512 Gegrüßet seist du, Maria

**Credo** 180(1) Credo in unum Deum + 180(2) Wir glauben an den einen Gott

**Fürbittruf** 634(6) Komm, Herr Jesus, Maranatha

**Gabenbereitung** 227, 1–3, 5 Komm, du Heiland aller Welt

**Sanctus** 127 Heilig, heilig

**Agnus Dei** 205 Lamm Gottes (ohne das Eingeklammerte)

**Kommunion** 215, 1, 2 Gott sei gelobet und gebenedeiet
*oder:* 39(1) Kostet, kostet und seht
*oder:* 649, 7 Gebenedeit bist du unter den Frauen
jeweils + 649(8) Gepriesen sei Gott

**Dank** 395 Den Herren will ich loben

Nach der 1. Strophe könnte der Kommunionvers eingefügt werden:

*Großes hat man von dir gesagt, Maria, / denn aus dir ging hervor die Sonne der Gerechtigkeit, * Christus, unser Gott.*

VIII. Ton, vgl. 52(2) – von f

*oder:* 650(2) Mein Geist jubelt über Gott + 634(4) Meine Seele preist die Größe des Herrn

**Schluss** 523, 1+2, 5 Meerstern, ich dich grüße
*oder:* 390 Magnificat

---

**Notizen**

* Die Antwort der Gemeinde kann auch das Kyrie 153, 155 oder 156 (in F) sein.

## 26. Dezember – Heiliger Stephanus A/B/C

**Einzug** 252, 1–4 Gelobet seist du, Jesu Christ
*oder:* 236, 4–6 Es kommt ein Schiff geladen
(Zu Bethlehem geboren)
Nach der 4. Strophe könnte der Eröffnungsvers eingefügt werden:
*Das Tor des Himmels öffnete sich für Stephanus. / Er zog als erster der Blutzeugen ein * und empfing die Krone der Herrlichkeit.*
IV. Ton, vgl. 31(2) – von d)

**Kyrie** im Einzugslied bzw. 153 Herr, erbarme dich

**Gloria** 167 Dir Gott im Himmel

**Antwortgesang** 308(1) Vater, in deine Hände + Kantorale Nr. 116
*oder Responsorium:* 658(1) In manus tuas
*oder Responsorium:* 665(1) Herr, auf dich vertraue ich

**Ruf vor dem Evangelium** 244 Halleluja + Vers Kantorale Nr. 116 Gesegnet sei, der kommt im Namen des Herrn

**Credo** fakultativ

**Fürbittruf** 566(2) Christus, höre uns

**Gabenbereitung** 236, 1, 4–6 Es kommt ein Schiff geladen
Wenn es nicht zum Einzug ausgewählt wurde
*oder:* 253 In dulci jubilo nun singet und seid froh

**Sanctus** 195 Heilig, heilig

**Agnus Dei** 202 O du Lamm Gottes, das getragen

**Kommunion** 36(1) Auf dich haben unsere Väter vertraut + 36(2), 23–24.27–28

**Dank** 489 Lasst uns loben, freudig loben
Nach der 2. Strophe könnte der Kommunionvers eingefügt werden:
*Die Menge steinigte den Stephanus. / Er aber betete und rief: * Herr Jesus, nimm meinen Geist auf!* Apg 7, 59 / VI. Ton, vgl. 42(2)

**Schluss** 253 In dulci jubilo nun singet und seid froh
Wenn es nicht zur Gabenbereitung ausgewählt wurde

**Notizen**

## 27. Dezember – Heiliger Johannes – Apostel, Evangelist – Fest

**Einzug** 252, 1, 4 Gelobet seist du, Jesu Christ
*oder:* 241, 1, 3 Nun freut euch, ihr Christen

**Bußakt / Kyrie** 160 Gott des Vaters ewger Sohn
*oder:* nach 163*

**Gloria** 166 Ehre sei Gott in der Höhe

**Antwortgesang** 635(4) Heute erstrahlt ein Licht über uns (in C) + Kantorale Nr. 114

**Ruf vor dem Evangelium** 174(4) – von g – *oder* (5) – von e – Halleluja + Vers:
*Dich, Gott, loben wir, / dich, Herr, preisen wir. * Dich preist der glorreich Chor der Apostel.* V. Ton, vgl. 43(2)

**Fürbittruf** 373 Du bist Licht
*oder:* 556**

**Gabenbereitung** 322, 2–5 Ihr Christen, singet hoch erfreut (Die Frauen kamen zu dem Ort) – evtl. nur die Strophen
*oder:* 543, 4+5 Wohl denen, die da wandeln (Lehr mich den Weg zum Leben)
*oder:* 256, 1, 3 Ich steh an deiner Krippe hier

**Sanctus** 193 Heilig, heilig

**Agnus Dei** 206 Lamm Gottes, Lamm Gottes

**Kommunion** 636(1) Das Licht leuchtet in der Finsternis + 636(2)

**Dank** 251 1, 3+4, 7 Jauchzet, ihr Himmel
Nach der 3. Strophe könnte der Kommunionvers eingefügt werden:
*oder:* 380, 4, 6+7 Großer Gott, wir loben dich (Der Apostel heilger Chor)
Nach der 6. Strophe könnte der Kommunionvers eingefügt werden:
*Das Wort ist Fleisch geworden und hat unter uns gewohnt. * Aus seiner Fülle haben wir alle empfangen.* Joh 1, 14.16 / VI. Ton, vgl. 37(2)

**Schluss** 384 Hoch sei gepriesen unser Gott
*oder:* 245 Menschen, die ihr wart verloren

## Notizen

* Herr Jesus, Licht und Leben
Herr Jesus, Gnade und Wahrheit
Herr Christus, Du Fleisch gewordenes Wort
Herr Christus, Du Erde gewordener Himmel
Herr Jesus, Wort bei Gott von Urbeginn
Herr Jesus, lehre uns, Mensch zu werden wie du
aus 675(2)
** Gott von Gott und Licht vom Licht: Wir bitten dich, erhöre uns.
nach 556(6)

## 28. Dezember – Unschuldige Kinder – Fest

**Einzug** 247 Lobt Gott, ihr Christen alle gleich

Nach der 3. Strophe könnte der Eröffnungsvers eingefügt werden:
*Die Unschuldigen Kinder / erlitten für Christus den Tod. * Nun folgen sie dem Lamm und singen sein Lob.* VI. Ton, vgl. 34(2)
*oder: Die Unschuldigen Kinder / erlitten für Christus den Tod. * Nun folgen sie dem Lamm und singen sein Lob.* I. Ton, vgl. 40(2)
*oder:* 236, 1, 4–6 Es kommt ein Schiff, geladen
Nach der 4. Strophe könnte der Eröffnungsvers eingefügt werden:
*Die Unschuldigen Kinder erlitten für Christus den Tod. * Nun folgen sie dem Lamm und singen sein Lob.* IX. Ton, vgl. 63(2)

**Bußakt / Kyrie** 159 Licht, das uns erschien
*oder:* nach 163*

**Gloria** 168(2)

**Antwortgesang** 60(1) Der Herr hat uns befreit *oder* 401 Lobet den Herrn, preist
*oder:* 629(1) Du führst mich hinaus ins Weite *oder* 629(3) Ich gehe meinen Weg vor Gott
jeweils + Psalm 124 (123), 2–3.4–5.7–8:
*Hätte sich nicht der Herr für uns eingesetzt, / als sich gegen uns Menschen erhoben, * dann hätten sie uns lebendig verschlungen, als gegen uns ihr Zorn entbrannt war. – (R)*
*Dann hätten die Wasser uns weggespült, * hätte sich über uns ein Wildbach ergossen. Dann hätten sich über uns die Wasser ergossen, * die wilden und wogenden Wasser. – (R)*
*Unsre Seele ist wie ein Vogel dem Netz des Jägers entkommen, / das Netz ist zerrissen, und wir sind frei. * Unsere Hilfe steht im Namen des Herrn, der Himmel und Erde gemacht hat. – (R)* I. Ton, vgl. 50(2)

**Ruf vor dem Evangelium** 174(7) *oder* 175(1) Halleluja + Vers:
*Dich, Gott, loben wir, / dich, Herr, preisen wir. * Dich preist der Märtyrer leuchtendes Heer.* I. Ton, vgl. 50(2)

**Fürbittruf** 76(1) Der Herr ist nahe allen, die ihn rufen
*oder:* 430, 5 Von guten Mächten (Lass warm und still die Kerzen heute flammen)

**Gabenbereitung** 253 In dulci jubilo
*oder:* 455, 2, 4 Alles meinem Gott zu Ehren (… alle Freude, alles Leid)
*oder:* 210 Das Weizenkorn muss sterben

**Sanctus** 195 Heilig, heilig

**Agnus Dei** 205 Lamm Gottes, verspottet wegen deiner Feindesliebe

**Kommunion** 42(1) Nach Gott, dem Lebendigen + 42,(3), 1–2.3–4.5–6.7–8

**Dank** 239 Zu Bethlehem geboren

*oder:* 548, 1+2, 4 Für alle Heilgen in der Ewigkeit

Nach der 2. Strophe könnte der Kommunionvers eingefügt werden:

*Sie sind es, die aus den Menschen losgekauft wurden / als Weihegabe für Gott und das Lamm. * Sie folgen dem Lamm, wohin immer es geht.*

I. Ton, vgl. 50(2)

*oder:* 642, 1, 5 Zum Mahl des Lammes schreiten wir

Zwischen den Strophen könnte der Kommunionvers eingefügt werden:

*Sie sind es, die aus den Menschen losgekauft wurden / als Weihegabe für Gott und das Lamm. * Sie folgen dem Lamm, wohin immer es geht.*

VIII. Ton, vgl. 52(2) – von f

*oder:* 653(7) Würdig ist das Lamm + 653(8) Würdig bist du, unser Herr

**Schluss** 248, 1, 3, 5 Ihr Kinderlein, kommet

---

**Notizen**

* Herr Jesus, du erhellst das Dunkel unseres Herzens
Herr Christus, du heilst die Wunden in unserem Leben
Herr Jesus, du wandelst Trauer in Freude
aus 675(4)

*An diesem Tag werden in unseren Gemeinden erfahrungsgemäß besondere Gottesdienste für und mit Kindern gefeiert. Darauf konnte in diesen »Vorschlägen« leider nicht eingegangen werden, da das Gesangbuch keine »kindgerechten« Möglichkeiten für die liturgisch-gesangliche Gestaltung anbietet.*

# Verschiedene Anlässe

## Jahresgedächtnis einer Kirchweihe

**Einzug** 479 Eine große Stadt ersteht
Nach der 1. Strophe könnte ein Eröffnungsvers eingefügt werden:
*Ehrfurchtgebietend ist dieser Ort. / Hier ist Gottes Haus, die Pforte des Himmels; * hier wohnt Gott bei den Menschen.*
Gen 28, 17 / VI. Ton, vgl. 42(2)

**Bußakt / Kyrie** 163(1) Herr Jesus, Sohn des lebendigen Gottes*

**Gloria** 166 Ehre sei Gott in der Höhe

**Antwortgesang** 653(3) Selig, die bei dir wohnen, Herr + Kantorale Nr. 513
*oder Gesang:* 488 Die ihr auf Christus getauft seid
*oder Responsorium:* 654(1) Ihr seid der Tempel Gottes

**Ruf vor dem Evangelium** 174(8) Halleluja + Vers Kantorale Nr. 513
So spricht der Herr: Ich habe dieses Haus erwählt und geheiligt

**Gesang nach dem Evangelium** 483, 1+2 Halleluja … Ihr seid das Volk, das der Herr sich ausersehn

**Credo** 180(1) Credo in unum Deum + 180(2) Wir glauben an den einen Gott

**Fürbittruf** 182(2) Du sei bei uns … höre du uns, Gott

**Gabenbereitung** 484, 1, 3+4 Dank sei dir, Vater, für das ewge Leben

**Sanctus** 193 Heilig, heilig

**Agnus Dei** 136 Lamm Gottes

**Kommunion** 488 Die ihr auf Christus getauft seid**
Wenn es nicht zum Antwortgesang ausgewählt wurde
*oder:* 42(1) Nach Gott, dem Lebendigen, dürstet meine Seele + 66(2), 19–24

**Dank** 487 Nun singe Lob, du Christenheit
Nach der 2. Strophe könnte ein Kommunionvers eingefügt werden:
*Ihr seid Gottes Tempel, / und der Geist Gottes wohnt in euch. * Der Tempel Gottes ist heilig, und der seid ihr.*
1 Kor 3, 16–17 / VI. Ton, vgl. 42(2)

**Schluss** 491 Ich bin getauft und Gott geweiht

**Notizen**

* Die Antwort der Gemeinde kann auch das Kyrie 153, 155 oder 156 (in F) sein.
** Als »Meditationsgesang« – die einzelnen Strophen von Musik unterbrochen

**Da das Lektionar verschiedene Perikopen zur Auswahl anbietet, hier noch einige Vorschläge zur Gestaltung des »Propriums« dieser vier »Messen«**

I.

1 Kön 8, 22-23.27-30

**Antwortgesang** 653(3) Selig, die bei dir wohnen, Herr + Kantorale Nr. 513

1 Kor 3, 9b-11.16-17

**Ruf zum Evangelium** 174(3)

*oder*: 176(2) Halleluja + Vers Kantorale Nr. 420 So spricht der Herr: Du bist Petrus – der Fels –

*oder:* 175(4) oder (5) Halleluja + Vers Tu es Petrus (»Gotteslob« Nr. 486)

Mt 16, 13-19

*weitere geeignete Gesänge:*

457 Suchen und fragen

478, 3-5 Ein Haus voll Glorie schauet (Die Kirche ist erbauet auf Jesus Christ allein)

489 Lasst uns loben, freudig loben

546 Tu es Petrus

Als Fürbittruf eignet sich nach dem Modell von 561:

Jesus, du Herr deiner Kirche

Antwort: Kyrie, eleison

*oder:* 556(6) Wir bitten dich, erhöre uns

II.

2 Chr 5, 6-8a.9c.10.13b.14; 6, 1-2

**Antwortgesang** 616(5) Alles, was Odem hat, lobe den Herrn + 616(6), 1-6

Eph 2, 19-22

**Ruf zum Evangelium** 174(3) Halleluja + Vers Kantorale Nr. 401 Das Wort ist Fleisch geworden

Lk 19, 1-10

*weitere geeignete Gesänge:*

161 Du rufst uns, Herr, trotz unsrer Schuld
272, 1, 3 Zeige uns, Herr, deine Allmacht und Güte
380, 6–8 Großer Gott, wir loben dich (Du, des Vaters ewger Sohn)
412 Die Herrlichkeit des Herrn
Als Fürbittruf eignet sich nach dem Modell von 561:
Jesus, unser Freund und Retter
Antwort: Kyrie, eleison
*oder:* 556(6) Wir bitten dich, erhöre uns

**III.**

Jes 56, 1.6–7

**Antwortgesang** 478 Refrain Gott, wir loben dich (in D-Dur)
oder 653(3) Selig, die bei dir wohnen, Herr
jeweils + 653(4), 1b-4.9–11
Hebr 12, 18–19.22–24

**Ruf zum Evangelium** 174(8) Halleluja + Vers Kantorale Nr. 513
So spricht der Herr: Ich habe dieses Haus erwählt und geheiligt
Joh 2, 13–22

*weitere geeignete Gesänge:*

53(1) Hört auf die Stimme des Herrn
*oder:* 284 Jerusalem, Jerusalem, bekehre dich
jeweils + 66(2), 5–8.15–16.22–23
272, 1 Zeige uns, Herr, deine Allmacht und Güte
349, 1, 3, 4 Komm, o Tröster, Heilger Geist
362 Jesus Christ, you are my life
385, 1+2 Nun saget Dank und lobt den Herren
474 Wenn wir das Leben teilen wie das täglich Brot
456, 1+2, 4 Herr, du bist mein Leben
Als Fürbittruf eignet sich nach dem Modell von 561
Jesus, du hast dieses Haus geheiligt
Antwort: Kyrie, eleison
*oder:* 556(6) Wir bitten dich, erhöre uns

**IV.**

Ez 43, 1–2.4–7a

**Antwortgesang** 616(5) Alles, was Odem hat, lobe den Herrn
+ 616(6), 1–6

1 Petr 2, 4–9

**Ruf zum Evangelium** 175(2) oder 174, 7 Halleluja + Vers Kantorale
Nr. 233 So spricht der Herr: Ich bin der gute Hirt

Joh 10, 22–30

*weitere geeignete Gesänge:*

37(1) Der Herr ist mein Hirt + 653(8)
144, 1, 3, 6 Nun jauchzt dem Herren alle Welt
281, 1, 3 Also sprach beim Abendmahle
366, 1, 3 Jesus Christus, guter Hirte
384, 1, 3 Hoch sei gepriesen
421 Mein Hirt ist Gott der Herr

Als Fürbittruf eignet sich nach dem Modell von 561
Jesus, du guter Hirte
Antwort: Kyrie, eleison
*oder:* 556(6) Wir bitten dich, erhöre uns

**Notizen**

Am letzten Sonntag im September oder am ersten Sonntag im Oktober:

## Erntedank I »Die Schönheit der Schöpfung«

**Einzug** 463, 1–3 Wenn ich, o Schöpfer, deine Macht
Nach der 1. Strophe könnte der Eröffnungsgesang eingefügt werden:
*Das Land gab seinen Ertrag. * Es segne uns Gott, unser Gott.*
oder: *Deiner Macht ist das All unterworfen, Herr, * und niemand kann sich dir widersetzen; denn du hast Himmel und Erde gemacht / und alles, was wir unter dem Himmel bestaunen.* Du bist der Herr über alles.* Ps 67(66), 7 / jeweils VI. Ton, vgl. 37(2) – von g

**Bußakt / Kyrie** nach 163*

**Gloria** 173(1) Gloria + 173(2) Ehre sei Gott
*oder:* 171 Preis und Ehre

**1. Lesung** Dtn 8, 7–18

**Antwortgesang** 444 Danket dem Herrn, denn ewig währt seine Liebe + Kantorale Nr. 509
*oder Lied:* 382, 1+2 Ein Danklied sei dem Herrn
*oder Lied:* 411, 1+2 Erde singe, dass es klinge
*oder Lied:* 452, 1+2, 4 Der Herr wird dich mit seiner Güte segnen

**2. Lesung** 1 Tim 6, 6–11.17–19

**Ruf vor dem Evangelium** 176(1) Halleluja + Vers Kantorale Nr. 509
Setzt eure Hoffnung auf Gott, der uns allen reichlich gibt

**Evangelium** Lk 17, 11–19

**Credo** 177(1) Credo in unum Deum + 177(2) Ich glaube an Gott
*oder:* 355 Wir glauben Gott im höchsten Thron

**Fürbittruf** 181(1) Lasset zum Herrn uns beten

**Gabenbereitung** 462 Tanzen, ja tanzen wollen wir
*oder:* 186 Was uns die Erde Gutes spendet

**Sanctus** 194 Heilig, heilig

**Agnus Dei** 139 Lamm Gottes

**Kommunion** 45(1) Der Herr krönt das Jahr + 58(2), 1–5.10–16

**Dank** 466, 1–4 Herr, dich loben die Geschöpfe

Nach der 3. Strophe könnte der Kommunionvers eingefügt werden:
*Herr, von den Früchten deiner Schöpfung werden alle satt. / Du schenkst dem Menschen Brot von der Erde * und Wein, der sein Herz erfreut.*
vgl. Ps 104(103), 13–15 / VI. Ton, vgl. 34(2)

**Schluss** 467, 1–6 Erfreue dich, Himmel

**Notizen**

* 1. Herr Jesus, du erhältst die Schöpfung und lässt die Früchte wachsen
2. Herr Christus, du gibst uns das Brot, die Frucht menschlicher Arbeit
3. Herr Jesus, du schenkst uns den Wein, der das Herz des Menschen erfreut
Die Antwort der Gemeinde kann auch das Kyrie 153, 155 oder 156 (in F) sein.

Am letzten Sonntag im September oder am ersten Sonntag im Oktober:

## Erntedank II »Wie gehen wir mit der Schöpfung, mit den Gaben Gottes, um?«

**Einzug** 469, 1–4 Der Erde Schöpfer und ihr Herr
*Nach der 1. Strophe könnte der Eröffnungsgesang eingefügt werden:*
*Das Land gab seinen Ertrag. * Es segne uns Gott, unser Gott.*
oder: *Deiner Macht ist das All unterworfen, Herr, * und niemand kann sich dir widersetzen; denn du hast Himmel und Erde gemacht / und alles, was wir unter dem Himmel bestaunen.* Du bist der Herr über alles.* Ps 67(66), 7 / jeweils IV. Ton, vgl. 31(2)

**Bußakt / Kyrie** nach 163*

**Gloria** 173(1) Gloria + 173(2) Ehre sei Gott
*oder:* 171 Preis und Ehre

**1. Lesung** Dtn 24, 17–22

**Antwortgesang** 41(1) Ich bin arm und gebeugt *oder* 65(1) Seine Gnade währet durch alle Zeit – von g
*oder:* 71(1) Selig, wer Gott fürchtet – von g
jeweils + Kantorale Nr. 250
*oder Lied:* 381, 4 Dein Lob, Herr, ruft der Himmel aus (Behüt mich vor der stolzen Welt)
*oder Lied:* 424, 1, 5 Wer nur den lieben Gott lässt walten
*oder Lied:* 465, 1–3 Das Jahr steht auf der Höhe

**2. Lesung** 2 Kor 9, 6–15

**Ruf vor dem Evangelium** 176(1) Halleluja + Vers Kantorale Nr. 509
Setzt eure Hoffnung auf Gott, der uns allen reichlich gibt

**Evangelium** Lk 12, 15–21

**Gesang nach dem Evangelium** 483, 3 Halleluja … Gehet nicht auf in den Sorgen dieser Welt

**Credo** 177(1) Credo in unum Deum + 177(2) Ich glaube an Gott
*oder:* 355 Wir glauben Gott im höchsten Thron

**Fürbittruf** 181(1) Lasset zum Herrn uns beten

**Gabenbereitung** 468 Gott gab uns Atem, damit wir leben
*oder:* 184 Herr, wir bringen in Brot und Wein unsere Welt zu dir

**Sanctus** 194 Heilig, heilig

**Agnus Dei** 139 Lamm Gottes

**Kommunion** 209 Du teilst es aus mit deinen Händen
*oder:* 40(1) Bis in den Himmel reicht deine Liebe, Herr + 40(2), 1–6

**Dank** 470 Wenn das Brot, das wir teilen
Zwischen den Strophen könnte ein Kommunionvers eingefügt werden,
nach der 1. Strophe: *Selig, die arm sind vor Gott, * denn ihnen gehört das Himmelreich.*
nach der 2. Strophe: *Selig die Barmherzigen; * denn sie werden Erbarmen finden.*
nach der 3. Strophe: *Selig, die ein reines Herz haben; * denn sie werden Gott schauen.*
nach der 4. Strophe: *Selig, die Trauernden; * denn sie werden getröstet werden.* Mt 5, 3.7.8.4 / jeweils V. Ton, vgl. 43(2)

**Schluss** 403 Nun danket all und bringet Ehr

---

**Notizen**

* 1. Herr Jesus, du hast uns die Erde anvertraut
2. Herr Christus, du gibst jedem Geschöpf seine eigene Würde
3. Herr Jesus, hilf uns, den Frieden zu suchen, die Gerechtigkeit zu üben und die Schöpfung zu bewahren
Die Antwort der Gemeinde kann auch das Kyrie 153, 155 oder 156 (in F) sein.

Am letzten Sonntag im Oktober:

## Sonntag der Weltmission

**Einzug** 481, 1, 4–6 Sonne der Gerechtigkeit
Nach der 4. Strophe könnte der Eröffnungsvers eingefügt werden:
*Gott sei uns gnädig und segne uns. / Er lasse über uns sein Angesicht leuchten, * damit auf Erden sein Weg erkannt wird und unter allen Völkern sein Heil.* Ps 67(66), 1–2 / V. Ton, vgl. 39(2)

**Kyrie** im Einzugslied

**Gloria** 169 Gloria, Ehre sei Gott
*oder:* 167 Dir Gott im Himmel

**1. Lesung** Jes 6, 1–8

**Antwortgesang** 49(1) Jubelt Gott zu, der unsre Stärke ist
*oder:* 643(3) Jubelt dem Herrn, alle Lande
*oder:* 454 Geht in alle Welt, Halleluja
jeweils + Kantorale Nr. 434 oder 76(2), 1–10.[12]
*oder Lied:* 275, 1, 4 Selig, wem Christus auf dem Weg begegnet
*oder Gesang:* 386 Laudate omnes gentes

**2. Lesung** 1 Kor 9, 16–19.22–23

**Ruf vor dem Evangelium** 175(2) Halleluja + Vers Kantorale Nr. 244 Geht zu allen Völkern

**Evangelium** Mt 28, 16–20

**Gesang nach dem Evangelium** 483, 1+2 Halleluja … Ihr seid das Volk, das der Herr sich ausersehn

**Credo** 178(1) Amen … wir glauben + 178(2) Ich glaube an Gott

**Fürbittruf** 632(1) Erhöre uns, Herr

**Gabenbereitung** 485 O Jesu Christe, wahres Licht

**Sanctus** 198 Heilig bist du, großer Gott

**Agnus Dei** 204 Christe, du Lamm Gottes

**Kommunion** 643(3) Jubelt Gott zu, der unsre Stärke ist + 76(2), 1–10.[12]
Wenn es nicht zum Antwortgesang ausgewählt wurde
*oder Lied:* 209 Du teilst es aus mit deinen Händen

**Dank** 375, 1, [4], 5 Gelobt seist du, Herr Jesu Christ

Nach der 1. Strophe könnte der Kommunionvers eingefügt werden:
*Geht zu allen Völkern / und lehrt sie, alles zu befolgen, was ich euch geboten habe. * Ich bin bei euch alle Tage bis zum Ende der Welt.*
Mt 28, 19–20 / VI. Ton, vgl. 34(2)

*oder:* 479 Eine große Stadt ersteht

Nach der 2. Strophe könnte der Kommunionvers eingefügt werden:
*Geht zu allen Völkern / und lehrt sie, alles zu befolgen, was ich euch geboten habe. * Ich bin bei euch alle Tage bis zum Ende der Welt.*
Mt 28, 19–20 / VI. Ton, vgl. 42(2)

**Schluss** 347, 1, 4 Der Geist des Herrn erfüllt das All
*oder:* 491, 1, 3 Ich bin getauft

---

**Notizen**

## I. Gottesdienst zur Erstkommunion »Jesus, der gute Hirte«

**Einzug** 144, 1, 3, 6 Nun jauchzt dem Herren alle Welt
Nach der 3. Strophe könnte der Eröffnungsvers eingefügt werden:
*So spricht der Herr: Ich bin der gute Hirt. / Ich kenne die Meinen * und die Meinen kennen mich. Halleluja.*
Joh 10, 14 / VI. Ton, vgl. 42(2) – von c

**Bußakt / Kyrie** 163*

**Gloria** 408 Lobet und preiset + 168(2) (nur die Verse)**
*oder:* 172 Allein Gott in der Höh sei Ehr

**1. Lesung** Ez 34, 11–16

**Antwortgesang** 37(1) Der Herr ist mein Hirt + Kantorale Nr. 233
*oder Lied:* 384, 3 Hoch sei gepriesen unser Gott (Hoch sei gepriesen unser Hirt)

**2. Lesung** Röm 5, 5b–8, 10, 11

**Ruf vor dem Evangelium** 175(2) Halleluja + Vers Kantorale Nr. 233 So spricht der Herr: Ich bin der gute Hirt

**Evangelium** Joh 10, 14–18

**Credo** 178(1) Amen … wir glauben + 178(2) Ich glaube an Gott

**Fürbittruf** 561***

**Gabenbereitung** 184 Herr, wir bringen in Brot und Wein unsere Welt zu dir + 366, 1, 3 Jesus Christus, guter Hirte****

**Sanctus** 199 Heilig ist Gott in Herrlichkeit

**Agnus Dei** 206 Lamm Gottes, Lamm Gottes

**Kommunion** 421 Mein Hirt ist Gott der Herr*****

**Dank** 406 Danket, danket + 281, 3 Also sprach (Ich bin euer Weg)******

**Schluss** 380, 1–3, 9 Großer Gott, wir loben

## Notizen

* 1. Herr Jesus, du bist der gute Hirte
2. Herr Christus, du kümmerst dich um deine Schafe und du sorgst für sie
3. Herr Jesus, du führst sie in das Reich deines Vaters
Die Antwort der Gemeinde kann auch das Kyrie 153, 155 oder 156 (in F) sein.
** nach jedem Vers folgt 408 – zunächst »nur« als Liedruf, nach dem 3. Vers als Kanon
*** Jesus, du guter Hirte
Antwort: Kyrie, eleison
*oder:* 556(6) Wir bitten dich, erhöre uns
**** Die Nr. 184 »fungiert« als Kehrvers, der 4x gesungen wird – dazwischen die Strophen des Liedes 366.
***** Die 4 Strophen des Liedes sollten durch Instrumentalmusik »getrennt« werden.
****** Erst den Kanon als Liedruf, darauf folgt die 3. Strophe von 281, dann 406 als Kanon (Stimmen je nach Möglichkeit)

## II. Gottesdienst zur Erstkommunion »In Jesus bleiben«

**Einzug** 362, 1, 3 Jesus Christ, you are my life

**Bußakt***

**Kyrie** 156 Kyrie, eleison

**Gloria** 169 Gloria, Ehre sei Gott
*oder:* 171 Preis und Ehre

**1. Lesung** Sir 24, 1–3.8–9.17.19

**Antwortgesang** 401 Lobet den Herrn + 48(2) 1.9–12.15–16.19
*oder:* 400, 1 Ich lobe meinen Gott von ganzem Herzen

**2. Lesung** 1 Joh 3, 18–24

**Ruf vor dem Evangelium** 175(2) Halleluja + Vers Kantorale Nr. 238
So spricht der Herr: Bleibet in mir

**Evangelium** Joh 15, 1–5.7–8

**Credo** 179 Ich glaube an Gott
*oder:* 355 Wir glauben Gott im höchsten Thron

**Fürbittruf** 561**

**Gabenbereitung** 281, 1–4 Also sprach beim Abendmahle

**Sanctus** 200 Heilig, heilig

**Agnus Dei** 202 O du Lamm Gottes, das getragen

**Kommunion** 558(1–3) Danket dem Herrn, denn er ist gütig

**Dank** 357, 3+4, 7 Wie schön leuchtet der Morgenstern (Gieß sehr tief in mein Herz hinein)
Nach der 3. Strophe könnte der Kommunionvers eingefügt werden:
*So spricht der Herr: Ich bin der wahre Weinstock, * ihr seid die Rebzweige. Wer in mir bleibt / und in wem ich bleibe, der bringt reiche Frucht. Halleluja.* Joh 15, 5 / V. Ton, vgl. 43(2)

**Schluss** 329, 1, 3, 5 Das ist der Tag, den Gott gemacht
*oder:* 392 Lobe den Herren, den mächtigen König der Ehren

**Notizen**

* Anstelle des Bußaktes könnte heute auch eine »Tauferneuerung« stehen, die mit dem Lied 491 (1–2) eröffnet werden und in den Kyrieruf münden könnte.

** Du bist der Weinstock, wir sind die Reben

Antwort: Kyrie, eleison

*oder:* 556(6) Wir bitten dich, erhöre uns

## III. Gottesdienst zur Erstkommunion »Jesus, Brot des Lebens«

**Einzug** 378, 1, 3 Brot, das die Hoffnung nährt
Zwischen den Strophen könnte ein Eröffnungsvers eingefügt werden:
*So spricht der Herr: Ich bin das Brot des Lebens, / wer zu mir kommt, wird nicht mehr hungern, * und wer an mich glaubt, wird nicht mehr dürsten. Halleluja.* Joh 6, 35 / VI. Ton, vgl. 42(2)

**Bußakt / Kyrie** 163*

**Gloria** 168(1) Gloria, gloria
*oder:* 172 Gott in der Höh

**1. Lesung** Ex 16, 2–4.12–15

**Antwortgesang** 214 Dies Brot ist mein Leib + Kantorale Nr. 450
*oder Wechselgesang:* 402, 1+2, 6, 8, 11 Danket Gott, denn er ist gut
*oder Lied:* 382, 1+2 Ein Danklied sei dem Herrn
*oder Lied:* 392, 4 Lobe den Herren (… der sichtbar dein Leben gesegnet)

**2. Lesung** 1 Kor 11, 23–26

**Ruf vor dem Evangelium** 174(8) Halleluja + Vers Kantorale Nr. 305 So spricht der Herr: Ich bin das lebendige Brot, das vom Himmel gekommen ist

**Evangelium** Joh 6, 24–35

**Credo** 178(1) Amen … wir glauben + 178(2) Ich glaube an Gott

**Fürbittruf** 561**

**Gabenbereitung** 470 Wenn das Brot, das wir teilen

**Sanctus** 196 Heilig, heilig

**Agnus Dei** 208 Christe, du Lamm Gottes

**Kommunion** 282 Beim letzten Abendmahle
*oder / und:* 211, 1+2, 4, 6–10 Wir rühmen dich, König der Herrlichkeit

**Dank** 209 Du teilst es aus mit deinen Händen
Nach der 2. Strophe könnte ein Kommunionvers eingefügt werden:
*So spricht der Herr: Wer mein Fleisch isst / und mein Blut trinkt, * der bleibt in mir und ich bleibe in ihm. Halleluja.*
Joh 6, 56 / V. Ton, vgl. 43(2)

**Schluss** 389 Dass du mich einstimmen lässt in deinen Jubel, o Herr

**Notizen**

* 1. Herr Jesus, lebendiges Brot vom Himmel
2. Du kommst vom Vater
3. Herr Christus, du Brot aus dem Herzen Gottes
4. Du Brot aus dem Erbarmen Gottes
5. Herr Jesus, du gibst dich uns zur Spreise
6. Du gehst mit uns auf unseren Wegen
Die Antwort der Gemeinde kann auch das Kyrie 153, 155 oder 156 (in F) sein.
** Jesus, du Brot, von dem wir leben
Antwort: Kyrie, eleison
*oder:* 556(6) Wir bitten dich, erhöre uns

## IV. Gottesdienst zur Erstkommunion am »Weißen Sonntag« »Mein Herr und mein Gott«

**Die Auswahl der Gesänge orientiert sich an den Perikopen vom 2. Sonntag der Osterzeit im Lesejahr A**

**Einzug** 642, 1+2, 4 Zum Mahl des Lammes schreiten wir

Zwischen den Strophen könnte dieser Eröffnungsvers eingefügt werden;
nach der 1. Strophe: *Wie neugeborene Kinder verlangt nach der unverfälschten Milch des Wortes, / damit ihr durch sie heranwachst und das Heil erlangt. * Halleluja.*
nach der 2. Strophe: *Freut euch und dankt Gott, der euch zu sich gerufen hat. / Ihr seid Kinder Gottes und Erben seiner Herrlichkeit. * Halleluja.*
1 Petr 2, 2 / Esra 2, 36–37 / VIII. Ton, vgl. 52(2) – von f

*oder:* 148 Komm her, freu dich mit uns, tritt ein

Zwischen den Strophen könnte dieser Eröffnungsvers eingefügt werden;
nach der 1. Strophe: *Freut euch und dankt Gott, / der euch zu sich gerufen hat. * Ihr seid Kinder Gottes und Erben seiner Herrlichkeit. Halleluja.*
nach der 2. Strophe: *So spricht der Herr: / Lasst die Kinder zu mir kommen. * Denn Menschen wie ihnen gehört das Himmelreich. Halleluja.* Mt 19, 14 / jeweils VI. Ton, vgl. 42(2)

**Bußakt / Kyrie** 163*

**Gloria** 168(2) Ehre Gott in der Höhe

**Antwortgesang** 335 Das ist der Tag, den der Herr gemacht + Kantorale Nr. 231

*oder Lied:* 146, 1, 4 Du rufst uns, Herr, zu deinem Mahl

*oder Lied:* 470, 1 Wenn das Brot, das wir teilen

**Ruf vor dem Evangelium** 175(2) Halleluja + Vers Kantorale Nr. 231
So spricht der Herr: Weil du mich gesehen hast, Thomas, glaubst du

**Credo** 178(1) Amen … wir glauben + 178(2) Ich glaube an Gott

**Fürbittruf** 92 Herr, bleibe bei uns, Halleluja

**Gabenbereitung** 146, 1, 4 Du rufst uns, Herr, zu deinem Mahl

Wenn es nicht zum Antwortgesang ausgewählt wurde

*oder:* 188, 1+2, 4 Nimm, o Gott, die Gaben, die wir bringen

**Sanctus** 195 Heilig, heilig

**Agnus Dei** 207 Lamm Gottes

*oder:* 497, 4 Gottheit tief verborgen (Kann ich nicht wie Thomas)

**Kommunion** 60(1) Der Herr hat uns befreit + 60(2), 1–2.4–10

**Dank** 456, 1, 3+4 Herr, du bist mein Leben

Zwischen den Strophen könnten diese Kommunionverse eingefügt werden; nach der 1. Strophe: *So spricht der Herr: Ich bin der Weg und die Wahrheit und das Leben.* Niemand kommt zum Vater, außer durch mich. Halleluja.*
nach der 3. Strophe: *Wer mich liebt, hält fest an meinem Wort. / Mein Vater wird ihn lieben * und wir werden bei ihm wohnen. Halleluja.* Joh 14, 6 / Joh 14, 24.23 / jeweils IV. Ton, vgl. 31(2)

**Schluss** 329, 1+2, 4+5 Das ist der Tag, den Gott gemacht

---

**Notizen**

* 1. Herr Jesus, wir sind gewollt von deiner Liebe
2. Wir sind getragen durch deine Nähe
3. Herr Christus, wir sind gestützt durch dein Erbarmen
4. Wir sind gestärkt durch deinen Geist
5. Herr Jesus, wir sind geführt auf den Wegen des Alltags
6. Wir sind gesandt als Zeugen deiner Treue
Die Antwort der Gemeinde kann auch das Kyrie 153, 155 oder 156 (in F) sein.

## Gottesdienste zur Firmung

**Einzug** 351 Komm, Schöpfer Geist

Nach der 3. Strophe könnte dieser Eröffnungsvers eingefügt werden:
*Der Geist des Herrn erfüllt den Erdkreis. / In ihm hat alles Bestand. * Nichts bleibt verborgen vor ihm. Halleluja.*
oder: *Die Liebe Gottes ist ausgegossen in unsere Herzen * durch den Heiligen Geist, der uns gegeben ist. Halleluja.*
oder: *Christus liebt uns und hat uns durch sein Blut befreit von unseren Sünden; / er hat uns die Würde von Königen gegeben * und uns zu Priestern gemacht für den Dienst vor seinem Gott und Vater. Halleluja.*
vgl. Weish 1, 7 o. Röm 5, 5 o. Offb 1, 5–6 / jeweils VIII. Ton, vgl. 52(2) – von d

*oder:* 342 Komm, Heilger Geist, der Leben schafft

Nach der 3. Strophe könnte dieser Eröffnungsvers eingefügt werden:
*Der Geist des Herrn erfüllt den Erdkreis. / In ihm hat alles Bestand. * Nichts bleibt verborgen vor ihm. Halleluja.*
*oder: Die Liebe Gottes ist ausgegossen in unsere Herzen * durch den Heiligen Geist, der uns gegeben ist. Halleluja.*
oder: *Christus liebt uns und hat uns durch sein Blut befreit von unseren Sünden; / er hat uns die Würde von Königen gegeben * und uns zu Priestern gemacht für den Dienst vor seinem Gott und Vater. Halleluja.*
vgl. Weish 1, 7 o. Offb 1, 5–6 / jeweils VIII. Ton, vgl. 52(2) – von f

**Bußakt / Kyrie** 165 Send uns deines Geistes Kraft
*oder:* 565(8) Geist, der die Herzen wandelt
*oder:* 565(4) Geist vom Vater und vom Sohn

**Gloria** 408 Lobet und preiset + 168(2) (nur die Verse)
*oder:* 169 Gloria, Ehre sei Gott
*oder:* 383 Ich lobe meinen Gott, der aus der Tiefe mich holt
*oder:* 172 Gott in der Höh

I.

Apg 2, 1–11 / 1 Kor, 3b–7.12–13 oder Joh 20, 19–23

**Antwortgesang** 645(3) Sende aus deinen Geist + Kantorale Nr. 248
*oder Gesang:* 345(1) Veni Sancte Spiritus
*oder Responsorium:* 646 Der Geist des Herrn erfüllt den Erdkreis

**Ruf vor dem Evangelium** 175(2) Halleluja + Vers Kantorale Nr. 248
Komm, Heiliger Geist, erfülle die Herzen deiner Gläubigen

**II.**

Apg 19, 1b-6a / Röm 8, 14–17 / Joh 15, 26–27; 16, 12–15

**Antwortgesang** 645(5) Alle wurden erfüllt mit Heiligem Geist + Kantorale Nr. 251
*oder Gesang:* 345(1) oder (2) Veni Sancte Spiritus
*oder Responsorium:* 646 Der Geist des Herrn erfüllt den Erdkreis

**Ruf vor dem Evangelium** 175(3) Halleluja + Vers Kantorale Nr. 251
Komm, Heiliger Geist, erfülle die Herzen deiner Gläubigen

**III.**

Apg 10, 25–26.34–35.44–48 / Röm 8, 22–27 / Joh 7, 37–39

**Antwortgesang** 617(4) Herr, sende uns deinen Geist + Kantorale Nr. 239
*oder Gesang:* 345(1) oder (2) Veni Sancte Spiritus
*oder Responsorium:* 646 Der Geist des Herrn erfüllt den Erdkreis

**Ruf vor dem Evangelium** 175(2) Halleluja + Vers Kantorale Nr. 248 – von c
Komm, Heiliger Geist, erfülle die Herzen deiner Gläubigen

**IV.**

Dtn 4, 32–34.39, 40 / Röm 8, 14–17 / Mt 28, 16–20

**Antwortgesang** 56(1) Freut euch: Wir sind Gottes Volk
*oder:* 624(5) Die Freude an Gott ist unsere Kraft
jeweils + Kantorale Nr. 302
*oder Lied:* 380, 9 Großer Gott, wir loben dich (Sieh dein Volk in Gnaden an)
*oder Lied:* 409, 1–3 Singt dem Herrn ein neues Lied

**Ruf vor dem Evangelium** 584(8) Halleluja + Vers Kantorale Nr. 411
So spricht der Herr: Der Geist der Wahrheit wird Zeugnis geben für mich
*oder:* 584(8) Halleluja + Vers Kantorale Nr. 480 Deine Worte, Herr, sind Geist und Leben

V.

Neh 8, 2.5–6.9–10 / 1 Kor 12, 12–14.27 / Lk 1, 1–4; 4, 14–21

**Antwortgesang:** 624(5) Die Freude an Gott ist unsere Kraft
*oder:* 649(5) Mein Herz ist bereit, o Gott
jeweils + Kantorale Nr. 503
*oder Lied:* 448, 1, [2] Herr, gib uns Mut zum Hören
*oder Lied:* 543, 2–4 Wohl denen, die da wandeln
(Von Herzensgrund ich spreche)

**Ruf vor dem Evangelium** 174(8) Halleluja + Vers Kantorale Nr. 482
Ihr habt den Geist empfangen

Vor dem Tauf-(Glaubens-)bekenntnis, das nach der Homilie folgt, kann die Gemeinde ein Lied zum Heiligen Geist singen:
348 Nun bitten wir den Heiligen Geist
Das Bekenntnis kann mit einem gemeinsamen Lied der Gemeinde beschlossen werden:
491 Ich bin getauft und Gott geweiht

**Gesänge während der Firmung** 343 Veni Sancte Spiritus
*oder:* 344 Komm herab, o Heilger Geist
jeweils im Wechsel zwischen Vorsänger und Gemeinde
*oder Gesang:* 345(1) Veni Sancte Spiritus
Wenn er nicht zum Antwortgesang ausgewählt wurde
*oder:* 350 Geist der Zuversicht
*

**Fürbittruf** 617(4) Herr, sende uns deinen Geist
*oder:* 632(1) Erhöre uns Herr

**Gabenbereitung** 346 Atme in uns, Heiliger Geist
*oder:* 349 Komm, o Tröster, Heilger Geist
*oder:* 188, 1– 4 Nimm, o Gott, die Gaben, die wir bringen

**Sanctus** 192 Heilig, heilig
*oder:* 200 Heilig, heilig
*oder:* 110 Sanctus, Sanctus

**Agnus Dei** 204 Christe, du Lamm Gottes
*oder:* 202 O du Lamm Gottes
*oder:* 111 Agnus Dei

**Kommunion** 209 Du teilst es aus mit deinen Händen
*oder:* 646(2) Den Geist seines Sohnes hat Gott in unser Herz gesandt + 644(4)
*oder:* 565(12) Komm, Heiliger Geist
*oder:* 39(1) Kostet, kostet und seht
*oder:* 645(3) Sende aus deinen Geist
jeweils + 645(4), 1–6.8.9

**Dank** 347, 1, [2], 3+4 Der Geist des Herrn erfüllt das All
Nach der 3. Strophe könnte dieser Kommunionvers eingefügt werden:
*Alle wurden mit dem Heiligen Geist erfüllt * und verkündeten Gottes große Taten. Halleluja.* vgl. Apg 2, 2.11 / VI. Ton, vgl. 37(2)
oder: *Der Geist nimmt sich unserer Schwachheit an. / Denn wir wissen nicht, worum wir in rechter Weise beten sollen. * Der Geist selber jedoch tritt für uns ein. Halleluja.* Röm 6, 26 / VI. Ton, vgl. 42(2)
*oder:* 380, 1–3, 5, 11 Großer Gott, wir loben dich
Nach der 5. Strophe könnte dieser Kommunionvers eingefügt werden:
*Alle wurden mit dem Heiligen Geist erfüllt * und verkündeten Gottes große Taten. Halleluja.* vgl. Apg 2, 2.11 / VI. Ton, vgl. 37(2)
oder: *Gepriesen sei der dreieinige Gott: / der Vater und der Sohn und der Heilige Geist,* denn er hat uns sein Erbarmen geschenkt. Halleluja.*
jeweils VI. Ton, vgl. 42(2)
*oder:* 487 Nun singe Lob, du Christenheit
Nach der 2. Strophe könnte dieser Kommunionvers eingefügt werden:
*Wenn der Geist der Wahrheit kommt, * wird er euch einführen in die volle Wahrheit. Halleluja.*
oder: *Ihr habt den Geist empfangen, der euch zu Söhnen macht, * den Geist, in dem wir rufen: Abba, Vater. Halleluja.*
Joh 16, 13 o. Röm 8, 15b / jeweils VI. Ton, vgl. 37(2)

**Schluss** 362 Jesus Christ, you are my life
*oder:* 389, 1, 3–6 Dass du mich einstimmen lässt in deinen Jubel, o Herr
*oder:* 392, 1, 4+5 Lobe den Herren, den mächtigen König der Ehren
*oder:* 453 Bewahre uns, Gott

---

**Notizen**

* oder auch Stille bzw. Instrumentalmusik

## Messe für Verstorbene I

## »Es ist der Wille meines Vaters, dass alle, die an den Sohn glauben, das ewige Leben haben und dass ich sie auferwecke am Letzten Tag.«

**Einzug** 318 Christ ist erstanden

Zwischen den »Strophen« könnte der Eröffnungsvers eingefügt werden, nach der 1. »Strophe«: *Wie Jesus gestorben und auferstanden ist, * so wird Gott auch die in Jesus Entschlafenen mit ihm vereinen.*
nach der 2. »Strophe«: *Denn wie in Adam alle sterben, * so werden in Christus einst alle lebendig gemacht.*
1 Thess 4, 14 / 1 Kor 15, 22 / jeweils I. Ton, vgl. 48(2)
*oder:* nach der 2. »Strophe«: *Ich weiß, dass mein Erlöser lebt, / darum werde ich auferstehn am Letzten Tag * und Gott anschaun in meinem Leib.* Ijob 19, 25 / I. Ton, vgl. 50(2)

**Kyrie** siehe Einzugslied

**1. Lesung** Jes 25, 6a.7–9

**Antwortgesang** 629(3) Ich gehe meinen Weg + Kantorale Nr. 515
*oder Lied:* 329, 4 Das ist der Tag, den Gott gemacht (Wir schauen auf zu Jesus Christ)
*oder Lied:* 377, 2 O Jesu, all mein Leben bist du (… all mein Glaube bist du)
*oder Lied:* 380, 7, 10 Großer Gott, wir loben dich (Durch dich steht das Himmelstor)

**2. Lesung** Röm 6, 3–4.8–9

**Ruf vor dem Evangelium** 175(2) Halleluja + Vers Kantorale Nr. 515 So spricht der Herr: Es ist der Wille meines Vaters

**Evangelium** Joh 6, 37–40

**Fürbittruf** 181(1) Lasset zum Herrn uns beten

**Gabenbereitung** 274 Und suchst du meine Sünde

**Sanctus** 138 Heilig, heilig

**Agnus Dei** 139 Lamm Gottes

**Kommunion** 498 Das Heil der Welt

**Dank** 337, 1, 5–7 Freu dich, erlöste Christenheit

Nach der 5. Strophe könnte der Kommunionvers eingefügt werden:
*So spricht der Herr: Ich bin die Auferstehung und das Leben; * wer an mich glaubt, wird leben, auch wenn er stirbt, und jeder, der lebt und an mich glaubt, * wird in Ewigkeit nicht sterben.*

Joh 11, 25–26 / VIII. Ton, vgl. 52(2) – von f

**Schluss** 336 Jesus lebt, mit ihm auch ich!

---

**Notizen**

## Messe für Verstorbene II
## »Ich bin die Auferstehung und das Leben.«

**Einzug** 508 Herr, lehre uns, dass wir sterben müssen

Nach der 2. Strophe könnte dieser Eröffnungsvers eingefügt werden:
*Der Herr tue das Tor zum Paradies auf, / zur Heimkehr in das Land, wo kein Tod mehr ist, * in das Land der ewigen Freude.*

IV. Ton, vgl. 31(2) – von d

*oder:* 510 O Welt, ich muss dich lassen

Nach der 2. Strophe könnte dieser Eröffnungsvers eingefügt werden:
*Der Herr tue das Tor zum Paradies auf, / zur Heimkehr in das Land, wo kein Tod mehr ist, * in das Land der ewigen Freude.*

VI. Ton, vgl. 42(2)

**Bußakt / Kyrie** 163(8)*

**1. Lesung** Ez 37, 12b-14

**Antwortgesang** 38(1) Der Herr ist mein Licht und mein Heil + Kantorale Nr. 400

*oder Lied:* 427, 2 Herr, deine Güt ist unbegrenzt (Bei dir, Herr, ist des Lebens Quell)

**2. Lesung** Röm 8, 8–11

**Ruf vor dem Evangelium:** 175(1) Halleluja + Vers Kantorale Nr. 514 So spricht der Herr: Ich bin die Auferstehung

**Evangelium** Joh 11, 21–27

**Fürbittruf** 658(4)**

**Gabenbereitung** 325 Bleibe bei uns

**Sanctus** 106 Sanctus, Sanctus

**Agnus Dei** 107 Agnus Dei

**Kommunion** 211 Wir rühmen dich, König der Herrlichkeit

**Dank** 470, 4+5 Wenn das Brot, das wir teilen (Wenn der Trost, den wir geben)

Zwischen den Strophen könnte dieser Kommunionvers eingefügt werden:
*Ich hörte eine Stimme rufen: Er wird in ihrer Mitte wohnen, / und sie werden sein Volk sein; * und er, Gott, wird bei ihnen sein.*
oder: *Er wird alle Tränen von ihren Augen abwischen: / Der Tod wird nicht mehr sein, keine Trauer, keine Klage, keine Mühsal. Denn was früher war, ist vergangen.* Offb 21, 3b / jeweils V. Ton, vgl. 43(2)

**Schluss** 84, 4 (oder 1–4) Morgenglanz der Ewigkeit
oder 430, 5–7 Von guten Mächten treu und still umgeben
(Lass warm und still die Kerzen heute flammen)

**Notizen**

* Die Antwort der Gemeinde kann auch das Kyrie 153, 155 oder 156 (in F) sein.
** Christus, von den Toten <u>er</u>standen: Wir bitten dich, erhöre uns

## Messe für Verstorbene III
## »Ich bin der Weg ... Niemand kommt zum Vater, außer durch mich.«

**Einzug** 456, 1+2 Herr, du bist mein Leben
Zwischen den Strophen könnte dieser Eröffnungsvers eingefügt werden:
*Gott hat die Welt so geliebt, dass er seinen einzigen Sohn hingab, / damit jeder, der an ihn glaubt, nicht verloren geht, * sondern das ewige Leben hat.* Joh 3, 16 / IV. Ton, vgl. 31(2)
*oder:* 500 Nun lässest du, o Herr
Nach der 1. Strophe könnte dieser Eröffnungsvers eingefügt werden:
*Herr, gib den Verstorbenen die ewige Ruhe, / lass sie wohnen in deinem Reich * und leuchten im Glanz deiner Herrlichkeit.* IV. Ton, vgl. 31(2)
*oder:* 505 Wir sind nur Gast auf Erden
Nach der 3. Strophe könnte dieser Eröffnungsvers eingefügt werden:
*Herr, gib den Verstorbenen die ewige Ruhe, / lass sie wohnen in deinem Reich * und leuchten im Glanz deiner Herrlichkeit.*
VI. Ton, vgl. 42(2)

**Bußakt / Kyrie** nach 163*

**1. Lesung** Ijob 19, 1.23–27

**Antwortgesang** 42(1) Nach Gott, dem Lebendigen + 42(2), 1–2.5.11, (3), 4–6
*oder Lied:* 337, 1, 5, (6), 7 Freu dich, erlöste Christenheit
*oder Lied:* 338, 1, 3 Jerusalem, du neue Stadt

**2. Lesung** Röm 8, 31b-39

**Ruf vor dem Evangelium** 175(2) Halleluja + Vers Kantorale Nr. 234
So spricht der Herr: Ich bin der Weg – von f

**Evangelium** Joh 14, 1–6

**Fürbittruf** 561**

**Gabenbereitung** 418, 1, 5 Befiehl du deine Wege
*oder:* 428, 1, 3 Herr, dir ist nichts verborgen

**Sanctus** 200 Heilig, heilig

**Agnus Dei** 202 O Lamm Gottes

**Kommunion** 501 Ich weiß, dass mein Erlöser lebt + 629(4), 1–9
– von g

**Dank** 435, 1–4 Herr, ich bin dein Eigentum

Nach der 2. Strophe könnte dieser Kommunionvers eingefügt werden:
*So spricht der Herr: / Alle, die der Vater mir gibt, * werden zu mir kommen, und wer zu mir kommt, * den werde ich nicht abweisen.*
I. Ton, vgl. 50(2) – von d

**Schluss** 535, 1, 3 Segne du, Maria
*oder:* 540, 1, 4 Den Engel lasst uns preisen

---

**Notizen**

* 1. Herr Jesus, du bist der Weg, auf dem wir gehen
2. Herr Christus, du bist die Wahrheit, der wir trauen
3. Herr Jesus, du bist das Leben, das wir suchen
Die Antwort der Gemeinde kann auch das Kyrie 153, 155 oder 156 (in F) sein.
** Jesus, du Weg zum Vater
Antwort: Kyrie, eleison
*oder:* 556(6) Wir bitten dich, erhöre uns

## Messe für Verstorbene IV in der österlichen Bußzeit »Wenn das Weizenkorn nicht in die Erde fällt und stirbt«

**Einzug** 656 Tod und Leben waltet in allem

Nach der 3. Strophe könnte dieser Eröffnungsvers eingefügt werden:
*Selig sind die Toten, die im Herrn sterben. / Sie sollen ausruhen von ihren Mühen; * denn ihre Taten gehn mit ihnen.*
Offb 14, 13 / IV. Ton, vgl. 31(2) – von d

**Bußakt / Kyrie** nach 163*

**1. Lesung** Jer 31, 7–9

**Antwortgesang: Kehrvers** 36(1) Auf dich haben unsere Väter vertraut – von g + Kantorale Nr. 462
*oder Lied:* 84, 4 Morgenglanz der Ewigkeit (Licht, das keinen Abend kennt)
*oder Lied:* 221, 1, 5 Kündet allen in der Not

**2. Lesung** Röm 14, 7–9.10b-12

**Ruf vor dem Evangelium** Kantorale Nr. 176(3) Herr Jesus, dir sei Ruhm + Vers Kantorale Nr. 211 So spricht der Herr: Wenn einer mir dienen will

**Evangelium** Joh 12, 20–26

**Fürbittruf** 569**

**Gabenbereitung** 460 Wer leben will wie Gott auf dieser Erde
*oder:* 461 »Mir nach«, spricht Christus
*oder:* 509 Nun sich das Herz von allem löste

**Sanctus** 199 Heilig ist Gott in Herrlichkeit

**Agnus Dei** 205 Lamm Gottes (mit dem Eingeklammerten)

**Kommunion** 657(6) Misericordias Domini + 657(7), 1–7

**Dank** 209 Du teilst es aus mit deinen Händen

Nach der 2. Strophe könnte dieser Kommunionvers eingefügt werden:
*Dein Leib, Herr Jesus Christus, / gibt uns Gemeinschaft mit deinen Heiligen. Schenke den Heimgegangenen die ewige Ruhe und den ewigen Frieden in dir.* VI. Ton, vgl. 42(2) – von c

*oder:* 210 Das Weizenkorn muss sterben

Nach der 2. Strophe könnte dieser Kommunionvers eingefügt werden:
*Amen, Amen, ich sage euch: Wenn das Weizenkorn nicht in die Erde fällt und stirbt, / bleibt es allein; * wenn es aber stirbt, bringt es reiche Frucht.* Joh 12, 24 / IV. Ton, vgl. 31(2)

*oder:* 470, 1, 4+5 Wenn das Brot, das wir teilen

Zwischen den Strophen könnte dieser Kommunionvers eingefügt werden, nach der 1. Strophe: *Ich hörte eine Stimme rufen: Er wird in ihrer Mitte wohnen, / und sie werden sein Volk sein; * und er, Gott, wird bei ihnen sein.* Off 21, 3

nach der 4. Strophe: *Er wird alle Tränen von ihren Augen abwischen: / Der Tod wird nicht mehr sein, keine Trauer, keine Klage, keine Mühsal. * Denn was früher war, ist vergangen.*

Off 21, 4 / jeweils V. Ton, vgl. 43(2)

**Schluss** 367 Jesus, dir leb ich

*oder:* 532, 5 Christi Mutter (Christus, lass bei meinem Sterben)

**Notizen**

* 1. Herr Jesus, du bist für uns gestorben
2. Herr Christus, du bist vom Tode erstanden
3. Herr Jesus, du bist uns vorausgegangen zum Vater
** 569(1) Im Kreuz ist Heil; 569(4) oder (5); 569(1)

# Leseordnung

Die erste Lesung ist in der Regel dem Alten Testament entnommen, die zweite Lesung dem Neuen Testament; danach folgt das Evangelium (Lesejahr A vorwiegend Matthäus, B Markus und C Lukas). Stehen Lesungen zur Auswahl, werden sie mit „oder" (= o.) gekennzeichnet. Tabelle I gibt die Schriftstellen für die gesamte Leseordnung bis zu den Kapiteln an; die Tabellen II bis V geben die Schriftstellen der geprägten Zeiten bis zu den Versen an.

Tabelle I: Überblick zur Leseordnung (nur Kapitelangabe)

| Sonn– / Feiertag | Lesejahr A | Lesejahr B | Lesejahr C |
|---|---|---|---|
| **Weihnachtsfestkreis** | | | |
| 1. Adventssonntag | Jes 2 / Röm 13 / Mt 24 | Jes 63 / 1 Kor 1 / Mk 13 | Jer 33 / 1 Thess 3 / Lk 21 |
| 2. Adventssonntag | Jes 11 / Röm 15 / Mt 3 | Jes 40 / 2 Petr 3 / Mk 1 | Bar 5 / Phil 1 / Lk 3 |
| 3. Adventssonntag | Jes 35 / Jak 5 / Mt 11 | Jes 61 / 1 Thess 5 / Joh 1 | Zef 3 / Phil 4 / Lk 3 |
| 4. Adventssonntag | Jes 7 / Röm 1 / Mt 1 | 2 Sam 7 / Röm 16 / Lk 1 | Mi 5 / Hebr 10 / Lk 1 |
| 24. Dezember: Heiliger Abend | Jes 62 / Apg 13 / Mt 1 | | |
| 24. Dezember: Heilige Nacht | Jes 9 / Tit 2 / Lk 2 | | |
| 25. Dezember: Weihnachtsmorgen | Jes 62 / Tit 3 / Lk 2 | | |
| 25. Dezember: 1. Weihnachtsfeiertag | Jes 52 / Hebr 1 / Joh 1 | | |
| Sonntag nach dem 26.12.: Heilige Familie | Sir 3 / Kol 3 / Mt 2 | Sir 3 o. Gen 15 / Kol 3 o. Hebr 11 / Lk 2 | Sir 3 o. 1 Sam 1 / Kol 3 o. 1 Joh 3 / Lk 2 |
| 1. Januar: Gottesmutter Maria – Neujahr | Num 6 / Gal 4 / Lk 2 | | |
| 2. Sonntag nach Weihnachten | Sir 24 / Eph 1 / Joh 1 | | |
| 6. Januar: Erscheinung des Herrn (Dreikönigsfest) | Jes 60 / Eph 3 / Mt 2 | | |
| Sonntag nach dem 6.1.: Taufe des Herrn | Jes 42 / Apg 10 / Mt 3 | Jes 42 o. Jes 55 / Apg o. 1 Joh 5 / Mk 1 | Jes 42 o. Jes 40 / Apg 10 o. Tit 2 / Lk 3 |

| Sonn- / Feiertag | Lesejahr A | Lesejahr B | Lesejahr C |
|---|---|---|---|
| **Osterfestkreis** | | | |
| Aschermittwoch | Joël 2 / 2 Kor 5 / Mt 6 | | |
| 1. Sonntag der österlichen Bußzeit | Gen 2 / Röm 5 / Mt 4 | Gen 9 / 1 Petr 3 / Mk 1 | Dtn 26 / Röm 10 / Lk 4 |
| 2. Sonntag der österlichen Bußzeit | Gen 12 / 2 Tim 1 / Mt 17 | Gen 22 / Röm 8 / Mk 9 | Gen 15 / Phil 3 / Lk 9 |
| 3. Sonntag der österlichen Bußzeit | Ex 17 / Röm 5 / Joh 4 | Ex 20 / 1 Kor 1 / Joh 2 | Ex 3 / 1 Kor 10 / Lk 13 |
| 4. Sonntag der österlichen Bußzeit | 1 Sam 16 / Eph 5 / Joh 9 | 2 Chr 36 Eph 2 / Joh 3 | Jos 5 / 2 Kor 5 / Lk 15 |
| 5. Sonntag der österlichen Bußzeit | Ez 37 / Röm 8 / Joh 11 | Jer 31 / Hebr 5 / Joh 12 | Jes 43 / Phil 3 / Joh 8 |
| Palmsonntag | Mt 21 / Jes 50 / Phil 2 / Mt 26–27 | Mk 11 o. Joh 12 / Jes 50 / Phil 2 / Mk 14–15 | Lk 19 / Jes 50 / Phil 2 / Lk 22–23 |
| Gründonnerstag | Ex 12 / 1 Kor 11 / Joh 13 | | |
| Karfreitag | Jes 52 / Hebr 4 / Joh 18–19 | | |
| Osternacht | Gen 1 / Gen 22 / Ex 14 / Jes 54 / Jes 55 / Bar 3 / Ez 36 / Röm 6 / Mt 28 | Gen 1 / Gen 22 / Ex 14 / Jes 54 / Jes 55 / Bar 3 / Ez 36 / Röm 6 / Mk 16 | Gen 1 / Gen 22 / Ex 14 / Jes 54 / Jes 55 / Bar 3 / Ez 36 / Röm 6 / Lk 24 |
| Ostern am Tag | Apg 10 / Kol 3 o. 1 Kor 5 / Mt 28 o. Joh 20 o. Lk 24 | Apg 10 / Kol 3 o. 1 Kor 5 / Mk 16 o. Joh 20 o. Lk 24 | Apg 10 / Kol 3 o. 1 Kor 5 / Lk 24 o. Joh 20 o. Lk 24 |
| Ostermontag | Apg 2 / 1 Kor 15 / Lk 24 o. Mt 28 | | |
| 2. Sonntag der Osterzeit | Apg 2 / 1 Petr 1 / Joh 20 | Apg 4 / 1 Joh 5 / Joh 20 | Apg 5 / Offb 1 / Joh 20 |
| 3. Sonntag der Osterzeit | Apg 2 / 1 Petr 1 / Lk 24 o. Joh 21 | Apg 3 / 1 Joh 2 / Lk 24 | Apg 5 / Offb 5 / Joh 21 |

| Sonn– / Feiertag | Lesejahr A | Lesejahr B | Lesejahr C |
|---|---|---|---|
| 4. Sonntag der Osterzeit | Apg 2 / 1 Petr 2 / Joh 10 | Apg 4 / 1 Joh 3 / Joh 10 | Apg 13 / Offb 7 / Joh 10 |
| 5. Sonntag der Osterzeit | Apg 6 / 1 Petr 2 / Joh 14 | Apg 9 / 1 Joh 3 / Joh 15 | Apg 14 / Offb 21 / Joh 13 |
| 6. Sonntag der Osterzeit | Apg 8 / 1 Petr 3 / Joh 14 | Apg 10 / 1 Joh 4 / Joh 15 | Apg 15 / Offb 21 / Joh 14 |
| Christi Himmelfahrt | Apg 1 / Eph 1 / Mt 28 | Apg 1 / Eph 1 o. Eph 4 / Mk 16 | Apg 1 / Eph 1 o. Hebr 9 / Lk 24 |
| 7. Sonntag der Osterzeit | Apg 1 / 1 Petr 4 / Joh 17 | Apg 1 / 1 Joh 4 / Joh 17 | Apg 7 / Offb 22 / Joh 17 |
| Pfingstsonntag | Apg 2 / 1 Kor 12 / Joh 20 | Apg 2 / 1 Kor 12 o. Gal 5 / Joh 15 o. Joh 20 | Apg 2 / 1 Kor 12 o. Röm 8 / Joh 20 o. Joh 14 |
| Pfingstmontag | Apg 10 o. Ez 36 / Eph 4 / Joh 15 | Apg 8 / Ez 37 o. Eph 1 / Lk 10 | Apg 19 / Joël 3 o. Röm 8 / Joh 3 |
| **Jahreskreis** | | | |
| Sonntag nach Pfingsten: Dreifaltigkeitssonntag | Ex 34 / 2 Kor 13 / Joh 3 | Dtn 4 / Röm 8 / Mt 28 | Spr 8 / Röm 5 / Joh 16 |
| 2. Donnerstag nach Pfingsten: Fronleichnam | Dtn 8 / 1 Kor 10 / Joh 6 | Ex 24 / Hebr 9 / Mk 14 | Gen 14 / 1 Kor 11 / Lk 9 |
| 3. Freitag nach Pfingsten: Herz Jesu | Dtn 7 / 1 Joh 4 / Mt 11 | Hos 11 / Eph 3 / Joh 19 | Ez 34 / Röm 5 / Lk 15 |
| 2. Sonntag im Jahreskreis | Jes 49 / 1 Kor 1 / Joh 1 | 1 Sam 3 / 1 Kor 6 / Joh 1 | Jes 62 / 1 Kor 12 / Joh 2 |
| 3. Sonntag im Jahreskreis | Jes 8 / 1 Kor 1 / Mt 4 | Jona 3 / 1 Kor 7 / Mk 1 | Neh 8 / 1 Kor 12 / Lk 1 |
| 4. Sonntag im Jahreskreis | Zef 2 / 1 Kor 1 / Mt 5 | Dtn 18 / 1 Kor 7 / Mk 1 | Jer 1 / 1 Kor 12 / Lk 4 |
| 5. Sonntag im Jahreskreis | Jes 58 / 1 Kor 2 / Mt 5 | Ijob 7 / 1 Kor 9 / Mk 1 | Jes 6 / 1 Kor 15 / Lk 5 |
| 6. Sonntag im Jahreskreis | Sir 15 / 1 Kor 2 / Mt 5 | Lev 13 / 1 Kor 10 / Mk 1 | Jer 17 / 1 Kor 15 / Lk 6 |

| Sonn– / Feiertag | Lesejahr A | Lesejahr B | Lesejahr C |
|---|---|---|---|
| 7. Sonntag im Jahreskreis | Lev 19 / 1 Kor 3 / Mt 5 | Jes 43 / 2 Kor 1 /1 Kor 15 / Mk 2 | 1 Sam 26 / 1 Kor 15 / Lk 6 |
| 8. Sonntag im Jahreskreis | Jes 49 / 1 Kor 4 / Mt 6 | Hos 2 / 2 Kor 3 / Mk 2 | Sir 27 / 1 Kor 15 / Lk 6 |
| 9. Sonntag im Jahreskreis | Dtn 11 / Röm 3 / Mt 7 | Dtn 5 / 2 Kor 4 / Mk 2 | 1 Kön 8 / Gal 1 / Lk 7 |
| 10. Sonntag im Jahreskreis | Hos 6 / Röm 4 / Mt 9 | Gen 3 / 2 Kor 4 / Mk 3 | 1 Kön 17 / Gal 1 / Lk 7 |
| 11. Sonntag im Jahreskreis | Ex 19 / Röm 5 / Mt 9 | Ez 17 / 2 Kor 5 / Mk 4 | 2 Sam 12 / Gal 2 / Lk 7 |
| 12. Sonntag im Jahreskreis | Jer 20 / Röm 5 / Mt 10 | Ijob 38 / 2 Kor 5 / Mk 4 | Sach 12 / Gal 3 / Lk 9 |
| 13. Sonntag im Jahreskreis | 2 Kön 4 / Röm 6 / Mt 10 | Weish 1 / 2 Kor 8 / Mk 5 | 1 Kön 19 / Gal 5 / Lk 9 |
| 14. Sonntag im Jahreskreis | Sach 9 / Röm 8 / Mt 11 | Ez 1 / 2 Kor 12 / Mk 6 | Jes 66 / Gal 6 / Lk 10 |
| 15. Sonntag im Jahreskreis | Jes 55 / Röm 8 / Mt 13 | Am 7 / Eph 1 / Mk 6 | Dtn 30 / Kol 1 / Lk 10 |
| 16. Sonntag im Jahreskreis | Weish 12 / Röm 8 / Mt 13 | Jer 23 / Eph 2 / Mk 6 | Gen 18 / Kol 1 / Lk 10 |
| 17. Sonntag im Jahreskreis | 1 Kön 3 / Röm 8 / Mt 13 | 2 Kön 4 / Eph 4 / Joh 6 | Gen 18 / Kol 2 / Lk 11 |
| 18. Sonntag im Jahreskreis | Jes 55 / Röm 8 / Mt 14 | Ex 16 / Eph 4 / Joh 6 | Koh 1 / Kol 3 / Lk 12 |
| 19. Sonntag im Jahreskreis | 1 Kön 19 / Röm 9 / Mt 14 | 1 Kön 19 / Eph 4 / Joh 6 | Weish 18 / Hebr 11 / Lk 12 |
| 20. Sonntag im Jahreskreis | Jes 56 / Röm 11 / Mt 15 | Spr 9 / Eph 5 / Joh 6 | Jer 38 / Hebr 12 / Lk 12 |
| 21. Sonntag im Jahreskreis | Jes 22 / Röm 11 / Mt 16 | Jos 24 / Eph 5 / Joh 6 | Jes 66 / Hebr 12 / Lk 13 |
| 22. Sonntag im Jahreskreis | Jer 20 / Röm 12 / Mt 16 | Dtn 4 / Jak 1 / Mk 7 | Sir 3 / Hebr 12 / Lk 14 |
| 23. Sonntag im Jahreskreis | Ez 33 / Röm 13 / Mt 18 | Jes 35 / Jak 2 / Mk 7 | Weish 9 / Phlm 9 / Lk 14 |
| 24. Sonntag im Jahreskreis | Sir 27 / Röm 14 / Mt 18 | Jes 50 / Jak 2 / Mk 8 | Ex 32 / 1 Tim 1 / Lk 15 |

| Sonn– / Feiertag | Lesejahr A | Lesejahr B | Lesejahr C |
|---|---|---|---|
| 25. Sonntag im Jahreskreis | Jes 55 / Phil 1 / Mt 20 | Weish 2 / Jak 3 / Mk 9 | Am 8 / 1 Tim 2 / Lk 16 |
| 26. Sonntag im Jahreskreis | Ez 18 / Phil 2 / Mt 21 | Num 11 / Jak 5 / Mk 9 | Am 6 / 1 Tim 6 / Lk 16 |
| 27. Sonntag im Jahreskreis | Jes 5 / Phil 4 / Mt 21 | Gen 2 / Hebr 2 / Mk 10 | Hab 1 / 2 Tim 1 / Lk 17 |
| 28. Sonntag im Jahreskreis | Jes 25 / Phil 4 / Mt 22 | Weish 7 / Hebr 4 / Mk 10 | 2 Kön 5 / 2 Tim 2 / Lk 17 |
| 29. Sonntag im Jahreskreis | Jes 45 / 1 Thess 1 / Mt 22 | Jes 53 / Hebr 4 / Mk 10 | Ex 17 / 2 Tim 3 / Lk 18 |
| 30. Sonntag im Jahreskreis | Ex 22 / 1 Thess 1 / Mt 22 | Jer 31 / Hebr 5 / Mk 10 | Sir 35 / 2 Tim 4 / Lk 18 |
| 31. Sonntag im Jahreskreis | Mal 1 / 1 Thess 2 / Mt 23 | Dtn 6 / Hebr 7 / Mk 12 | Weish 11 / 2 Thess 1 / Lk 19 |
| 32. Sonntag im Jahreskreis | Weish 6 / 1 Thess 4 / Mt 25 | 1 Kön 17 / Hebr 9 / Mk 12 | 2 Makk 7 / 2 Thess 2 / Lk 20 |
| 33. Sonntag im Jahreskreis | Spr 31 / 1 Thess 5 / Mt 25 | Dan 12 / Hebr 10 / Mk 13 | Mal 3 / 2 Thess 3 / Lk 21 |
| Christkönig (34. Sonntag im Jahreskreis) | Ez 34 / 1 Kor 15 / Mt 25 | Dan 7 / Offb 1 / Joh 18 | 2 Sam 5 / Kol 1 / Lk 23 |
| **Die Feste des Herrn und der Heiligen** | | | |
| 2. Februar: Darstellung des Herrn | Mal 3 / Hebr 2 / Lk 2 | | |
| 19. März: Heiliger Josef | 2 Sam 7 / Röm 4 / Mt 1 o. Lk 2 | | |
| 25. März: Verkündigung des Herrn | Jes 7 / Hebr 10 / Lk 1 | | |
| 24. Juni: Johannes der Täufer | Jes 49 / Apg 13 / Lk 1 | | |
| 29. Juni: Peter und Paul | Apg 12 / 2 Tim 4 / Mt 16 | | |
| 6. August: Verklärung des Herrn | Dan 7 / 2 Petr 1 / Mt 17 | Dan 7 / 2 Petr 1 / Mk 9 | Dan 7 / 2 Petr 1 / Lk 9 |

| Sonn– / Feiertag | Lesejahr A | Lesejahr B | Lesejahr C |
|---|---|---|---|
| 15. August: Mariä Aufnahme in den Himmel | Offb 11 / 1 Kor 15 / Lk 1 | | |
| 14. September: Kreuzerhöhung | Num 21 / Phil 2 / Joh 3 | | |
| 1. November: Allerheiligen | Offb 7 / 1 Joh 3 / Mt 5 | | |
| 2. November: Allerseelen | Ijob 19 o. Weish 3 o. Jes 25 o. Dan 10 o. 2 Makk 12 / Röm 8 o. Röm 14 o. 1 Kor 15 o. 2 Kor 5 o. 1 Thess 4 / Joh 5 o. Joh 6 Joh 6 o. Joh 11 o. Joh 14 | | |
| 9. November: Weihetag der Lateranbasilika | Ez 47 / 1 Kor 3 / Joh 2 | | |
| 8. Dezember: Mariä Empfängnis | Gen 3 / Eph 1 / Lk 1 | | |
| 26. Dezember: Heiliger Stephanus | Apg 6 / Mt 10 | | |
| 27. Dezember: Heiliger Johannes | 1 Joh 1 / Joh 20 | | |
| 28. Dezember: Unschuldige Kinder | 1 Joh 1 / Mt 2 | | |

## Tabelle II: Die Schriftlesungen an den Sonntagen der Adventszeit

| | 1. Adventssonntag | 2. Adventssonntag | 3. Adventssonntag | 4. Adventssonntag |
|---|---|---|---|---|
| Lesejahr A | Jes 2,1–5 | Jes 11,1–10 | Jes 35,1–6b.10 | Jes 7,10–14 |
| | Röm 13,11–14a | Röm 15,4–9 | Jak 5,7–10 | Röm 1,1–7 |
| | Mt 24,29–44 | Mt 3,1–12 | Mt 11,2–11 | Mt 1,18–24 |
| | **1. Adventssonntag** | **2. Adventssonntag** | **3. Adventssonntag** | **4. Adventssonntag** |
| Lesejahr B | Jes 63,16b–17.19b; 64,3–7 | Jes 40,1–5.9–11 | Jes 61,1–2a.10–11 | 2 Sam 7,1–5.8b–12.14a.16 |
| | 1 Kor 1,3–9 | 2 Petr 3,8–14 | 1 Thess 5,16–24 | Röm 16,25–27 |
| | Mk 13,24–37 | Mk 1,1–8 | Joh 1,6–8.19–28 | Lk 1,26–38 |
| | **1. Adventssonntag** | **2. Adventssonntag** | **3. Adventssonntag** | **4. Adventssonntag** |
| Lesejahr C | Jer 33,14–16 | Bar 5,1–9 | Zef 3,14–17 (14–18a) | Mi 5,1–4a |
| | 1 Thess 3,12 – 4,2 | PhiI 1,4–6.8–11 | Phil 4,4–7 | Hebr 10,5–10 |
| | Lk 21,25–28.34–36 | Lk 3,1–6 | Lk 3,10–18 | Lk 1,39–45 |

| | **Lesejahr** | 1. Lesung | **2. Lesung** | **Evangelium** |
|---|---|---|---|---|
| 25.12.:<br>Weihnachten<br>In der Nacht | A / B / C | Jes 9,1–6 | Tit 2,11–14 | Lk 2,1–14 |
| Am Morgen | A / B / C | Jes 62,11–12 | Tit 3,4–7 | Lk 2,15–20 |
| Am Tag | A / B / C | Jes 52,7–10 | Hebr 1,1–6 | Joh 1,1–18<br>o. Joh l,1–5.9–14 |
| Sonntag nach Weihnachten o. 30.12.:<br>Fest der Hl. Familie | A | Sir 3,2–6.12–14<br>(3–7.14–17a) | Kol 3,12–21 | Mt 2,13–15.19–23 |
| | B | Wie A o.:<br>Gen 15,1–6; 21,1–3 | Wie A o.<br>Hebr 11,8.11–12.17–19 | Lk 2,22–40 o. 2,22.39–40 |
| | C | Wie A o.<br>1 Sam 1,20–22.24–28 | Wie A o.<br>1 Joh 3,1–2.21–24 | Lk 2,41–52 |
| 1.1.:<br>Hochfest der<br>Gottesmutter Maria | A / B / C | Num 6,22–27 | Gal 4,4–7 | Lk 2,16–21 |
| 2. Sonntag nach<br>Weihnachten | A / B / C | Sir 24,1–2.8–12<br>(1–4.12–16) | Eph 1,3–6.15–18 | Joh 1,1–18 o. Joh<br>1,1–5.9–14 |
| 6.1.:<br>Erscheinung des Herrn | A / B / C | Jes 60,1–6 | Eph 3,2–3a.5–6 | Mt 2,1–12 |
| Taufe des Herrn | A | Jes 42,5a.1–4.6–7 | Apg 10,34–38 | Mt 3,13–17 |
| | B | Wie A o.<br>Jes 55,1–11 | Wie A o.<br>1 Joh 5,1–9 | Mk 1,7–11 |
| | C | Wie A o.<br>Jes 40,1–5.9–11 | Wie A o.<br>Tit 2,11–14;3,4–7 | Lk 3,15–16.21–22 |

## Tabelle IV: Die Schriftlesungen an den Sonntagen der Fastenzeit

| | 1. Fastensonntag | 2. Fastensonntag | 3. Fastensonntag | 4. Fastensonntag | 5. Fastensonntag | Palmsonntag |
|---|---|---|---|---|---|---|
| Lesejahr A | Gen 2,7–9; 3,1–7 | Gen 12,1–4a | Ex 17,3–7 | 1 Sam 16,1b.6–7.10–13b | Ez 37,12b–14 | Jes 50,4–7 |
| | Röm 5,12–19 | 2 Tim 1,8b–10 | Röm 5,1–2.5–8 | Eph 5,8–14 | Röm 8,8–11 | Phil 2,6–11 |
| | Mt 4,1–11 | Mt 17,1–9 | Joh 4,5–42 | Joh 9,1–41 | Joh 11,1–45 | Mt 21,1–11<br>Mt 26,14–27,66 |
| | **1. Fastensonntag** | **2. Fastensonntag** | **3. Fastensonntag** | **4. Fastensonntag** | **5. Fastensonntag** | **Palmsonntag** |
| Lesejahr B | Gen 9,8–15 | Gen 22,1–2.9a. 10–13.15–18 | Ex 20,1–17 | 2 Chr 36, 14–16.19–23 | Jer 31,31–34 | Jes 50,4–7 |
| | 1 Petr 3,18–22 | Röm 8,31b–34 | 1 Kor 1,22–25 | Eph 2,4–10 | Hebr 5,7–9 | Phil 2,6–11 |
| | Mk 1,12–15 | Mk 9,2–10 | Joh 2,13–25 | Joh 3,14–21 | Joh 12,20–33 | Mk 11,1–10 o.<br>Joh 12,12–16<br>Mk 14,1–15,47 |
| | **1. Fastensonntag** | **2. Fastensonntag** | **3. Fastensonntag** | **4. Fastensonntag** | **5. Fastensonntag** | **Palmsonntag** |
| Lesejahr C | Dtn 26,4–10 | Gen 15,5–12.17–18 | Ex 3,1–8a.13–15 | Jos 5,9a.10–12 | Jes 43,16–21 | Jes 50,4–7 |
| | Röm 10,8–13 | Phil 3,17 – 4,1 | 1 Kor 10,1–6.10–12 | 2 Kor 5,17–21 | Phil 3,8–14 | Phil 2,6–11 |
| | Lk 4,1–13 | Lk 9,28b–36 | Lk 13,1–9 | Lk 15,1–3.11–32 | Joh 8,1–11 | Lk 19,28–40<br>Lk 22,14–23,56 |

## Tabelle V: Die Schriftlesungen an den Sonntagen der Osterzeit

| | Lesejahr A | Lesejahr B | Lesejahr C |
|---|---|---|---|
| Ostersonntag | Apg 10,34a.37–43 | Apg 10,34a.37–43 | Apg 10,34a.37–43 |
| | Kol 3,1–4 o. 1 Kor 5,6b–8 | Kol 3,1–4 o. 1 Kor 5,6b–8 | Kol 3,1–4 o. 1 Kor 5,6b–8 |
| | Joh 20,1–9 (o. 1–18) o. Mt 28,1–10 o. (bei einer Abendmesse) Lk 24, 13–35 | Joh 20,1–9 o. 20,1–18 o. Mk 16,1–7 o. (bei einer Abendmesse) Lk 24, 13–35 | Joh 20,1–9 o. Lk 24,1–12 o. (bei einer Abendmesse) Lk 24, 13–35 |
| 2. So. der Osterzeit | Apg 2,42–47 | Apg 4,32–35 | Apg 5,12–16 |
| | 1 Petr 1,3–9 | 1 Joh 5,1–6 | Offb 1,9–11a.12–13.17–19 |
| | Joh 20,19–31 | Joh 20,19–31 | Joh 20,19–31 |
| 3. So. der Osterzeit | Apg 2,14.22–33 | Apg 3,12a.13–15.17–19 | Apg 5,27b–32.40b–41 |
| | 1 Petr 1,17–21 | 1 Joh 2,1–5a | Offb 5,11–14 |
| | Lk 24,13–35 o. Joh 21,1–14 | Lk 24,35–48 | Joh 21,1–19 o. Joh 21,1–14 |
| 4. So. der Osterzeit | Apg 2,14a.36–41 | Apg 4, 8–12 | Apg 13,14.43b–52 |
| | 1 Petr 2,20b–25 | 1 Joh 3,1–2 | Offb 7,9.14b–17 |
| | Joh 10,1–10 | Joh 10,11–18 | Joh 10,27–30 |
| 5. So. der Osterzeit | Apg 6,1–7 | Apg 9,26–31 | Apg 14,21b–27 |
| | 1 Petr 2,4–9 | 1 Joh 3,18–24 | Offb 21,1–5a |
| | Joh 14,1–12 | Joh 15,1–8 | Joh 13,31–33a.34–35 |
| 6. So. der Osterzeit | Apg 8,5–8.14–17 | Apg 10,25–26.34–35.44–48 | Apg 15,1–2.22–29 |
| | 1 Petr 3,15–18 | 1 Joh 4,7–10 | Offb 21,10–14.22–23 |
| | Joh 14,15–21 | Joh 15,9–17 | Joh 14,23–29 |

| | Lesejahr A | Lesejahr B | Lesejahr C |
|---|---|---|---|
| Christi Himmelfahrt | Apg 1,1–11 | Apg 1,1–11 | Apg 1,1–11 |
| | Eph 1,17–23 | Eph 1,17–23 o. Eph 4,1–13 o. Eph 4,1–7.11–13 | Eph 1,17–23 o. Hebr 9,24–28; 10,19–23 |
| | Mt 28,16–20 | Mk 16,15–20 | Lk 24,46–53 |
| 7. So. der Osterzeit | Apg 1,12–14 | Apg 1,15–17.20a.c–26 | Apg 7,55–60 |
| | 1 Petr 4,13–16 | 1 Joh 4,11–16 | Offb 22,12–14.16–17.20 |
| | Joh 17,1–11a | Joh 17,6a.11b–19 | Joh 17,20–26 |
| Pfingsten, am Vorabend | Gen 11,1–9 o. Ex 19,3–8a.16–20 o. Ez 37,1–14 o. Joël 3,1–5 | Gen 11,1–9 o. Ex 19,3–8a.16–20 o. Ez 37,1–14 o. Joël 3,1–5 | Gen 11,1–9 o. Ex 19,3–8a.16–20 o. Ez 37,1–14 o. Joel 3,1–5 |
| | Röm 8,22–27 | Röm 8,22–27 | Röm 8,22–27 |
| | Joh 7,37–39 | Joh 7,37–39 | Joh 7,37–39 |
| Pfingsten, am Tag | Apg 2,1–11 | Apg 2,1–11 | Apg 2,1–11 |
| | 1 Kor 12,3b–7.12–13 | 1 Kor 12,3b–7.12–13 o. Gal 5,16–25 | 1 Kor 12,3b–7.12–13 o. Röm 8,8–17 |
| | Joh 20,19–23 | Joh 20,19–23 o. Joh 15,26–27; 16,12–15 | Joh 20,19–23 o. Joh 14,15–16.23b–26 |

# Zeittafel für die Leseordnung

| Kalenderjahr | Lesejahr* | Erster Adventssonntag* | Aschermittwoch | Ostern | Christi Himmelfahrt | Pfingsten | Fronleichnam | Wochen im Jahreskreis | | | | der Sonntag nach Dreifaltigkeit ist der … Sonntag im Jahreskreis | Christkönig |
|---|---|---|---|---|---|---|---|---|---|---|---|---|---|
| | | | | | | | | vor der Fastenzeit | | nach der Osterzeit | | | |
| | | | | | | | | bis zum Dienstag, dem … | Wochen | vom Montag, dem … | die … Woche | | |
| 2017 | A | 27.11. | 1.3. | 16.4. | 25.5. | 4.6. | 15.6. | 28.2. | 8 | 5.6. | 9. | 11. | 26.11. |
| 2018 | B | 3.12. | 14.2. | 1.4. | 10.5. | 20.5. | 31.5. | 13.2. | 6 | 21.5. | 7. | 9. | 25.11. |
| 2019 | C | 2.12. | 6.3. | 21.4. | 30.5. | 9.6. | 20.6. | 5.3. | 8 | 10.6. | 10. | 12. | 24.11. |
| 2020 | A | 1.12. | 26.2. | 12.4. | 21.5. | 31.5. | 11.6. | 25.2. | 7 | 1.6. | 9. | 11. | 22.11. |
| 2021 | B | 29.11. | 17.2. | 4.4. | 13.5. | 23.5. | 3.6. | 16.2. | 6 | 24.5. | 8. | 10. | 21.11. |
| 2022 | C | 28.11. | 2.3. | 17.4. | 26.5. | 5.6. | 16.6. | 1.3. | 8 | 6.6. | 10. | 12. | 20.11. |
| 2023 | A | 27.11. | 22.2. | 9. 4. | 18.5. | 28.5. | 8.6. | 21.2. | 7 | 29.5. | 8. | 10. | 26.11. |
| 2024 | B | 3.12. | 14.2. | 31.3. | 9.5. | 19.5. | 30.5. | 13.2. | 6 | 20.5. | 7. | 9. | 24.11. |
| 2025 | C | 1.12. | 5.3. | 20.4. | 29.5. | 8.6. | 19.6. | 4.3. | 8 | 9.6. | 10. | 12. | 23.11. |
| 2026 | A | 30.11. | 18.2. | 5.4. | 14.5. | 24.5. | 4.6. | 17.2. | 6 | 25.5. | 8. | 10. | 22.11. |
| 2027 | B | 29.11. | 10.2. | 28.3. | 6.5. | 16.5. | 27.5. | 9.2. | 5 | 17.5. | 7. | 9. | 21.11. |
| 2028 | C | 28.11. | 1.3. | 16.4. | 25.5. | 4.6. | 15.6. | 29.2. | 8 | 5.6. | 9. | 11. | 26.11. |
| 2029 | A | 3.12. | 14.2. | 1.4. | 10.5. | 20.5. | 31.5. | 13.2. | 6 | 21.5. | 7. | 9. | 25.11. |
| 2030 | B | 2.12. | 6.3. | 21.4. | 30.5. | 9.6. | 20.6. | 5.3. | 8 | 10.6. | 10. | 12. | 24.11. |
| 2031 | C | 1.12. | 26.2. | 13.4. | 22.5. | 1.6. | 12.6. | 25.2. | 7 | 2.6. | 9. | 11. | 23.11. |
| 2032 | A | 30.11. | 11.2. | 28.3. | 6.5. | 16.5. | 27.5. | 10.2. | 5 | 17.5. | 7. | 9. | 21.11. |
| 2033 | B | 28.11. | 2.3. | 17.4. | 26.5. | 5.6. | 16.6. | 1.3. | 8 | 6.6. | 10. | 11. | 20.11. |
| 2034 | C | 27.11. | 22.2. | 9.4. | 18.5. | 28.5. | 8.6. | 21.2. | 7 | 29.5. | 8. | 10. | 26.11. |